Mikrodemokratie

Die demokratische Revolution des Informationszeitalters

Von Aaron Ran

Copyright 2020 Aaron Ran

Übersetzer: Janica Hollmann, Anita Riedi

Inhaltsverzeichnis

Vorwort

Während die Informationsrevolution der Wirtschaft viel Wohlstand gebracht und die Lebensqualität erheblich verbessert hat, erzeugt sie leise auch einen Sturm im Bereich der Politik und der sozialen Beziehungen, der die Grundlagen der Weltordnung erschüttern wird. Dieser Schwindel stellt eine kurze Gelegenheit für die Menschen dar, ein neues und perfektes politisches System aufzubauen, um diejenigen zu ersetzen, die zusammengebrochen sind, und dieses Buch bietet dafür einen Entwurf und einen Maßnahmenplan. Doch was wirklich zählt, sind Entschlossenheit und mutiges Handeln. Die meisten Menschen sind auf plötzliche Veränderungen nicht vorbereitet, aber es gibt Gelegenheiten, gerade weil in diesem Augenblick die Herrscher der alten Welt ebenso verwirrt sind. Wenn die Furcht vor dem Unbekannten die Menschen zurückhält, werden die alten Kräfte schnell zusammenkommen, ihre Vorteile in den Technologien verankern, sie in ein neues Joch verwandeln, womit sie die Massen unterwerfen können, und die Hoffnung auf Freiheit und Glück unter der Hülle der alten Welt ersticken.

Denen, die im Zeitalter der Landwirtschaft lebten, muss die Welt wie eine Reihe endloser Wiederholungen erschienen sein. Dann folgte das industrielle Zeitalter, und dadurch die Evolution der Gesellschaft in Richtung Fortschritt, auch wenn es ein Leben lang dauerte, bis zur Manifestation. Im Informationszeitalter hat sich die Entwicklung der Zivilisation plötzlich beschleunigt, während der gesellschaftliche Wandel in Geschwindigkeit und Ausmaß beispiellos ist. Mit den neuen Technologien Schritt zu halten, ist zur wesentlichen Überlebensfähigkeit der Menschheit geworden. Microsoft war in nur dreißig Jahren in der Lage, „Einen Computer auf jeden Schreibtisch und in jedes Haus"[1] zu stellen, und die von Apple begonnene Smartphones Welle löschte diese Computer noch schneller aus: in nur zwölf Jahren wurde dieses kleine, magische kleine Gerät für jeden zum neuen Organ. Mittlerweile leben wir in einer für die vergangene Generation unvorstellbare Weise. Trotz dieser dramatischen Veränderungen bleibt das politische System, das jahrhundertealte Design der Revolutionäre zu Pferd. Dieser Gegensatz wirft die Frage auf, ob die Informationsrevolution unweigerlich auch das Territorium der Politik erreichen wird.

In der Geschäftswelt trugen der Prozess der Automatisierung und intelligenten Entscheidungsfindung dazu bei, Produktion und Vertrieb zu optimieren und die Bürokratie, insbesondere die ineffizienten und kostspieligen manuellen Arbeiten, schrittweise abzubauen. Zunehmend integrierte Lieferkettensysteme haben die globale Kooperation direkter und effizienter gemacht; neue E-Commerce-Systeme verkürzten den Weg von der Fabrik zum Verbraucher. Infolgedessen beeinflussen Endverbraucher die Entscheidungen in Produktions- und Vertriebsverfahren direkter und präziser.

In der Politik sind menschliche Handlungen nicht nur unwirksam, sondern ebenso anfällig für Korruption. Es ist verständlich, dass der Ersatz manueller Tätigkeiten und veralteter Konventionen durch automatisierte und intelligente demokratische Verfahren die Effizienz und Transparenz in der Politikgestaltung dramatisch verbessern würde. Vor allem wird der menschliche Wille die politischen Entscheidungen direkter beeinflussen, so dass die Politik der sozialen Gerechtigkeit und den öffentlichen Interessen dienen und der Gesellschaft mehr Harmonie und Zufriedenheit bringen kann. Diese Vision schien unerreichbar, aber die Entwicklungen im wirtschaftlichen Bereich haben bewiesen, dass das Tempo des Wandels über unsere Vorstellungskraft hinausgehen kann, sobald die Voraussetzungen dafür gegeben sind.

Bevor man ein neues System entwirft, ist es notwendig, die Mängel des alten Systems zu diagnostizieren, um dann die richtige Medizin zu verschreiben. Kritik ist jedoch nicht die Absicht dieses Buches. G. W. F. Hegel schlug einmal vor: *„Was vernünftig ist, ist real; und alles,* *was real ist, ist vernünftig*"[2] was oft falsch interpretiert wird, um den ungerechten Status quo zu rechtfertigen. Trotz der Täuschung und Böswilligkeit ist diese Logik nicht völlig inakzeptabel. Jedes langlebige politische System, ob gerecht, fortschrittlich, perfekt oder das Gegenteil, muss ein vernünftiges Produkt seiner Zeit und der Umwelt entsprechend sein. Wenn die sozialen, materiellen Bedingungen und die Kultur unverändert bleiben, wäre es äußerst schwierig, wenn gar unmöglich ein stabiles, politisches System grundlegend zu umzugestalten.

Zum Beispiel sollten wir das Sklavensystem im alten Ägypten nicht leichtfertig nach heutigen Menschenrechten und moralischen Standards beurteilen und kritisieren, wobei wir die Produktivität und die soziale Realität jener Zeit ignorieren. In ähnlicher Weise müssen wir trotz Unzulänglichkeiten heutiger demokratischer Systeme diese zunächst in die Umstände ihres goldenen Zeitalters einordnen, diese fair bewerten und ihre Überlegenheit in historischem Kontext berücksichtigen. Da sich die Welt in dieser neuen Ära jedoch im Wandel befindet, wird die Reform des politischen Systems zur natürlichen Forderung unserer Zeit. Sie ist moralisch vertretbar, durchführbar und sogar unvermeidlich.

Bevor ich anfing, dieses Buch zu schreiben, waren mir diese Ideen vor vielen Jahren bereits im   Sinn gekommen. Zu dieser Verzögerung kam es durch Faulheit, aber auch durch Demut. Solange historische Trends und Lösungen so offensichtlich sind, können Akademiker und soziale Aktivisten diese nicht ignorieren. Wenn sie Vorschläge machen müssten, wäre es überzeugender und interessanter. Leider kamen vergleichbare Theorien nur sehr langsam zum Vorschein. Ähnliche Argumentationen tauchten einmal auf, aber die Menschen gaben leicht auf, nachdem sie auf Hindernisse stoßen. Vor diesem Hintergrund kann ich nur davon ausgehen, dass mir bestimmte Erfahrungen und Qualifikationen einzigartige Möglichkeiten und Perspektiven eröffnet haben, Politik, Wirtschaft und Technologie auf neue Weise zusammenzuführen. Als Zeuge gewaltiger gesellschaftlicher Veränderungen, als Beobachter auf Weltreisen und als Praktiker, der zu den gegenwärtigen Informationstransformationen beigetragen hat, bin ich davon überzeugt, dass die Mikrodemokratie, die in diesem Buch vorgestellt wird, die beste Lösung ist, worauf unser Zeitalter wartet. Mit Hilfe der modernen Informationstechnologie wird jedes Mitglied einer offenen Gesellschaft in der Lage sein, sich direkt an der Entscheidungsfindung öffentlicher Angelegenheiten teilzunehmen, seinen vollen Machtanteil unabhängig und bedingungslos auszuüben. Die kleinste Einheit einer demokratischen Gesellschaft, die Bürger werden in der Lage sein, an demokratischer Entscheidungsfindung öffentlicher Angelegenheiten, direkt mitzuwirken.

Daher die Benennung: *Mikrodemokratie.*

Der Ursprung mikrodemokratischer Theorie ist in der alten „direkten Demokratie" zu finden, im Vergleich zur „indirekten Demokratie" oder „repräsentativen Demokratie", die gegenwärtig dominiert. Obwohl die Regeln direkter Demokratie, wobei die Menschen direkt über Fragen entscheiden, ziemlich gerecht und unkompliziert sind, nimmt ihre Funktionsweise mit zunehmender Bevölkerungszahl und Ausdehnung des Territoriums rapide ab. Folglich wurde es in modernen Nationen nie angenommen. Andererseits ist die repräsentative Demokratie, wobei die Menschen trotz komplizierter Prozesse und versteckter Formalitäten die Vertreter wählen, welche für sie Entscheidungen treffen, zumindest in großen Gesellschaften lebensfähig, was sie heute zur dominierenden politischen Struktur macht. Im Zuge der Entwicklung der neuen Informations- und Kommunikationstechnologien wurden jedoch die Probleme, die einst die Einführung direkter Demokratie verhinderten, eins nach dem anderen gelöst, und die meisten dieser Lösungen haben sich im Rahmen kommerzieller Aktivitäten bewährt.

In der mikrodemokratischen Theorie der ist die direkte Demokratie nur die Grundlage. Überstrukturen wie Menschenrechte, soziale Wohlfahrt, Mechanismen für die Koexistenz gesellschaftlicher

Vielfalt und Mechanismen für die Entwicklung der Zivilisation, sind eigentlich ihre zentralen Werte, deren Auswirkungen eher transzendentaler Natur sind. Mikrodemokratie ist kein Flickenteppich isolierter Probleme, sondern ein integriertes Sozialsystem und eine vollständige Lösung für viele Übel der heutigen politischen Systeme. Utilitarismus[3] ist das endgültige Bestreben dieses Konzepts; das Ziel ist das maximale allgemeine Glück der gesamten Gesellschaft, mit Legitimität und Offenheit als Leitprinzipien.

Wie das Sprichwort sagt: „Der Teufel steckt im Detail". Dies gilt für den Entwurf und die Entwicklung von Informationssystemen, und das politische System bildet da keine Ausnahme. Die kommunistische Theorie von Karl Marx zum Beispiel, brachte den Menschen einst ein faszinierendes Konzept und eine großartige Vorlage. Aufgrund seines frühen Todes oder seiner Vernachlässigung der Details über die Realität führten jedoch zu viele Lücken im Fundament dieses prächtigen Schlosses schließlich zum endgültigen Fall. Es ist ein häufiges Problem für viele Politikwissenschaftler, die gut darin sind, ausgewählte Fälle einen Sinn zu geben und dann ihre Theorien zu testen, anstatt im Voraus eine realistische Vision und Richtlinien zu präsentieren. Insbesondere das Fehlen spezifischer und durchführbarer Umsetzungspläne macht es schwierig, direkte und substantielle Einflüsse auf die laufenden sozialen Maßnahmen zu haben. Um solche Fehler zu vermeiden, werden in diesem Buch nicht nur die Konzepte und Prinzipien des neuen Systems diskutiert, sondern es wird auch besonderes Augenmerk auf Details auf die ausführende Ebene gelegt, um zu verhindern, dass die Mikrodemokratie zu einer „weiteren Fantasie" wird. Darüber hinaus erfordert das Verstehen und Akzeptieren dieser Theorie, eine fruchtbare Vorstellungskraft und einen offenen Geist. Mit Begeisterung lade ich die Leser ein, Vorurteile beiseite zu legen, diese Idee in ihrer Gesamtheit zu erforschen und gemeinsam für eine bessere Welt im Namen des Glücks und Wohlergehens der Menschheit zu handeln.

Kapitel 1

Die Abstimmung

Alle Menschen sind frei und gleich an Würde und Rechte geboren.[1] Die repräsentative Demokratie stellt diese Gleichberechtigung in Form von einer Person, einer Stimme heraus, was fair und klar erscheint, aber hinter diesem Vorurteil stehen fatale und vage Mängel. Die beiden größten Probleme sind eine erzwungene Übertragung von Bürgerrechten und eine zu starke Vereinfachung der Gleichberechtigung.

Im antiken Griechenland konnten alle Bürger an offenen Diskussionen über öffentliche Angelegenheiten in der Hauptversammlung oder *Ecclesia*[2] teilnehmen. Im Allgemeinen ging es bei diesen Diskussionen um spezifische Fragen: ob eine Brücke gebaut werden soll, ob ein Krieg begonnen werden soll, wie ein Gesetz geändert werden kann und so weiter. Danach bezogen sich die Vorschläge, wofür die Bürgerinnen und Bürger abstimmten, auch auf diese spezifischen Fragen, so dass die Ergebnisse der Entscheidungsfindung sicherlich eine direkte und genaue Widerspiegelung des Volkswillens waren. Da die damalige Form der Debatten in der Regel redegewandte und leidenschaftliche Redner bevorzugte und Sklaven und Frauen ausgeschlossen wurden, waren solche demokratischen Praktiken alles andere als perfekt. Nichtsdestotrotz war diese Form der direkten Diskussion und Abstimmung über spezifische Fragen natürlich eine getreue Auslegung der Grundsätze der Demokratie.

In der repräsentativen Demokratie wird jedoch die Entscheidungsgewalt der Bürger zwingend übertragen. Offenbar haben alle Bürgerinnen und Bürger das gleiche Stimmrecht; mit äußerst seltenen Ausnahmen (wie Volksabstimmungen), geht es bei den Themen, worüber abgestimmt wird, jedoch fast nie um den Bau von Brücken, die Auslösung eines Krieges oder die Änderung von Gesetzen. Stattdessen sind die Wahlmöglichkeiten auf dem Stimmzettel, Namen von Kandidaten. Darüber hinaus ändert sich auch der Schwerpunkt der Abstimmung, von öffentlichen Themen hin, zu den Fähigkeiten und Persönlichkeiten dieser Kandidaten. Wenn die Bürger wählen, geschehen zwei Dinge. Erstens verzichten die Bürgerinnen und Bürger auf das Recht, sich direkt an der Entscheidungsfindung zu aktuellen Themen zu beteiligen. Zweitens übertragen die Bürger auch alle ihre Entscheidungsbefugnisse bedingungslos auf den gewählten Kandidaten, unabhängig davon, ob diese Person die Wahl des Bürgers war. Daher ist dieser Wahlgang kein Test für die demokratischen Rechte der Bürger, sondern eine Ausnahme demokratischer Macht.

Die Gestaltung der repräsentativen Demokratie beruht auf einer impulsiven Annahme: unter dem Einfluss der Stimmgewalt bleibt der gewählte Kandidat den Wünschen seiner Wähler treu, wenn er Entscheidungen trifft und als Sprecher die Interessen seiner Wähler verteidigt. In Wirklichkeit ist diese Annahme jedoch eine Illusion. Offenbar gewinnen gewählte Kandidaten an Stärke durch ihren Wähler, doch die privilegierten Eliten sind die wahren Herren der Macht. Diese Eliten kontrollieren spezielle Interessengruppen, um die Wählerschaft zu täuschen und zu manipulieren, und waschen sich die Hände nur um die Vollmachten an ihre Diener weiterzugeben. Daher geht die Loyalität der Gewählten natürlich an die privilegierten Eliten und besonderen Interessengruppen, denn sie sind es, die im Gegensatz zu den Wählern die erfolgreichen Wahlen tatsächlich organisiert haben. Es ist nicht so, dass gewöhnliche Menschen zu rücksichtslos und töricht wären, um gute Entscheidungen zu treffen, aber das gesamte politische und wirtschaftliche System ist seit vielen Jahren auf akribische Entwürfe spezieller Interessengruppen aufgebaut, die der herrschenden Klasse überwältigende Vorteile bei der Kontrolle über Information, die öffentliche Meinung, die Wirtschaft und das Recht verschaffen.

In einer ausgereiften Demokratie entscheiden öffentliche Kampagnen direkt über die Akzeptanz der Kandidaten durch die

Bevölkerung, die in hohem Maße von ausreichender finanzieller Unterstützung abhängig ist. Obwohl Geld nicht der einzige Bestimmungsfaktor für den Ausgang einer Wahl ist, bieten reichlich finanzielle Mittel den Kandidaten oft erhebliche Vorteile.[3] Darüber hinaus sind geplante Veranstaltungen, die Kontrolle der Nachrichtenmedien und die Manipulation von Militär- oder Polizeisystemen zur Einflussnahme bei der Wahl ebenfalls gängige Tricks von Interessengruppen. Diese Methoden können die Haltung und die Entscheidungen der Wähler oft stark beeinflussen und zu den von den Mächtigen gewünschten Wahlergebnissen führen.

In anderen pseudo-demokratischen autoritären Ländern, ist die Manipulation der Wahl kein Geheimnis und wird systematisch durchgeführt. Indem die herrschende Klasse die Qualifikationen der Kandidaten einschränkt, die Wahlschichten vergrößert oder Wahlen ohne jeglichen Spielraum organisiert, kann sie leicht verhindern, dass die Kandidaten entscheidende Positionen erreichen und so, die volle Kontrolle über wichtige Entscheidungen übernehmen.

Mit dieser Investition bringen spezielle Interessengruppen ihre Vertreter in den Kreis der politischen Entscheidungsträger ein, so dass sie durch diese Händewäsche das öffentliche Interesse stehlen und reichlich Gewinne erzielen können. Währenddessen sind unschuldige Kandidaten aufgrund mangelnder Ressourcen und dem Kalkül ihrer Gegner im Nachteil. Da die Entscheidungsgewalt der Bürger mit Fokus auf die Gewählten übertragen wird, können spezielle Interessengruppen indirekt und heimlich alle Regierungszweige dominieren, indem sie während der Wahlsaison nur einige wenige Kandidaten bestechen. Das ist natürlich einfacher, günstiger und sicherer, als immer die Mehrheit der Bevölkerung direkt für sich zu gewinnen. Es ist daher nicht überraschend, dass die repräsentative Demokratie zum nützlichsten und beliebtesten Instrument der Interessengruppen geworden ist. Die Wahrheit ist, dass sie dieses System wahrscheinlich mehr schätzen als der Durchschnittsbürger. Wie wir sehen können, ist die Hauptursache für politische Korruption in der heutigen demokratischen Gesellschaft weder die Moral der

Politiker noch die Effektivität bei Strafverfolgung, sondern das inhärente Versagen des politischen Systems selbst.

Selbst wenn wir absichtlich Fälle vorsätzlicher Bosheit beiseitelassen und uns auf die ehrlichsten und anständigsten Kandidaten konzentrieren, lässt sich ein weiterer fataler Makel der repräsentativen Demokratie nicht vermeiden: der Umfang der Entscheidungsfindung geht in der Regel weit über das Fachgebiet eines jeden Einzelnen hinaus. Wegen dieser persönlichen Einschränkungen der gewählten Vertreter beruhen die Entscheidungen, die sie treffen, auf andere, irrelevante Erfahrungen oder persönliche Vorlieben oder sie werden von den Meinungen der „Berater" um sie herum beeinflusst. Obwohl die Meinungen dieser Expertenausschüsse manchmal sehr einflussreich für Entscheidungen sind, stellen sie für die Wähler in der Regel keine Option dar, auch wenn ihre Kenntnisse, politischen Positionen und Interessenkonflikte unzureichend sind.

Erschwerend kommt hinzu, dass die Amtszeit der gewählten Vertreter jahrelang dauert und eine vorzeitige Beendigung oder Ersatz nahezu unmöglich ist. Mit der Zeit werden die Vertreter weniger sensibel für die Stimme der Wähler. Selbst wenn die Vertreter während ihrer Amtszeit Versprechen ihren Anhängern gegenüber brechen oder offensichtlich inkompetent sind, können die Wähler nur hoffen, dass ihre Amtszeit zu Ende geht. Alternativ kann auch ein sehr kurzer Zeitraum ein Problem darstellen. Wenn eine Wahl bevorsteht, sind Politiker immer bestrebt, ihre Leistungen zu zeigen, um Wähler und den Förderern zufrieden zu stellen. Daher neigen sie dazu, sich auf kurz- und mittelfristige Ziele zu konzentrieren, welche ihrer unmittelbaren politischen Laufbahn zugutekommen. Große Pläne, die eine Weitsicht und Beharrlichkeit zur Umsetzung erfordern, werden bewusst ignoriert. Dieses Paradoxon zeigt, dass egal wie lange es dauert, keinen perfekten Gleichgewichtspunkt gibt, woran die Gesellschaft tatsächlich profitiert.

Als Antwort auf das oben genannte Problem ist die einzige wirksame Lösung die vollständige Abschaffung der repräsentativen

Demokratie. Wenn es keine Vertreter mehr gibt, müssen die Bürgerinnen und Bürger ihre politischen Befugnisse niemanden abtreten und dadurch wendet sich der Fokus der Abstimmung wieder zu denselben, spezifischen öffentlichen Themen. Auch werden ohne diese Vermittler die Fehler im Mechanismus des öffentlichen Feedbacks über Meinungen und die Ohnmacht nicht mehr existieren.

Die Vereinfachung der Rechtsgleichheit ist nicht nur in der repräsentativen Demokratie, sondern auch in anderen demokratischen Systemen ein häufiges Problem. Die Folgen dieser zu starken Vereinfachung besteht darin, dass die Unterschiede zwischen bestimmten Themen und einzelnen Bürgern bei der Entscheidungsfindung außer Acht gelassen werden, insbesondere der Unterschied in der Stärke der Verbindung zwischen den beiden. Infolgedessen ist die Gleichberechtigung bei der Entscheidungsfindung sehr plump und manchmal sogar schädlich für das öffentliche Interesse. In der Mikroökonomie ist seit langem anerkannt, dass der Grenznutzen weder konstant noch gleich ist. Dieses Prinzip wurde bei kommerziellen Aktivitäten weiterhin angewandt und hat für den Erfolg von Marktwirtschaft eine entscheidende Rolle gespielt. Im gegenwärtigen politischen System ist eine solche Differenzierung der Persönlichkeit nicht ernsthaft in Betracht gezogen worden. Die Gleichberechtigung der Bürger wurde im Rahmen gemeinsamer Entscheidungsfindung (d. h. eine gerechte Entscheidung wird mit allen Beteiligten geteilt) fortzu vereinfacht und in der Regel nicht in einen rationalen Entwurf aufgenommen, obwohl es sich dabei um die gängigste Anwendung bei der Gleichberechtigung handelt. Mit folgenden Beispielen wollen wir uns zu den Problemen und ihren Lösungen äußern.

Stellen Sie sich zunächst einen Vorschlag zum Bau eines großen Staudamms vor. Für die Bewohner des Reservoir Gebietes können die Auswirkungen verheerend sein. Möglicherweise müssen sie ihre Häuser aufgeben, die wahrscheinlich zerstört werden und das seit Generationen bewirtschaftetes Ackerland sowie das Familienleben, ihre Lebensgrundlage und ihre sozialen Beziehungen. Anwohner, die weit entfernt wohnen, können die Vorteile des Staudamms genießen, wie eine stabilere Stromversorgung und niedrigere Energiepreise. Für Leute, die abgelegen wohnen, können die Auswirkungen minimal sein oder sie könnten gar ganz ausbleiben. Ist es unter diesen Umständen gerecht und angemessen, en obig genannten drei Personengruppen, dieselbe Entscheidungsbefugnis bei diesem Vorschlag einzuräumen, und sollten Bürger, deren Interessen nicht mit der Entscheidung in Verbindung stehen, dieselbe Stimme haben wie diejenigen, die ein wesentliches Interesse an der Entscheidung haben? Die Antwort lautet eindeutig nein. Die kleine Freude des einen und das enorme Leid eines anderen sollten moralisch gleichgestellt Waage sein. Die demokratische Gleichberechtigung sollte nicht interpretiert werden, wobei eine Person allen anderen gleichgestellt ist. Sie muss auch das Ausmaß der Auswirkungen auf einzelne Bürger berücksichtigen. Abstrakt gesprochen ist es notwendig, den objektiven Unterschied der Verbindung zwischen dem Entscheidungsorgan (Bürger) und dem Objekt (Thema) auf der Mikroebene zu erkennen, die Intensität solcher Verbindungen zu quantifizieren und sie dann im Rahmen der Entscheidungsfindung optimal miteinzubeziehen.

Um obig genannte Überlegungen Rechnung zu tragen, fordert die Mikrodemokratie, dass den Bürgern bei demokratischen Entscheidungsprozessen, zusätzliche Entscheidungsbefugnisse entsprechend Interesse eingeräumt werden. Dadurch wird bei isolierter Betrachtung eines bestimmten Themas dann Gleichberechtigung festgestellt, wenn die Bürger über dieselbe Entscheidungsgewalt verfügen, die für sie relevant sind. Diese Strategie des Ausgleichs trägt zum Nutzen der Gesellschaft bei; mit anderen Worten, das allgemeine Glück des Volkes wird zunehmend.

Durch die einfache Regelung „eine Person, eine Stimme" wird gerne argumentiert, dass obig genannte Rückschläge vermieden werden können, wenn der Wähler das Gefühl hat, dass seine Entscheidung andere beeinflusst. Leider stellt die unrealistischen Anforderungen an die ethischen Standards der Wähler. Der Egoismus in der menschlichen Motivation ist eine erwiesene Realität und hat bei der Bildung moderner Gesellschaften und Wirtschaftssysteme eine Schlüsselrolle gespielt. Im Falle kombinierter Ebenen in der sozialen Ethik solchen Anforderungen, wovon nur egoistische Personen profitieren. Psychologische Studien haben ergeben, wobei das Phänomen „attributive Tendenz"[4], zu einer egoistischen Tendenz führt, welche die Menschen dazu bringt, das Leiden anderer ungewollt zu unterschätzen. Daher wäre, selbst in einer idealen Welt, wobei die Menschen einen edlen und selbstlosen Zustand erreichen und richtig informiert sind, nach wie vor unmöglich den sozialen Nutzen zu verbessern, indem man sich auf diese vereinfachende Definition der Gleichberechtigung stützt.

Nun stellen Sie sich einen weiteren Vorschlag für die Nation vor, der den Beitritt eines internationalen Handelsabkommens umfasst. Die obige Analyse über die Relevanz der Interessen des Systems lässt vermuten, dass ein solcher Vertrag alle Bürger mehr oder weniger gleich stark betrifft, tatsächlich aber mehr Auswirkungen auf diejenigen hätte, die im internationalen Handel tätig sind. Nach dem Prinzip der Interessenrelevanz sollte die Entscheidungsbefugnis der einzelnen Bürger je nach Verbindlichkeit der Interessen variieren. Diese Anpassung konzentriert sich jedoch tendenziell auf direkte, kurzfristige Auswirkungen und Teilfolgen, wobei indirekte, globale und langfristige sowie umfassende Auswirkungen ignoriert werden. In Wirklichkeit sind die Zusammenhänge zwischen den kurzfristigen Auswirkungen internationalen Handels sowie industrieller Politik und langfristigen Folgen nicht immer eindeutig erkennbar. Für diejenigen ohne wirtschaftliche Kenntnisse und globale Handelserfahrung können, sind einige, langfristige makroskopische Auswirkungen möglicherweise schwer zu verstehen. Darüber hinaus können einige Sektoren, die zunächst irrelevant erscheinen, langfristig eng am Vertrag gebunden sein. Um die allgemeinen Auswirkungen genau zu analysieren und vorherzusagen, wird das einschlägige Wissen und die Erfahrung der Experten einen großen Beitrag leisten.

Sicherlich hat es einige hitzige Debatten über Populismus und Elitismus gegeben; insbesondere ob die Politik von emotionalen und kurzsichtigen Bürgern oder von egoistischen und arroganten Eliten gestaltet werden sollte. Im Gegensatz zu beiden Fällen - die beide fehlerhaft sind - bietet die Mikrodemokratie eine ausgewogene, rationale Lösung, welche Arroganz und Machtmissbrauch ausschließt. Indem den Bürgern werden zusätzliche Entscheidungsbefugnisse auf der Grundlage ihres Bildungsniveaus und/oder ihrer Berufserfahrung in verwandten Bereichen eingeräumt. Im Gegensatz zu den bestehenden politischen Systemen hängt die Verteilung dieser Entscheidungsgewalt nur von den gesammelten Kenntnissen und Erfahrungen jedes einzelnen Bürgers ab, nicht von seinem aktuellen Status oder seiner Positionen in gewissen Institutionen. So offen und dezentralisiert diese Machtverteilung auch ist, so wird sie doch die Weisheit der gesamten Gesellschaft auf ausgewogene und gerechte Weise sammeln. Akademische Autoritäten, Regierungsbeamte und der geschlossene Kreis der Elite werden keine exklusiven Privilegien mehr über Entscheidungen haben. Ihre Meinungen in der Minderheit werden durch das Wissen der gesamten Bevölkerung ersetzt.

Während jeder Bürger in bestimmten Bereichen Wissen und Erfahrung sammeln kann, ist kein Bürger in der Lage, sich in allen Angelegenheiten Wissen und Erfahrung anzueignen. Folglich wird es keine universelle Elite-Klasse mehr geben. Stattdessen wird bei spezifischen Themen, unterschiedliche Expertengruppen oder *Experten Eliten* geben. Da die Anhäufung von Wissen und Erfahrung ein allmählicher und dynamischer Prozess ist, sind die so genannten Experten Eliten nur ein statistisches Konzept. Es gibt keine definierten Grenzen oder Qualifikationen, um sie vom Rest der Bevölkerung zu unterscheiden. Wenn wir die Entscheidungsfindung zu einem bestimmten Thema isoliert betrachten, führt der Unterschied in Wissen und Erfahrung zu ungleichen Entscheidungsbefugnissen der Bürger. Die Gleichstellung wird sich jedoch auf einer höheren Ebene widerspiegeln: jeder kann in den Bereichen, in denen er gearbeitet oder studiert hat, zur Elite gehören, und niemand wird in allen Bereichen zur Elite gehören.

Diesem Entwurf nach, wird es zu einer Notwendigkeit und Verpflichtung für die Gesellschaft, Bürgern gleiche Bildungschancen zu geben. Nur auf diese Weise haben sie eine faire Chance, entsprechend ihrer Wahl zu fachkundigen Eliten zu werden und damit soziale Gleichberechtigung zu schaffen. Dieses Thema wird im Kapitel *Menschenrechte* weiter ausgeführt.

Stellen Sie sich als letztes Beispiel einen Vorschlag zum Bau eines Parkplatzes im Dorf vor, wobei ein Wald abgeholzt werden muss, um Platz zu schaffen. In diesem Fall kann es neben objektiven Interessen und Kenntnissen noch weitere Faktoren, zur Berücksichtigung geben. Für einige Bewohner mag der Wald alltäglich erscheinen, aber für andere mag er ein Ort für viele ihrer wichtigen Ereignisse in ihrem Leben gewesen sein und mit unvergesslichen Erinnerungen verbunden sein. Da die Maximierung des gesamten, sozialen Wohlergehens ein grundlegendes Ziel der Mikrodemokratie darstellt, muss das moralische anerkannt werden. Das heißt, Bürger mit einem starken emotionalen Interesse an der Entscheidung sollten zusätzliche Entscheidungsbefugnisse erhalten. Emotionale Faktoren können jedoch schwer zu bestimmen sein Selbst innerhalb gleicher Situation, können Menschen unterschiedlicher Ausprägung, unterschiedlich stark empfinden. Glücklicherweise haben psychologische Studien einige nützliche Erkenntnisse geliefert: je mehr Zeit die Menschen mit anderen Dingen und an anderen Orten verbringen, desto intensiver sind ihre emotionalen Bindungen.[5] Das bedeutet, dass die emotionale Intensität in direktem, positivem Zusammenhang zur Zeitspanne steht. Bei ausgezeichneter Messbarkeit fungiert die Zeit als indirektes, quantitatives Kriterium für Emotionen. Für obiges Beispiel kann die Aufenthaltsdauer als Grundlage zur Berechnung zusätzlicher Entscheidungsbefugnis der Bevölkerung herangezogen werden.

Psychologische und soziologische Studien haben ergeben, dass sich das Gefühl von Geborgenheit und Wohlbefinden der Menschen verbessert, wenn sie Zukunftsfragen mehr oder weniger vorhersagen können.[6] Darüber hinaus trägt die Achtung von Bräuchen und Traditionen in der Regel zur sozialen Stabilität bei, was ebenso mit der Zeit in enger Verbindung steht.

Deshalb muss Zeit stellvertretend als moralische Maßnahmen sowie als Anker sozialer Stabilität nivelliert werden, um die zusätzliche Entscheidungsgewalt der Bürger bei lokalen Angelegenheiten zu bestimmen. Betrachtet man die Entscheidungsfindung in einer bestimmten lokalen Angelegenheit isoliert, so führt ein Unterschied bei der Aufenthaltsdauer zu ungleicher Entscheidungsgewalt der Bürger. Aber auch hier spiegelt sich die Gleichstellung auf der Ebene wider: jeder wird in seinem Leben im gleichen Maße Zeit ansammeln. Für die Bürgerinnen und Bürger wird die die Zeit in ihrem Leben immer in Aufenthaltsjahre irgendwo gezählt und gleichwertig bewertet werden.

Um eine noch größere Gleichstellung zu gewährleisten, muss eine Gesellschaft, die in einer Mikrodemokratie lebt, ihren Bürgern stets die Freiheit zur Migration gewähren, damit sie an den von ihnen gewählten Orten, gerecht und freiwillig, Aufenthaltszeit sammeln können. Dies wird im Kapitel über *Menschenrechte* weiter, ausführlicher diskutiert.

Aus obiger Analyse lassen sich die Prinzipien des Wahlrechts in einer Mikrodemokratie wie folgt zusammenfassen:

1. Alle Bürgerinnen und Bürger stimmen direkt zu jedem spezifischen Thema ab.
2. Alle Bürgerinnen und Bürger haben die gleiche, grundlegende Entscheidungsbefugnis.
3. Bürger und Bürgerinnen verfügen über eine zusätzliche Entscheidungsbefugnis, je nach Thema und Interesse.
4. Bürger verfügen über zusätzliche Entscheidungsbefugnisse, welche ihrem Wissens- und Erfahrungsstand entsprechen, je nach Thema oder Angelegenheiten.
5. Die Bürgerinnen und Bürger haben zusätzliche Entscheidungsbefugnisse, entsprechend ihrer akkumulierten Aufenthaltsdauer an dem Ort, womit die spezifische Angelegenheit in Verbindung steht.

6. Die endgültige Entscheidungsbefugnis jeden Bürgers beim Vorschlag eines bestimmten Themas, ist die Summe zusätzlicher, akkumulierter Entscheidungsbefugnisse.

7. Jeder Bürger hat dieselben Rechte und Chancen, verschiedene, zusätzliche Entscheidungsbefugnisse zu erwerben.

8. Der Beschluss geht auf jedes Szenario eines Vorschlags ein, welches die Summe der Entscheidungsbefugnisse bestimmt.

Um zu zeigen, wie die Mikrodemokratie funktioniert, werden wir uns ein fiktives Land, *Vianland* vorstellen, wobei jeder Bürger Zugang zum nationalen mikrodemokratischen System hat, um zu wählen und andere Operationen mit Hilfe persönlicher elektronischer Geräte durchzuführen.

Bei meinem Vorschlag wird die Abstimmung eines jeden Bürgers auf der Grundlage seiner persönlichen Situation berechnet. Zunächst hat jeder eine Stimme von 1,0. Wenn der Vorschlag offensichtliche Unterschiede in der Relevanz der Interessen für verschiedene Bürger aufweist, haben diese Bürger entsprechend, unterschiedliche zusätzliche Stimmen. So haben beispielsweise bei einer Entscheidung über die Erschließung eines Ölfeldes, Anwohner die sich innerhalb von 10 Meilen von der Borstelle befinden, eine zusätzliche Stimme von 1,0, Anwohner innerhalb von 5 Meilen eine zusätzliche Stimme von 2,0 und Anwohner innerhalb von 2 Meilen eine zusätzliche Stimme von 3,0. Wenn Wissen und Erfahrung wesentlich zur Qualität der Entscheidung beitragen, haben qualifizierte Bürger eine zusätzliche Stimme. Bei der Entscheidung über die Erschließung eines Ölfeldes, haben Bürger mit Abschlüssen in Ölförderung, Umweltschutz oder Energietechnik über eine zusätzliche 0,5 Stimme. Master-Absolventen über 1,0 zusätzliche Stimme Stimmen und solche mit Doktor Titel über eine 1,5 zusätzliche Stimme. In ähnlicher Weise erhalten diejenigen mit 5 Jahren Branchenerfahrung über 0,5 zusätzlicher Stimme, solche mit 10 Jahren Erfahrung über 1,0 zusätzliche Stimmen und diejenigen mit mehr als 10 Jahren Erfahrung 1,5 zusätzliche Stimmen. Für Bürger mit sowohl akademischen Abschlüssen als auch mit Berufserfahrung, ist ihre zusätzliche Wahl die Summe von beiden. Wenn Anwohner in der Nähe der Baustelle wohnen, haben auch sie eine zusätzliche Stimme, je nach Aufenthaltsdauer bis zu einer Menge von 0,5 Stimmen pro Jahr. Auf der Grundlage obig genannter Regeln ist die Stimme jeden Bürgers für den Vorschlag, die Summe aller beschriebenen Stimmen:

Endgültige Wahl =
Grundlegende Wahlen +
Zusätzliche Wahl Interesse/Relevanz +
Zusätzliche Wahl Wissen-Erfahrung +
Zusätzliche Wahl Aufenthaltsdauer

Oder auf abstraktere Weise:

Endgültige Wahl =
Grundlegende Wahl +
Wahl des Interessenfaktors +
Wahl des Wissensfaktors +
Zeitfaktor Gewicht

Die Entscheidung wird durch die Summe der endgültigen Stimmen jeder Wahl bestimmt, die jeder Wähler bekommt.

Es ist wichtig zu beachten, dass die Berechnungsregeln und die Formel für die Abstimmungen in den beschriebenen Beispielen lediglich dazu dienen, die Prinzipien und Mechanismen der Mikrodemokratie zu veranschaulichen. Diese sind bei weitem nicht die vernünftigste und geeignetste Anwendung. Diese Aussage gilt für alle auf Vianland bezogenen Beispiele in diesem Buch, sofern nicht anders angegeben.

Um das mikrodemokratische System aufzubauen, werden Kombinationen verschiedener Regeln und Formeln, die Richtung der Politik bestimmen und einen dominierenden Einfluss auf die Bildung und Entwicklung der Gesellschaft ausüben. Wie in folgenden Kapiteln ausführlich dargelegt, werden diese Anwendungen mit dem Selbstanpassungs- und Rückkopplungsmechanismus des mikrodemokratischen Landes im Laufe der Zeit und im Zuge des Fortschritts der Situationen kontinuierlich überarbeitet; die Gesellschaft wird in einen endlosen Kreislauf der Selbstoptimierung eintreten. Eine solche Vielfalt und Dynamik werden der Gesellschaft eine außerordentliche Vitalität verleihen und unbegrenzten Wachstum sowie stetige Erneuerung ermöglichen. Schlussendlich werden sich aus diesem friedlichen Wettbewerb optimale Gesellschaftsformen bilden. Die Untersuchung solcher Anwendungen und Evolutionsmechanismen ist an sich schon ausreichend als ein Zweig zukünftiger Disziplin des politischen Managements, was in diesem Buch weiterentwickelt wird.

Um Selbstbestimmung von Massenbestimmung zu unterscheiden, ist es notwendig, den Umfang der Entscheidungsfindung, woran die Bürger teilnehmen können, zu begrenzen. Gegenwärtig haben alle Länder eine gewisse, regionale Unterteilung und Hierarchie eingeführt. Die Zerlegung und Verteilung von Verwaltungsaufträgen, Ebene für Ebene, trägt zur Durchsetzung zentraler Richtlinien bei. Gleichzeitig gewährt dieser Entwurf ein gewisses Maß an Autonomie auf regionaler Ebene. Im mikrodemokratischen System stehen legitime und rationale Erwägungen an erster Stelle und die Effizienz der Umsetzung an zweiter Stelle bei der Planung einer regionalen Aufteilung. Ein ausführlicher Kommentar zur Bildung und Aufteilung der Verwaltungsbereiche findet sich im Kapitel über die *Gesetze*. Hier wird lediglich das Konzept vorgestellt.

Der Mechanismus der Abstimmung in obiger Darstellung ist darauf ausgerichtet, die Gleichstellung bei demokratischer Entscheidungsfindung zu verbessern. Damit es wirklich funktioniert, muss besonders darauf geachtet werden, dass die Bürger nur an Entscheidungen über „verwandte" teilnehmen Themen und nicht an „irgendwelche" Themen beteiligt werden. Für die Legitimität demokratischer Entscheidungen ist es von entscheidender Bedeutung, die Bürger von Themen auszuschließen, womit sie nichts zu tun haben. In der Tat ist die Grundursache für die „Tyrannei der Mehrheit gegenüber der Minderheit" die Einmischung der Menschen in Angelegenheiten, welche sie nicht betreffen. Diese Situation kommt so häufig vor, dass sie „zur Tyrannei der Mehrheit gegen die Mehrheit" geworden ist. Jeder ist bei einigen Entscheidungen ein potenzielles Opfer dieser Tyrannei, während er bei anderen ein Täter ist.

Bei der Gestaltung des Wahlsystems der Mikrodemokratie, könnten die Regeln des Gewichts der Interessenrelevanz das bisherige Problem in gewissem Grad lösen. Entscheidungen, die sich auf die inneren Angelegenheiten einer Stadt beziehen, können jedoch, selbst wenn die Anwohner ein höheres Wahlrecht haben, kaum die großen untergewichtigen Stimmen der Gesamtbevölkerung im ganzen Land ausgleichen. Damit der Mechanismus zur Abstimmung der Wähler wirksam funktionieren kann, ist daher nach wie vor notwendig, den Umfang der Entscheidungsfindung ihrer Relevanz nach, für die Wähler abzuschirmen. Gleichzeitig muss eine übermäßige Vereinfachung vermieden werden, damit die von der Politik Betroffenen nicht von der Entscheidungsfindung abgelenkt werden.

Um das Beispiel fortzusetzen, nehmen wir an, eine Stadt plant, einen großen See auszuheben, um die Umwelt zu verbessern. Auf den ersten Blick scheint dies eine lokale Angelegenheit der Stadt zu sein; daher haben nur Bewohner der Stadt eine Stimme. Wenn jedoch die Konstruktion des Sees jedoch Veränderungen in der Strömung nahegelegener Flüsse bewirkt, die sich auf die landwirtschaftliche Bewässerung über die flussabwärts gelegenen Gebiete auswirken, dann wird dies zu einer regionalen Frage mit breiterem Anwendungsbereich, und die flussabwärts gelegene landwirtschaftliche Bevölkerung muss an der Abstimmung teilnehmen. Wenn das Projekt darüber hinaus eine nationale Finanzierung erfordert, wird die Entscheidung zu einer nationalen Angelegenheit, und alle Bürger sind berechtigt, an der Entscheidungsfindung teilzunehmen. Es sollte auch darüber nachgedacht werden, ob ehemaligen Einwohnern zusätzliche Abstimmungen gewährt werden sollten.

Unter bestimmten Umständen können virtuelle Kreise für Entscheidungen genutzt werden, die über geographische Grenzen hinausgehen. So können beispielsweise ältere Menschen im ganzen Land über Fragen des Alters entscheiden, solange die Rechte von Bürgern anderer Altersgruppen nicht beeinträchtigt werden. Im ganzen Land können Bürgerinnen über Fragen zu Frauen, Entscheidungen treffen, sofern die Rechte und Interessen anderer Geschlechter nicht beeinträchtigt werden. Die Bewohner einer Küstenregion können Entscheidungen über Angelegenheiten des Meeresumweltschutzes treffen, solange die Rechte und Interessen der Bewohner des Landesinneren nicht beeinträchtigt werden. Zusätzlich zu den zahllosen Situationen virtueller Spaltungen bei der Entscheidungsfindung, könnten soziale Gruppen und internationale Gemeinschaften diese Methoden für die demokratische Entscheidungsfindung und über die Staatsgewalt hinaus anwenden.

Unter Berücksichtigung dieser, zusätzlichen Umstände lassen sich die grundlegenden Wahlprinzipien der Mikrodemokratie wie folgt zusammenfassen:

1. Die, für die jeweiligen Themen relevante Personen können an ihre Entscheidungen teilnehmen und werden als relevante Wähler betrachtet.
2. Relevante Wähler haben dasselbe, grundlegende Wahlrecht für die Entscheidung.
3. Das Die relevanten Wähler haben zusätzliches, Abstimmungsrecht, was auf vernünftige Prinzipien und dieselben Entscheidungsregeln beruht.
4. Die endgültige Abstimmung relevanter Wähler ergibt sich aus der Summe grundlegender Abstimmung und verschiedener, zusätzlicher Wahlen.
5. Die Entscheidung wird für jede Option durch die gesamten Abstimmungen bestimmt.

Kapitel 2

Die Delegation

Im mikrodemokratischen System tritt eine praktische Schwierigkeit auf, wenn die Bürgerinnen und Bürger die direkten Stimmrechte über Entscheidungen für alle öffentlichen Angelegenheiten erhalten. Es gibt so viele Entscheidungen, die in Bezug auf Zeit, Energie, Informationen und Wissen Aufmerksamkeit erfordern. Alle diese Entscheidungen übersteigen bei Weitem die Verarbeitungskapazität gewöhnlicher Menschen. Dies könnte die Qualität der Entscheidungen gefährden. Dies ist die vermeintliche Rolle, welche die derzeitigen Politiker und politischen Parteien spielen; leider hat das verhängnisvolle, fehlerhafte System der repräsentativen Demokratie jedoch zu einem völligen Versagen bei der Entscheidungsfindung geführt.

In der repräsentativen Demokratie haben nur Vertreter und Regierungsbeamte Zugang zu ausreichenden Informationen, Ressourcen und Befugnissen, um fundierte Entscheidungen treffen zu können. Gewöhnliche Bürger können Entscheidungen, welche diese Vertreter getroffen haben, nur blind und passiv akzeptieren. Wie im ersten Kapitel erwähnt, geben die Bürgerinnen und Bürger mit ihrer Stimmabgabe automatisch ihre Entscheidungsgewalt in aktuellen Fragen ab und übertragen ihre nominalen Befugnisse den Gewählten. Ein solcher Machttransfer stellt im Grunde genommen eine Delegationsbeziehung zwischen Bürgern und politischen Akteuren dar. Leider ist die Delegation in der repräsentativen Demokratie aus folgenden Gründen unmoralisch

Erstens ist das Delegationsverhältnis in einer repräsentativen Demokratie zwanghaft. Unabhängig davon, ob der Gewählte der Kandidat ist, für den der Bürger gestimmt hat, und unabhängig davon, ob der Bürger von Anfang an bereit ist, die Entscheidungsgewalt an jemanden zu delegieren, wird ein solches Delegationsverhältnis den Menschen ohnehin auferlegt. Die Beschaffenheit der Delegation, wie zum Beispiel die Befugnisse und Bedingungen, werden von früheren Delegierten festgelegt. Abgesehen von Ausnahmesituationen ist es für die Wähler praktisch unmöglich, die Delegation bis zum Ende der Amtszeit des Delegierten zu annullieren oder Anpassungen vorzunehmen. Da die Regeln und Bedingungen der Delegationsbeziehung Einzelpersonen auferlegt werden, hat diese Art von Beziehung keine moralische Grundlage.

Unter einigen autokratischen Regimen, die sich als repräsentative Demokratien ausgeben, können die Machthaber Dissidenten den Kandidatenstatus leicht entziehen, indem sie die Medien kontrollieren, rechtliche Verfahren manipulieren und wahlrechtliche Bedingungen einschränken. Nur diejenigen, die bereit sind, der herrschenden Gruppe zu gefallen, wird im Vertretungsorgan zugelassen. Natürlich ist eine solche repräsentative Institution nicht in der Lage, das Volk wirklich zu vertreten, und sie ist auch nicht in der Lage, auf Rückmeldungen des Volkes zu reagieren, wie für eine effektive Delegation notwendig ist. Das Ergebnis ist eine Legion von Marionetten, welche der Herrscher nach Belieben manipulieren kann. Während die Entscheidungsgewalt in einem geschlossenen Verwaltungssystem fest in der Hand der herrschenden Gruppe liegt, ist der Prozess der repräsentativen Demokratie lediglich ein zeremonielles Schauspiel. Die eigentliche Funktion dieses Rituals besteht darin, die nominelle politische Macht der Bürger durch rechtliche und formale Verfahren der Vertretungsorgane auf das Verwaltungssystem zu übertragen, indem der Wille des Herrschers frei regieren kann. Außerdem bietet sie den autoritären Handlungen des Machthabers, rechtlichen Schutz und zerstört die Legalität des zivilen Widerstands. Offensichtlich gibt es trotz des sorgfältig konzipierten Verfahrens keine moralische Legitimität für ein pseudo-repräsentatives System.

Zweitens ist die Delegationsbeziehung in einer repräsentativen Demokratie blind. Wenn die Bürgerinnen und Bürger abstimmen, wissen sie nicht, ob der von ihnen gewählte Kandidat bei künftigen Entscheidungen an dieser Delegationsbeziehung festhalten wird, da es keinen wirksamen Mechanismus gibt, um eine solche Loyalität zu gewährleisten.

Es gibt viele Einschränkungen für die Qualifikationen der Kandidaten, insbesondere die Notwendigkeit, Wahlkampfgelder zu erhalten, und umständliche Verfahren halten die meisten Menschen davon ab. Infolgedessen steht die Zahl der Kandidaten in keinem Verhältnis zur Gesamtbevölkerung. Dies lässt den Bürgern wenig Raum für fundierte Entscheidungen und zwingt sie dazu, blind aus einem kleinen Stapelunvollkommener Möglichkeiten zu wählen. Diese Blindheit wiederum verstärkt die Auswirkungen von Promotion, Repräsentation und Werbung erheblich, was die Abhängigkeit der Kandidaten finanzieller Unterstützung weiter erhöht und den Einfluss von Sponsoren (und nicht der Wähler) auf Entscheidungen verstärkt.

Die Macht der Repräsentanten ist zu umfangreich und trübt die Sicht der Wähler, wenn sie die Fähigkeiten der Kandidaten zur Vertretung beurteilen. Da es für die Kandidaten unmöglich ist, alle möglichen Bereiche der Entscheidungsfindung angemessen zu beherrschen, macht es keinen Sinn, diese auf der Grundlage ihrer Erfahrungen und Fähigkeiten in den einzelnen Bereichen auszuwählen. Stattdessen werden die wahlbezogenen Überlegungen der Wähler auf den gesunden Menschenverstand, die Persönlichkeit, die Identität, die Popularität und oft auch auf das Aussehen gelenkt. Selbst wenn der gewählte Vertreter in solchen Fällen ein Vorbild an Tugend und ein Genie ist, werden seine Kenntnisse immer unzureichend sein. Daher gibt es in einem solchen System niemals eine Garantie für eine qualitativ hochwertige Entscheidungsfindung. Außerdem ist es höchst unwahrscheinlich, dass die Wähler einen idealen Kandidaten finden, der in jeder Frage dieselben Ansichten teilt, was das Vertrauen von Anfang an fragwürdig erscheinen lässt. Da die meisten Zukunftsfragen zum Zeitpunkt der Wahl nicht vorhersehbar sind, ist es zudem unpraktisch, die Eignung der persönlichen Fähigkeiten oder Meinungen der Kandidaten im Voraus zu prüfen.

Lügen sind eine Lebensweise in der Politik und besonders in der repräsentativen Demokratie. Viele Versprechen werden nach der Wahl nicht eingehalten. In einigen Fällen ist dies auf allzu optimistische und unrealistische Ansichten zurückzuführen, während es in anderen Fällen einfach das Ergebnis routinemäßiger Unehrlichkeit ist. Aufgrund ineffizienter Feedback-Mechanismen können die Wähler nicht viel tun. Frustration und ein Gefühl der Ohnmacht können bei vielen Bürgern das Vertrauen und die Begeisterung für demokratische Politiker untergraben. Folglich können sie eine zynische und beobachtende Haltung einnehmen. Auf diese Weise bildet sich ein Teufelskreis: spezielle Interessengruppen manipulieren die Politik und verursachen Kompromisse und negative Einstellungen der Menschen, was wiederum die Manipulation einfacher und bequemer macht. Mit der Zeit wird die Stimmung in der Gesellschaft unglaubwürdig, passiv, unterwürfig, zynisch und selbstzerstörerisch. Wenn die positive Einstellung und der Partizipationsgeist der Beteiligung der Menschen unterdrückt werden und sich verschlechtern, kann die soziale Ordnung nur mit Gewalt aufrechterhalten werden, was schließlich zum Phänomen eines „demokratischen Polizeistaates" führt.

Einerseits spielt die Delegation eine wichtige Rolle bei der Entscheidungsfindung. Andererseits sind die fatalen Mängel in der Delegation der repräsentativen Demokratie deutlich erkennbar. Die Mikrodemokratie muss also neue Delegationsmechanismen aufbauen, die Effizienz und eine qualitativ hochwertige Entscheidungsfindung ermöglichen und gleichzeitig alle offensichtlichen Mängel des repräsentativen Systems vermeiden. Dieser neue Mechanismus wird *Dynamische Delegation* genannt. Und so funktioniert es:

Die Bürgerinnen und Bürger können aus den folgenden drei Wahlmethoden wählen, um über jeden Vorschlag abzustimmen:

Die erste Methode ist die Standarddelegation, bei der die Delegationen, wonach die Regeln von den Bürgern bestimmt werden.

Diese Regeln sind eine Kombination aus den Bedingungen des Antrags und der Auswahl der Delegierten.

Die einfachste Übertragungsregel ist die bedingungslose Delegation. Zum Beispiel kann ein Bürger seine Stimme einem politischen Führer aufgrund tiefer Bewunderung abgeben. Oder ein Bürger kann sich dafür entscheiden, seine gesamte Entscheidungsbefugnis an seinen besten Freund oder seine beste Freundin zu übertragen, mit wem dieselben Interessen und Meinungen geteilt werden.

Kompliziertere Übertragungsregelungen können einige Bedingungen einführen, wie Kategorien nach Fachgebieten oder Themen wie z. B. geographische Regionen. Beispielsweise kann ein Bürger, Entscheidungen in wirtschaftlichen Belangen einem Ökonomen und in Bildungsangelegenheiten, einem bekannten Professor übertragen. In ähnlicher Weise kann ein Bürger auf geographische Ebene, die Entscheidungsgewalt bei kommunalen Angelegenheiten durch eine Regel einer älteren Person in seiner Nachbarschaft delegieren, und mithilfe einer anderen Regel kann er Vorschläge, die sich auf größere Gebiete beziehen, an einen Experten in der Verwaltung der Region delegieren.

Die komplexesten Übertragungsregeln kombinieren mehrere Bedingungen, wobei häufig Kategorie- und geographische Bedingungen vermischt werden. Solche Kombinationen sehen Einschränkungen bei der Anwendung der Regel vor, als Entscheidungsumfang. Zum Beispiel kann ein Bürger mithilfe einer Regel die Entscheidungsbefugnis für Fragen kommunaler Sicherheit, einem Dorfpolizisten delegieren, der die örtlichen Gegebenheiten kennt und mithilfe einer anderen Regel, Rechtsfragen an einen hochrangigen Richter übertragen.

Für eine Einzelperson ist umso wahrscheinlicher, dass sich die Entscheidungsbereiche der Regeln überschneiden, je mehr im Voraus festgelegte Delegationsregeln definiert werden. Wenn es zu Überschneidungen kommt, sollten bestimmte Prioritäten bestimmen, welche Regel auf eine bestimmte Frage anzuwenden ist.

Normalerweise gibt es eine natürliche Abfolge von Prioritäten bei der Anwendung von Regeln. Im Allgemeinen sind Regeln mit einem strengeren und spezifischeren Geltungsbereich relevanter als übliche Regeln. Wenn ein Bürger beispielsweise eine Regel bedingungsloser Delegierung und eine andere Regel speziell für wirtschaftliche Themen definiert, dann ist letztere am besten zur Anwendung geeignet. Wenn ein Bürger eine dritte Übertragungsregel für wirtschaftliche Angelegenheiten einer bestimmten Region definiert, dann ist diese dritte Regel zweifelslos die geeignetste, für wirtschaftliche Vorschläge dieser Region.

Manchmal ist die Rangfolge der Regeln nicht offensichtlich. Um Unsicherheit und Missverständnisse zu vermeiden, kann eine Person die Reihenfolge von prioritären Regeln, welche im System definiert wurden, explizit festlegen. Beispielsweise kann bei einem Sektor übergreifenden Vorschlag, der sowohl wirtschaftliche als auch rechtliche Faktoren beinhaltet, ein im Voraus festgelegter Ablauf der Prioritäten dazu beitragen, diese Unklarheit zu beseitigen.

Die zweite Methode ist die temporäre Delegation, die recht einfach ist: für einen bestimmten Vorschlag kann eine Person explizit einen Delegierten bestimmen. Der Unterschied zwischen einer Standard Delegation und eine temporäre Delegation besteht darin, dass erstere auf Regeln basiert und potenziell im Laufe der Zeit auf verschiedene Vorschläge angewendet werden kann, während letztere nur auf einen bestimmten Vorschlag und nur einmalig angewendet wird. Aufgrund dieser Besonderheit haben temporäre Delegationen eine höhere Priorität als die Standard Delegation. Zum Beispiel ein Bürger, der sein Stimmrecht für landwirtschaftliche Vorschläge durch eine im Voraus festgelegte Delegationsregel einembekannten Agronomen übertragen. Aber für einen bestimmten Vorschlag der Pflanzpolitik kann er sich mehr auf die Meinung eines befreundeten Bauern verlassen. Deshalb delegiert der Bürger sein Wahlrecht für diesen Vorschlag mit Hilfe einer zeitweiligen Delegation an seinen Bauernfreund. In diesem Fall bleibt seine Delegation dem Agronomen für alle anderen landwirtschaftlichen Angelegenheiten gemäß der vorgegebenen Delegationsregel zugewiesen.

Die dritte Methode ist die direkte Abstimmung, das heißt der Bürger kann selbst direkt abstimmen. Sie ist die einfachste und loyalste Verwirklichung demokratischer Macht und ist für die Mikrodemokratie von grundlegender Bedeutung. Sie hat unter allen Methoden die höchste Priorität in der Rangfolge.

Im Rahmen des Systems der Mikrodemokratie können die Bürgerinnen und Bürger ihre Delegationseinstellungen jederzeit anpassen, da sie nicht mehr auf einen Wahlzeitplan beschränkt sind. Vorschläge jeglicher Art werden vom System das ganze Jahr über, kontinuierlich bearbeitet, wobei für jeden Vorschlag eine eigene Frist gilt. Wenn ein Bürger vor diesem Datum seine Stimme abgibt, wird sein Abstimmung für diesen Vorschlag direkt im Endergebnis gezählt. Wenn der Bürger nicht vor Ablauf der Frist abstimmt, bestimmt das mikrodemokratische System automatisch seinen oder ihren Delegierten für diesen Vorschlag, auf der Grundlage aktueller Delegationsanwendung, und die Wahl des Bürgers für diesen Vorschlag geht auf den Delegierten über. Die endgültige Abstimmung des Delegierten ist die Summe dieser Person plus, die durch Delegation, übertragene Stimmen.

Dieser Entwurf beseitigt alle Mängel der Delegation in der repräsentativen Demokratie:

Erstens gibt es das Übertragungsmandat hier, in der repräsentativen Demokratie nicht. Bei jedem Vorschlag haben die Bürgerinnen und Bürger bis zum letzten Moment der Abstimmungsfrist immer die freie Wahl, ob sie direkt in eigenem Namen abstimmen oder ihre Stimme anderen zu delegieren. Sie haben die vollständige Kontrolle darüber, ob sie delegieren oder nicht, und sie haben auch die Kontrolle darüber, wie die Delegierten ernannt werden. Daher können die Bürger jederzeit Delegierte benennen, die ihre Interessen vertreten und ihrem Willen treu bleiben. Dies löst das Problem repräsentativer Demokratien, wobei die Bürger gezwungen sind, die Macht trotz ihrer Entscheidungen bei Wahlen an die Gewählten zu übertragen. Sie verhindert auch, dass Politiker eine Wahl gewinnen, indem sie das Volk in die Irre führen und dann die öffentliche Meinung mit einer befristeten Amtszeit an sich reißen. In der Mikrodemokratie kann jedes Fehlverhalten des Delegierten zum sofortigen Widerruf der Delegation führen, und wer an Glaubwürdigkeit verliert, wird auch seinen Einfluss bei der Gestaltung von Politik vollständig verlieren. Mit der Zeit werden die Bürgerinnen und Bürger diese wahren Eliten der Loyalität, Professionalität und Weisheit finden und ihnen durch Delegation mehr Entscheidungsgewalt verleihen. Dieser sensible und kontinuierliche Rückmeldungs-Mechanismus wird die allgemeine Integrität demokratischer Politik erheblich verbessern.

Zweitens ist die Blindheit der Delegationen in repräsentativen Demokratien offensichtlich und kann auch hier vermieden werden. Da die Bürger verschiedene Delegierte mit Vorschlägen für verschiedene Entscheidungsbereiche beauftragen können, ist das Hauptanliegen der Delegation natürlich die Relativität zwischen den Qualifikationen des Delegierten und dem Thema selbst und weniger die Persönlichkeit und Identität des Vertreters. Dies wird die Qualität der Entscheidungen erheblich verbessern.

Im Rahmen des mikrodemokratischen Systems lassen sich die Delegierten in folgende vier Typen unterteilen:

1. *Gewöhnlicher Wähler*
   Die überwiegende Mehrheit des Volkes. Sie stimmen direkt ab oder delegieren an andere. Manchmal empfangen sie zwar Delegationen von anderen Bürgern, aber ihr Lebensmittelpunkt ist nicht die Politik.

2. *Politischer Führer*

Eine kleine Gruppe von politischen Aktivisten unter den Bürgern Ihre Bürgerrechte unterscheiden sich nicht von denen der normalen Wähler, aber im Gegensatz zu ihnen gilt ihr Hauptaugenmerk der Politik. Sie haben mehr Einfluss auf die Politikgestaltung, indem sie durch Delegationen zusätzlichen Einfluss auf die Wahlen anderer Bürger gewinnen. Politische Führung ist keine Qualifikation oder ein Beruf, sondern vielmehr eine Rolle im demokratischen, politischen Leben. Ein Bürger kann in bestimmten Lebensabschnitten oder bei bestimmten Entscheidungen als gewöhnlicher Wähler handeln, während er sich in anderen Lebensabschnitten oder bei anderen Entscheidungen, aktiv an der politischen Entscheidungsfindung beteiligen und somit als politischer Führer angesehen werden. Erfolgreiche politische Führungskräfte gewinnen in der Regel ein beträchtliches Maß an sozialer Beliebtheit und Charisma, empfangen umfangreiche Delegationen und entsprechende Wahlen und beteiligen sich an Entscheidungen öffentlicher Angelegenheiten auf Vollzeitbasis. Natürlich gibt es eine Grauzone zwischen den Rollen eines typischen politischen Führers und eines gewöhnlichen Wählers, aber diese Unterscheidung ist für die folgenden Diskussionen nicht wichtig.

3. *Agentur für Politische Konsultation*

Diese sind politische Organisationen, welche im mikrodemokratischen System registriert sind. Sie selbst können nicht wählen, aber sie können Delegationen von Bürgern annehmen und in ihrem Namen abstimmen. Die Polykonsultationsstellen müssen den Umfang der Entscheidungen, angeben und registrieren, was die politische Konsultationsdomäne bezeichnet wird.

4. Politische Partei

Eine besondere Kategorie der Polykonsultationsagentur. Sie sind verpflichtet, über alle Vorschläge innerhalb ihres Polykonsultationsbereichs abzustimmen, unabhängig davon, ob es Delegationen gibt. Wenn eine politische Partei ihre Polykonsultationsdomäne, die alle möglichen Bereiche innerhalb einer bestimmten Verwaltungsregion abdecken, als eine Art einzelne politische Partei einrichtet, wird sie als regionale primäre *politische* Partei bezeichnet. Wenn eine solche Partei dann ihre Dienstregion als unbegrenzt oder global einrichtet, dann wird sie eine globale politische Hauptpartei genannt oder kurz Hauptpartei.

Politische Führer, Polykonsultationsbüros und politische Parteien existieren weiterhin im Rahmen des mikrodemokratischen Systems. Politikgestaltung ist ein komplexes Projekt, das gut organisierte Forschung und harte Arbeit engagierter Fachleute erfordert. Institutionen, wie Polykonsultationsbüros und politische Parteien, sind nicht nur in der Lage, solche beruflichen Aufgaben zu organisieren und zu koordinieren, sondern auch als Sprecher der Bürger zu fungieren. Obwohl die Delegierung an Polykonsultationsagenturen oder politische Parteien im mikrodemokratischen System nicht obligatorisch ist, stellt die Abstimmung über alle Vorschläge eine enorme Arbeitsbelastung für die Bürgerinnen und Bürger dar, und es ist auch nicht einfach, die idealen Delegierten für jeden Entscheidungsbereich zu finden. Wenn man dies bedenkt, ist es für normale Bürger eine ziemlich vernünftige Entscheidung, die Wahlbefugnisse an bestimmte zuverlässige Polykonsultationsagenturen und politische Parteien zu delegieren.

Hervorzuheben ist, dass sich im mikrodemokratischen System die Delegation an Polykonsultationsagenturen und politische Parteien grundlegend von der Delegation in anderen politischen Systemen unterscheidet.

In der repräsentativen Demokratie sowie in den meisten politischen Systemen ist die Machtverteilung zwischen den politischen Parteien exklusiv. Für einen Bürger ist die Wahl der politischen Partei auf eine Einzige beschränkt. Diese ausgeprägte Exklusivität führt unweigerlich zu intensiven Konfrontationen, die künstliche Spaltungen zwischen den Menschen verursachen, wobei ständige Spannungen und Konflikte zur Norm in der Gesellschaft werden. In diesem feindseligen Umfeld, in dem die Menschen eifrig nach ihrer Identität suchen, um ein Gefühl der Zugehörigkeit und Sicherheit zu gewinnen, sind sie den politischen Parteien stärker zugetan. Diese Situation führt zur absoluten Dominanz der politischen Parteien in ihren Beziehungen zu den Bürgern, so dass eine solche Beziehung eher auf Gehorsam statt einer Orientierung nach Dienstleistungen. Diese verdrehte Beziehung ist wie ein antidemokratisches Gen innerhalb politischer Parteien, das dazu bestimmt ist, sie kollektivistisch darzustellen. Ohne zusätzliche Vorsicht und vorsätzliche Korrektur werden sie langsam die Grundlage der offenen Gesellschaft zersetzen, welche im Autoritarismus enden wird. Zum großen Teil ist der Entwurf für das Funktionieren des demokratischen Systems mit interexklusiven politischen Parteien an sich, die größte versteckte Bedrohung für eine demokratische Gesellschaft.

Im Rahmen des mikrodemokratischen Systems haben die Bürgerinnen und Bürger die vollständige Kontrolle über die Delegation. Sie können die Stimmrechte zu jedem Zeitpunkt, Ortsunabhängig und zu jeder Bedingung, die sie festlegen delegieren und wem auch immer sie vertrauen. Die Beziehung zwischen den politischen Parteien und den Bürgern ist nicht exklusiv, und deshalb sind die Bürger in einer bevollmächtigen Position. Die dezentralisierte und dynamische Natur der Übertragungsregeln der Mikrodemokratie macht die Anhäufung und Festigung von Macht bedeutungslos. Für politische Parteien besteht das Ziel daher nicht mehr darin, sich eine exklusivere Macht anzueignen, sondern Beschlüsse zu fassen, die mit der Vision und den Werten der Partei besser vereinbar sind. Nur wenn eine politische Partei treu an ihrer Ideologie festhält und ihren Zielgruppen, den Bürgern wirklich dient, kann sie einen stabilen und dauerhaften politischen Einfluss aufrechterhalten. Um dieses Ziel zu erreichen, ist die Zusammenarbeit zwischen politischen Parteien, oft eine intelligentere Entscheidung als die Konfrontation. Folglich werden auch die Spannungen zwischen den politischen Parteien gelöst, was eine konstruktive und kooperative Haltung ermöglicht, damit die gesellschaftliche Stimmung gedeihen kann. Agenturen für politische Konsultation und politische Parteien spielen ebenso eine Schlüsselrolle bei mikrodemokratischen Entscheidungsverfahren, die im Kapitel *Verfahren* vorgestellt werden.

Wenn jeder frei delegieren kann, ist die Übertragungsstaffel unvermeidlich. Zum Beispiel überträgt Bürger A seine Stimmrechte für einen Vorschlag an Bürger B, und Bürger B überträgt seine Stimmrechte an Bürger C. Daher wird eine Übertragungsstaffel gebildet. In diesem Fall wird die Abstimmung von Bürger A über Bürger B an Bürger C weitergegeben; folglich hat Bürger C das Gesamtabstimmung aller drei Bürger. Bürger C kann dann entscheiden, für sich selbst zu stimmen oder diese weiterhin an andere abzugeben. Dieser Übertragungsmechanismus bietet den einfachen Bürgern flexible Entscheidungen und trägt dazu bei, mehr Stimmrechte an bessere Entscheidungsträger weiterzugeben. Sie zeigt aber auch die Komplexität der Verarbeitung.

Ein mögliches Szenario ist der *Delegationskreis*. Im obigen Beispiel wird ein Delegationskreis gebildet, wenn Bürger C dann seine Stimmrechte wieder zurück an Bürger A überträgt. In solchen Fällen können alle Personen innerhalb des Kreises irrtümlich annehmen, dass jemand anderes direkt für sie stimmen wird, und am Ende handelt niemand, was zur Ungültigkeit der Abstimmung führt. Dies ist sicherlich unbeabsichtigt, wenn sie die Übertragungsregeln festlegen. Daher muss das mikrodemokratische System in der Lage sein, solche Situationen erkennen und automatisch Anpassungen vornehmen. Zum Beispiel muss das mikrodemokratische System den Bürger benachrichtigen, wenn es eine solche Schleife entsteht. Bis zur Korrektur durch den Bürger kann das System die Delegationsregeln, welche die Schleife betreffen, vorübergehend auslassen und die nächste Delegationsregel in der Prioritäten Einstufung anwenden.

Ein weiteres Szenario ist die unwirksame Übertragung. Wenn Bürger C im obigen Beispiel aufgrund einer schweren Krankheit, eines Todesfalls oder aus anderen Gründen nicht abstimmen kann, werden die mit Bürger C verbundenen Delegationsregeln von Bürger B ungültig. Das mikrodemokratische System muss die betroffenen Bürger benachrichtigen, sobald eine derartige Situation festgestellt wird, die entsprechenden Regeln vorübergehend überspringen und die nächste, entsprechende Regel auf der Prioritätenliste anwenden, bis die Situation gelöst ist oder bis die Bürger die notwendigen Korrekturen vornehmen. Wenn Delegierungsregeln dauerhaft unwirksam werden, muss das mikrodemokratische System die betroffenen Bürger benachrichtigen und sie automatisch widerrufen.

Das letzte Szenario ist die *Delegationslücke*. Wenn im obigen Beispiel nach dem Weglassen aller ungültigen Regeln keine mehr unter den Standard-Delegierungsregeln von Bürger B anwendbar ist, können die Abstimmungen von Bürger A und B versehentlich verworfen werden, es sei denn, Bürger B stimmt vor Ablauf der Frist ab. Obwohl die einfachste Lösung darin besteht, diese als Enthaltung zu betrachten, kann die hohe Prävalenz dieser Situation dazu führen, dass das Entscheidungssystem völlig zum Erliegen kommt; daher ist am besten, eine zuverlässige Strategie zum Schutz zu entwickeln. Die bevorzugte Lösung besteht darin, jeden Bürger aufzufordern, eine *Delegationsregel* zum Schutz mit niedrigster Priorität festzulegen, die das Stimmrecht einer Hauptpartei überträgt. Da Hauptparteien verpflichtet sind, über alle Vorschläge während der gesamten Entscheidungsdauer abstimmen zu müssen, kann eine Delegationslücke vermieden werden. Für extremere Situationen, wie zum Beispiel die Auflösung einer Hauptpartei, können zusätzliche Maßnahmen eingeführt werden. Beispielsweise kann das mikrodemokratische System auf der Grundlage von Statistiken über Delegationsinformationen in der gesamten Bevölkerung eine dynamische Rangfolge für alle globalen Hauptparteien aufrechterhalten und auf der Grundlage dieser Rangfolge,

Standardregeln für die Schutzdelegation aller Bürger festlegen. Daher kann die Delegationslücke vermieden werden, solange eine letzte globale, politische Partei noch funktioniert.

Zusätzlich zu den Netzwerken der Bürger können auch Übertragungsstaffeln auf Polykonsultationsagenturen und politische Parteien ausgedehnt werden. Im Allgemeinen tragen solche Delegierungen zur Verbesserung der Qualität bei der Entscheidungsfindung. Polykonsultationsagenturen bringen nicht nur ihre eigene Meinung zum Ausdruck, sondern konsolidieren auch Meinungen aus anderen Quellen nach bestimmten Prinzipien und Strategien. Auf diese Weise vertreten sie eine umfassendere und vollständigere politische Stellung bei der Entscheidungsfindung, was eine umfassendere Delegation von Bürgern anzieht. Es ist jedoch sinnvoll, einige Einschränkungen anzuwenden, um zu verhindern, dass die Delegationsbeziehungen zu kompliziert und unkontrollierbar werden. Daher sollte jede Rückübertragung, wie *z. B.* Delegationen von Polykonsultationsagenturen an Bürger, von politischen Parteien an Bürger oder von politischen Parteien an Polykonsultationsagenturen, gänzlich vermieden werden, da sie zu komplex und Verwirrung verursacht und sogar zu versteckten Autokratien führen kann.

Da die politischen Parteien unabhängig über alle Vorschläge in ihren registrierten polykonsultativen Bereichen abstimmen müssen, brauchen sie nicht zu delegieren. Das System braucht politische Parteien, die als stabile und fähige Expertengremien für die Politikgestaltung fungieren, und muss gleichzeitig unbeabsichtigte Stimmenthaltungen, zum Beispiel die Delegationslücke beseitigen. Politische Parteien sollten vor Ablauf der Abstimmungsfrist für die Einreichung der Vorschläge abstimmen, unabhängig davon, ob sie eine bestätigte Delegation erhalten haben. Da die Bürger ihre Delegationsregeln auch bis zum letzten Moment ändern können, ist es den politischen Parteien theoretisch immer noch möglich, stimmberechtigte Übertragungen zu empfangen, wodurch ihre Abstimmung wirksam wird. Aber auch ohne Delegation können die

Abstimmungsergebnisse politischer Parteien den Bürgern helfen, ihre politische Haltung, ihr Fachwissen und Entscheidungsstil zu erlernen.

In der repräsentativen Demokratie monopolisieren Vertreter und Regierungsbeamte die legislative und administrative Entscheidungsfindung. Sie alle stehen auf der Gehaltsliste der Regierung und arbeiten im selben festgelegten, internem Kreis. Natürlich bilden sie eine Art Einrichtung zum Schutz gegenseitiger Interessen. Wenn sie in einer stärkeren Position sind, neigt diese Klasse dazu, ihre Autorität zum persönlichen Vorteil zu nutzen; und wenn sie schwach sind, lassen sie sich leicht von anderen, speziellen Interessengruppen beeinflussen und kontrollieren. Da die Arbeitsweise dieser Klasse oft starr und verschlossen ist, verlieren sie allmählich die Verbindung zur Bevölkerung, die sie repräsentieren sollen. Die Gewaltenteilung ist in vielen modernen Demokratien der Hauptmechanismus zur Kontrolle und zum Ausgleich. Wenn dieser Mechanismus jedoch immer in einem geschlossenen Kreis zwischen dieselben, parasitären Politikern funktioniert, indem sie ihre Beziehungen im Turnus auswechseln und ihre Befugnisse austauschen, wird dieses Instrument nichts anderes zur Folge haben, außer zu Politikern, die Tricks entwickeln, wodurch sie die Öffentlichkeit blenden können.

Je konzentrierter die Kräfte und Interessen als magnetische Pole sind, desto eifriger werden sie sich gegenseitig anziehen. Da Machtzuwachs und Machterweiterung die inhärenten Ziele politischer Parteien sind, werden ihre Erfolge die Wohlhabenden immer dazu bewegen, Bündnisse einzugehen oder Vorteile auszuhandeln. Die schwächeren Parteien werden ihre Marionetten sein, und die stärkeren Parteien werden einfach selbst einen politischen Unternehmenskomplex aufbauen. Dieser Trend wird unweigerlich die Kluft zwischen den politischen Parteien und den Massen vergrößern, insbesondere bei Parteien, die über lange Zeiträume regieren. Am Ende wird sich die Beziehung zwischen den beiden qualitativ verschlechtern und kann nur mit Lügen und Gewalt zusammengehalten werden. Je länger eine Partei regiert, desto verdrehter wird dieses Verhältnis und die Kultur der regierenden Partei wird nur noch korrupter und heuchlerischer.

Im Wissen, dass übermäßige Machtkonzentration, Stabilität und Abschottung der herrschenden Klasse die Ursache für die Probleme sind, gibt die Mikrodemokratie die Machtstruktur der alten Systeme völlig auf. Stattdessen verteilt der neue Delegationsmechanismus die politische Macht durch den unendlichen Fluss über alle Ebenen, so dass nirgendwo Macht akkumuliert wird und Korruption entsteht.

Zur Unterstützung dieses neuen politischen Systems ist ein neuer Belohnungsmechanismus erforderlich, damit diejenigen, welche an der Entscheidungsfindung öffentlicher Angelegenheiten beteiligt sind, die notwendige, finanzielle Unterstützung erhalten, die sie für einen kontinuierlichen Beitrag benötigen, und damit das gesamte System wohlbehalten funktionieren kann. In einer mikrodemokratischen Gesellschaft wird das Recherchieren, Diskutieren und Abstimmen über Vorschläge öffentlicher Angelegenheiten als eine besondere Art öffentlichen Dienstes betrachtet. Für die Bürgerinnen und Bürger ist die Beschäftigung mit dieser Art von Arbeit eine wesentliche bürgerlicher Verpflichtung, als Gegenleistung für die soziale Wohlfahrt und Sicherheit. Das mikrodemokratische System verpflichtet den Bürgern nicht, diese Arbeit selbst durchzuführen. Wenn Bürger nicht willens oder nicht in der Lage sind, selbst abzustimmen, können sie dies durch Delegation anderen überlassen. Wenn jedoch das Wählen für den eigenen Vorteil eine bürgerliche Verpflichtung ist, dann ist das Wählen für andere ein zusätzlicher öffentlicher Dienst und sollte belohnt werden.

Bei jeder Abstimmung gewinnt der Delegierte, der schließlich abstimmt, die Belohnung auf der Grundlage der Anzahl empfangener Delegationen. Wenn Bürger C direkte abstimmt, ist die endgültige Wahl dieser Person, die Summe der Wahlen aller drei Bürger. Außerdem kann diese Person Belohnungen für die Unterstützung der Bürger A und B bei der Stimmabgabe erhalten. Lassen Sie uns dieses Beispiel mit der Beteiligung der politischen Partei näher untersuchen: Wenn Bürger C an Partei X delegiert, anstatt direkt zu wählen, und

Bürger D die Wahl ebenso an Partei X delegiert, besitzt Partei X schließlich die Summe der Wahlen der vier Bürger (Bürger A, B, C und D) und sollte nach der Ausübung der direkten Abstimmung belohnt werden.

Um zu vermeiden, dass sich die Finanzen auf die Wahl der Bürgerinnen und Bürger auswirken, wird diese Belohnung von der Regierung als Teil der Betriebskosten der Mikro-demokratie bezahlt und nicht den Bürgerinnen und Bürgern als persönliche Kosten in Rechnung gestellt. Das System muss mit einem intelligenten Preismodell aufwarten, das niedrig genug ist, um die Regierung finanziell nicht zu stark zu belasten, und hoch genug, um die politische Vollzeitbeschäftigung derjenigen, die Delegationen von anderen Wählern empfangen, aufrechtzuerhalten. Für die Hauptparteien, denen die Menschen vertrauen und welche sie unterstützen, wird die Belohnung für die Erfüllung einer umfangreichen Anzahl von Delegationen, ihre Haupteinnahmequelle sein, um die Kosten für die Einstellung von Fachleuten zu decken. Als solches wird ein direkter und funktionsfähiger Rückkoppelungsmechanismus zwischen den Bürgern und den Delegierten geschaffen, was sicherstellt, dass einflussreiche Delegierte über ausreichende Ressourcen für ihre politischen Aktivitäten verfügen und ausdrücklich treu handeln, gegenüber die ihnen delegierenden Bürgern. Dieser Mechanismus wird auch dazu beitragen, Korruption zu verhindern. Wenn ein problematisches Verhalten eines Delegierten aufgedeckt wird, kann er über Nacht eine Menge Delegationen verlieren, was zum sofortigen Verlust seiner Einkommensquelle führen könnte sowie politischer Ansicht und damit auch seine Wichtigkeit in den Augen spezieller Interessengruppen. Daher müssen politische Führer, Polykonsultationsbüros und politische Parteien, disziplinierter und sensibler sein sowie Interessenkonflikte klug handhaben.

Als Beispiel könnte Vianland Preismodell für die Belohnung von Delegationen wie folgt aussehen: wenn der Delegierte direkt über einen einzelnen Vorschlag abstimmt, beträgt die Höhe der Belohnung 0,1% des durchschnittlichen täglichen Soziallohns, multipliziert mit der Anzahl der Bürger, denen diese Person mit dieser Abstimmung direkt oder indirekt dient. Wenn also 1000 Menschen ihre Wahl direkt oder indirekt über die Delegationen an einen politischen Führer übertragen, dann kann eine direkte Stimme pro Tag seine eigene unterhalten. Oder ihre hauptberufliche Sozialarbeit. Wenn es jeden Tag viele Vorschläge zur Abstimmung gibt, wird diese Person ein ziemlich wohlhabendes Leben genießen können. Wenn eine politische Partei direkt oder indirekt Delegationen von einer Million Menschen empfängt, reichen die täglichen Wahleinnahmen aus, um eine Berufsgruppe von Hunderten von Angestellten zu unterstützen und die Ausgaben zu decken. Wenn es täglich viele Vorschläge zur Abstimmung gibt, wird das Einkommen mehr als genug sein, um Tausende von Arbeitnehmern zu unterstützen. Wie im folgenden Kapitel *"Verfahren"* erörtert wird, sind die Initiatoren der meisten Vorschläge politische Führer, politische Entscheidungsträger und politische Parteien. Um zu verhindern, dass sie unnötige Vorschläge zu ihrem Vorteil zu unterbreiten und die Betriebskosten der Regierung zu kontrollieren, schreibt *Vianland* auch vor, dass nur die 9 höchstbezahlten Stimmen des Tages von einem Delegierten bezahlt werden. Wenn man bedenkt, dass der Hauptzweck dieser Entschädigung darin besteht, die politischen Fachkräfte in Vollzeit zu halten, wird die Abstimmung nicht belohnt, wenn die Anzahl der Delegationen für einen Vorschlag weniger als 100 beträgt. Auf der Grundlage obig genannter Regeln betragen die Entschädigungskosten der Entscheidungsprozesse von *Vianland*, unter extremen Bedingungen weniger als 2% des gesamten bundesweiten, privaten Einkommens, und die tatsächliche Zahl liegt wahrscheinlich unter 1%. Um politische Dienste auf nationaler Ebene zu unterstützen, die qualitativ gute Entscheidungen fällen, ist eine bescheidene Erhöhung des Einkommensteuersatzes von 1% ein ausgezeichnetes Angebot.

Die Mikrodemokratie bezahlt politische Führer und Polykonsultationsbüros für ihre sozialen Dienste, damit sie unabhängig arbeiten können. Dies hindert sie jedoch nicht daran, Gelder anderer Sponsoren zu erhalten, solange sie die Informationen veröffentlichen. Sicherlich können andere Quellen finanzieller Unterstützung, wie persönliche Spenden oder sogar Investitionen durch spezielle Interessengruppen, letztendlich mehr soziale Ressourcen in die Politikgestaltung integrieren und dazu beitragen, die Qualität der Entscheidungsfindung zu verbessern. Externe, finanzielle Unterstützung wird zweifellos zu voreingenommenen oder gar parteiischen Meinungen führen, aber demokratische Politik ist von vornherein ein Prozess, wobei unterschiedliche Standpunkte ausgetauscht, konfrontiert und Vereinbarungen getroffen werden. Diese Art der Einflussnahme ist unvermeidlich; sie wird im Geheimen, wenn nicht gar öffentlich. Da das mikrodemokratische System den Zwang und die mangelnde Transparenz der repräsentativen Demokratie beseitigt hat, gibt es Grund zur Annahme, dass dieser finanzielle Einfluss mehr positive als negative Auswirkungen auf die Ergebnisse der Entscheidungsfindung hat.

Die Bürger haben die Kontrolle über die Privatsphäre ihrer politischen Positionen und Wahlaktivitäten. Sie können ihre Wahlunterlagen und Delegationsregeln veröffentlichen oder beschließen, diese privat zu halten. Während die politischen Führer beschließen können, auf intelligente Weise mehr Informationen offenzulegen, um mehr Delegationen anzuziehen, werden die Wahlprotokolle im mikrodemokratischen System, automatisch an Wahlbüros und politische Parteien weitergegeben, um eine Irreführung der Bevölkerung zu verhindern.

Die Grundprinzipien der Delegation von Wahlen in der Mikrodemokratie zusammengefasst:

1. Die Bürger können wählen, ob sie direkt, unabhängig oder als Delegierte abstimmen wollen; Delegierte können andere Bürger, Agenturen des Polyrates oder politische Parteien sein.

2. Die Entscheidung der Bürgerinnen und Bürger, die unabhängige direkte Abstimmung oder die Delegation auszuüben, muss am Stichtag jeden Vorschlags nach Klassifizierung der Prioritäten enden: zuerst die unabhängige, direkte Abstimmung, dann die

temporäre Delegation und schließlich die im Voraus festgelegten Delegationsregeln. Falls die Delegation fehlschlägt, sollte das mikrodemokratische System automatisch die ungültigen Regeln erkennen und auslassen und somit eine gültige und praktikablere Regel entsprechend Prioritäten Rangfolge vorher festgelegter Delegationsregeln anwenden.

3. Für die Delegation wird die Abstimmung vom delegierenden Bürger übertragen. Der Delegierte kann dann die Wahlen an weitere Delegierte übertragen.

4. Politische Konsultationsagenturen und politische Parteien verfügen über keine eigenen Stimmen, aber sie können von ihren Delegationsauftraggebern Stimmen erhalten; sie müssen ihre politischen Konsultationen und Entscheidungen der neuen Delegation angeben.

5. Die Bürger können entscheiden, ob sie ihre Stimmrechte und Delegationsregeln offenlegen wollen. Wahlbüros und politische Parteien müssen ihre Stimmrechte und Delegationsregeln offenlegen.

6. Politische Parteien müssen über alle Vorschläge innerhalb ihrer polykonsultativen Bereiche abstimmen; das mikrodemokratische System nutzt politische Parteien, um den Bürgern im Voraus festgelegte Delegationsregeln zur Verfügung zu stellen, um eine Delegationslücke zu vermeiden.

7. Polykonsultationsbüros können beschließen, Vorschläge innerhalb ihres Polykonsultationsbereichs abzulehnen oder an politische Parteien zu delegieren.

8. Die Regierung bietet finanzielle Belohnungen für Delegierte, welche direkt und unabhängig abstimmen.

Kapitel 3

Das Verfahren

Demokratische Entscheidungsfindung ist viel mehr als nur Abstimmungen, sie ist eine Reihe klar definierter Betriebsabläufe mit einem einzigartigen Lebenszyklus. Für einige kleinere Entscheidungsbereiche, wie interne Angelegenheiten von Gemeinschaften und sozialen Organisationen, wären einfache Entscheidungsverfahren am besten geeignet. Doch mit dem wachsenden Umfang der Entscheidungsspielräume und kritischere Entscheidungen, werden die Verfahrens Anforderungen strenger, sowohl für die nationale Politik als auch für die Regierungsverwaltung. Die Entscheidungsverfahren der Mikrodemokratie und der repräsentativen Systeme sind in allen Punkten völlig unterschiedlich, wie in diesem Kapitel erörtert werden soll.

Das Entscheidungsverfahren der Mikrodemokratie baut auf den Objekten der Entscheidungsfindung, das heißt die Entscheidungen. In früheren Analysen nannten wir diese Objekte im Allgemeinen, je nach Kontext Fragen, Probleme oder Vorschläge. Aber aus der Sicht ihres Lebenszyklus lassen sie sich jedoch in folgende drei Arten unterteilen:

1. *Der Vorschlag*
   Der Plan oder Vorschlag, der von einem Urheber formell vorgelegt wird.

2. *Der Antrag*
   Nach Überprüfung, Analyse und Ergänzung wird ein endgültiger Text verfasst, der den Vorgaben entspricht und abstimmungsreif ist; ein Vorschlag wird zum Antrag umgewandelt.

3. Der Beschluss

Die endgültige Schlussfolgerung, die sich aus dem Ergebnis der Abstimmung über einen Antrag den Regeln entsprechend Entscheidungsverfahren.

Der Übergang durch beschriebene Punkte, erfolgt durch Aktionen, die nach einem demokratischen Verfahren erforderlich sind; diese Aktionen werden in folgende Phasen unterteilt:

1. Einleitung
2. Überprüfung
3. Abstimmung
4. Ausführung

Einige Begriffe wurden von ähnlichen Konzepten des repräsentativen Systems übernommen. Allerdings sind ihre Bedeutungen und Umsetzungsregeln in beiden, unterschiedlichen Systemen, nicht unbedingt dieselben. Darüber hinaus ist die demokratische Entscheidungsfindung in den repräsentativsten Politikbereichen weitgehend im legislativen Bereich beschränkt. Öffentliche Politik- und Verwaltungsentscheidungen werden durch das bürokratische System, meist durch Exekutivverordnungen, und nicht demokratisch getroffen, obwohl viele davon legislativer Natur sind. Im Rahmen des mikrodemokratischen Systems sind Entscheidungen in allen beschriebenen Kategorien das Produkt demokratischer Verfahren. Die Regierung trifft nur routinemäßige mikroskopisch kleine Exekutiventscheidungen.

Die Beschreibung für jede Stufe lautet wie folgt:

Einleitung:

In repräsentativen Demokratien können nur Vertreter oder Regierungsbeamte Anträge stellen. Theoretisch sollten sie als formale

Kanäle dienen, um die Stimmen gewöhnlicher Bürger zu vermitteln und die Politik entsprechend zu beeinflussen. Es gibt jedoch keinen systematischen Hebel, um sicherzustellen, dass sie auf die Wünsche der Menschen eingehen, oder der einschränkt, wie sie intelligent zwischen so vielen Meinungen wählen und ein Gleichgewicht zwischen Menschen und speziellen Interessengruppen finden. Willkür, Unsicherheit und Black-Box-Operationen sind an der Tagesordnung. Da die formalen Wege die Menschen fort zu enttäuschen, immer wieder wütend machen, benutzen sie unkonventionelle Mittel mit Fehlinformationen. Wütende Massenbewegungen sind wie unkontrollierbare Brände. Ihre zerstörerische Kraft übersteigt oft die Erwartungen der Menschen und verursacht soziale Unruhen, Chaos und Leid.

Es liegt auf der Hand, dass die Verfahrenstechnische Hürden, welche von Vertretern und Regierungsbehörden auferlegt werden, abgebaut werden müssen, damit die Bürgerinnen und Bürger vom ersten Schritt an Entscheidungen treffen können. Dies bedeutet jedoch nicht, dass jeder in der Lage sein sollte, jeden Vorschlag im Ozean einer Debatte zu stürzen, an der alle Bürgerinnen und Bürger teilnehmen, wann immer sie wollen. Ventile und Anpassungen sind nach wie vor notwendig, weil dadurch verhindert wird, dass viele sich wiederholende oder qualitativ minderwertige Bewegungen die Energie und die sozialen Ressourcen der Bürger verschwenden. Außerdem sorgen sie für die Einhaltung von Vorschriften, damit die Bürger den Antrag richtig verstehen und effektiv darauf reagieren können.

Aus obig genannten Gründen führt die Mikrodemokratie eine wichtige Voraussetzung für die Vorlage neuer Vorschläge ein, das heißt diese erfordert bestimmte öffentliche Zustimmungen, um sie zu unterstützen, diese stellt sicher, dass der Vorschlag die Wünsche eines bedeutenden Teils der Öffentlichkeit oder starke, fachliche Meinungen zum Ausdruck bringt. Es ist jedoch unrealistisch zu glauben, dass die Urheber des Vorschlags diese Befürwortungen direkt einer großen Anzahl von Bürgern einholen werden, da eine solche Anforderung sie dazu zwingen würde, den Großteil ihrer Energie für die Unterstützung aufzuwenden, Befürwortungen einzuholen, anstatt die Qualität des

Vorschlages zu verbessern. Außerdem würden sie die Bürger mit Unterstützungsanträgen überfluten, was über das gesunde Maß hinausgeht. Aus Ermüdung würde man sie wahrscheinlich völlig ignorieren, selbst auf Kosten wichtiger, qualitativ hochwertiger, und die Beschlussfassung somit lähmen würde.

Die M Mikrodemokratie bietet eine praktische Lösung für dieses Problem: die Ableitung der zu befürwortenden *Absicht* aus den vorgegebenen Delegationsregeln der Bürger. Wenn ein Bürger Übertragungsregeln in einem Entscheidungsbereich festgelegt hat, ist anzunehmen, dass diese Person mit den Meinungen und dem Urteil des Vertreters in diesem Entscheidungsbereich einverstanden ist und dem Vertreter gerne bei der Initiierung von Vorschlägen in diesem Bereich unterstützt. Darüber hinaus kann man auch davon ausgehen, dass der Bürger andere oder politische Entscheidungsträger unterstützen könnte. Dann ist die Übertragung auch anwendbar, um die Billigungsabsicht abzuschätzen.

Nicht jede im Voraus festgelegte Übertragungsregel führt selbst zu einem Vertretungs- oder Abstimmungsverhältnis. Erst nach Ablauf der Abstimmungsfrist weiß das System, ob die Person selbständig eine direkte Stimme abgegeben hat, ob sie eine temporäre Delegation bestimmt hat, ob vorgegebene Delegationsregeln definiert wurden und wie diese priorisiert wurden, und dass dementsprechend festgelegt wurde, ob die Bürgerstimmen auf eine oder mehrere Delegationsregeln zutrifft. Darüber hinaus kann das mikrodemokratische System erst zu diesem Zeitpunkt wissen, ob die Stimme dieses Bürgers mit den Wahldelegationen des Volkes übereinstimmt bzw. wie viel Wahlen übertragen wurden. Zum Zeitpunkt der Einleitung des Vorschlags gibt es keine Möglichkeit, diese auslösenden Aktionen und zukünftigen Bedingungen vorherzusagen, so dass eine Vorhersage der schlussendlichen Delegation unmöglich ist. Daher kann man nur spekulieren, dass für einen bestimmten Entscheidungsumfang die Standard Delegationsregel an der Spitze der Prioritäten wahrscheinlich von den Bürgern gebilligt werden wird. Ausgehend davon assoziiert das System die Absicht der Befürwortung mit dem in dieser Regel definierten Delegierten.

Aufgrund des Übertragungsmechanismus stellt das obige Szenario ein Problem dar. Um eine Delegationslücke zu vermeiden, verlangt das mikrodemokratische System, dass jeder Übertragungsregeln zum Schutz festlegt und eine Hauptpartei als Vertreter aller Anträge bestimmt. Dies würde dazu führen, dass alle Absichtserklärungen am Ende an die Hauptpartei fließen. Es ist sicherlich weder der Ausdruck des Willens der Bürger noch der Zweck der Vorschriften von Schutzdelegationsregeln. Daher müssen Bürger und Polykonsultationsbüros, wenn sie in die Rolle der Delegierten schlüpfen, entscheiden ob sie die Absicht zur Unterstützung erwerben oder sie an nachfolgende Delegierte weiterleiten wollen.

Für einen bestimmten Entscheidungsumfang werden die gesamten Abstimmungen, das mit den Befürwortungsabsichten verbunden ist, die ein Delegierter erhält, als sein Unterstützungsgewicht bezeichnet. Die Höhe des Zustimmungsgewichtes repräsentiert die Massenvertretung des Volkes der Delegierten und zeigt auch, wie einflussreich diese Person in den vorgeschlagenen Entscheidungsbereichen ist. Das mikrodemokratische System berechnet und ordnet auch die Unterstützungsgewichtung den Entscheidungsbereichen nach, wobei Bürgerinnen und Bürger oder polydemokratische Agenturen mit ausreichend hohem Rang das Privileg haben, Vorschläge in entsprechenden Entscheidungsbereichen einzuleiten. Wegen dieses Entscheidungsspielraums werden sie als *Vertreter der öffentlichen Meinung bezeichnet.*

Am Beispiel von *Vianland* können Bürger und Polykonsultationsbüros den Entscheidungsspielraum definieren, in dem sie bereit sind, als öffentliche Meinungsträger zu dienen. Für Entscheidungsbereiche, wobei sie nicht gebunden sein möchten, werden alle ihre Stimmen, einschließlich derer, die andere über die Delegationen erhalten haben, an die Delegierten mit anschließender Prioritäten Rangfolge weitergeleitet, um ihre Unterstützung zu berechnen. Für Entscheidungsbereiche, wofür sie sich entschieden haben, werden die anwendbaren Wahlen nicht weiterfließen, sondern in ihre Unterstützungsgewichtung aufgenommen. Da politische Parteien nicht weiter delegieren dürfen, wird davon ausgegangen, dass sie sich immer für ihre registrierten Entscheidungsbereiche beschließen.

Jeden Tag um Mitternacht beginnt das mikrodemokratische System von *Vianland* mit der Berechnung des Unterstützungsgewichts für jeden Entscheidungsumfang und veröffentlicht der Bevölkerung, die Tagesrangliste innerhalb von 2 Stunden. Für jeden Entscheidungsbereich erhalten Bürger und politische Entscheidungsträger, die zu den besten 5% gehören, den Status eines Agenten der öffentlichen Meinung. Wenn es mehr als 1000 Meinungsträger für einen bestimmten Entscheidungsbereich gibt, können nur die ersten 1000 neue Vorschläge einreichen; die übrigen können nur an der direkten Diskussion teilnehmen. Wenn der Anteil der einzelnen Bürger unter den öffentlichen Meinungsträgern unter 20% fällt, erhalten weitere Bürger diesen Status, um diesen Anteil auf 20% zu erhöhen. Meinungsmultiplikatoren mit dem Einleitungsprivileg erhalten eine Quote für neue Vorschlags Einreichung auf der Grundlage ihres Rankings im Hinblick auf die Unterstützungsgewichtung einen Anteil für die Einreichung neuer Vorschläge.

Überprüfung:

Nach Einreichung gelangen die Vorschläge in die Validierungsphase, wobei eine Reihe von Schritten durchlaufen wird, wie zum Beispiel Konformitätsprüfung, inhaltliche Anpassung, Spezifikationsanpassung und Programm Anwendung. Dann werden diese in formelle Anträge überführt. Diese Aufgaben werden von einer neutralen Regierungsinstitution koordiniert und unterstützt sowie von öffentlichen Meinungsträgern vorgenommen. Obwohl sich nur öffentliche Meinungsträger direkt an diesen Aktivitäten beteiligen können, ist der Prozess für die Öffentlichkeit völlig zugänglich, sodass andere Bürger während des gesamten Prozesses immer eine unmittelbare und präzise Rückmeldung geben können. Nebst offener Meinungsäußerung und direkter Kontaktaufnahme mit den öffentlichen Meinungsträgern, haben die Menschen jetzt einen viel mächtigeren Weg: die Klassifizierung der Befürwortung. Jedes Mal, wenn die Bürger ihre vorgegebenen Delegationsregeln ändern, werden die Unterstützungen automatisch aktualisiert und die Rangfolge ändert sich. Durch die Beobachtung der Klassifizierungsdynamik können öffentliche Meinungsträger ihr Handeln täglich ändern und entsprechend anpassen, wenn sie so wünschen. Wenn die öffentliche Meinung stark genug ist, können die Bürger jene nicht vertrauenswürdigen, öffentliche Meinungsträger, sogar direkt entlassen, indem sie diese in den Rankings fallen lassen, sodass sich das gesamte Macht Territorium verändern wird. Insbesondere während der Validierungsphase eines Vorschlags, wenn die Person, die ihn ursprünglich eingereicht hat, ihren Status als Vertreter der öffentlichen Meinung verliert, wird der Vorschlag automatisch widerrufen. Im Rahmen des mikrodemokratischen Systems findet diese Art der Interaktion das ganze Jahr über auf regelmäßige, friedliche und geordnete Weise statt.

Die Konformitätsprüfung soll Vorschläge herausfiltern, welche nicht den Regeln demokratischer Prozesse entsprechen. Wenn die Konformitätsprüfung fehlschlägt, bleibt der Vorschlag für die Person, die ihn ursprünglich eingereicht hat, anhängig, damit sie ihn überprüfen kann, bis er die Anforderungen erfüllt.

Die Konformitätsprüfungen umfassen:

1. *Die Überprüfung des Entscheidungsbereichs*

Der Status von öffentlichen Meinungsträgern und das Privileg, Vorschläge einzureichen, ergibt sich aus der Rangfolge des Gewichts der Befürwortung, welche an bestimmte Entscheidungsbereiche gebunden ist. Wenn der Entscheidungsumfang des Vorschlags nicht mit dem von der Person, die ihn ursprünglich eingereicht hat, erklärten oder genehmigten Umfang übereinstimmt, muss sein Inhalt oder anwendbarer Bereich entsprechend berichtigt werden, andernfalls wird die Einreichung abgelehnt. Es ist wichtig zu beachten, dass öffentliche Meinungsträger eines bestimmten Entscheidungsbereichs nur die Rechte haben, die genau an diesen Anwendungsbereich gebunden sind; sie erhalten diesen Status nicht automatisch auf der unteren Ebene des Bereichs. Besteht die Notwendigkeit, eine bestimmte Angelegenheit in einem gewissen Teilbereich zu behandeln, dann muss sich der Bürger auch als Vertreter der öffentlichen Meinung für diesen Entscheidungsbereich qualifizieren, indem er die Anforderungen der Unterstützung erfüllt.

2. *Die Zuständigkeitsüberprüfung*

Eine Entscheidung, die nicht umgesetzt werden kann, verschwendet nur soziale Ressourcen. Daher muss der Vorschlag mit der Regel der Gerichtsbarkeit übereinstimmen, in der die vorgeschlagenen Optionen nur auf die Regierung oder die Bürger mikrodemokratischer Einheit abzielen können und nicht auf etwas, was sich der Kontrolle der Regierung entzieht. Die Optionen müssen auch einen vernünftigen Zeitrahmen haben; so zu tun, als würden sie Menschen regieren, die in der fernen Zukunft leben, ist eindeutig absurd. In der Praxis liegt wahrscheinlich der Fehler darin, die Zuständigkeit für den im Vorschlag, beanspruchten Entscheidungsbereich zu überschreiten. Wenn zum Beispiel in einem Vorschlag steht, dass der Entscheidungsbereich innerhalb eines bestimmten Dorfes liegt, dann kann sein Inhalt nur lokale dörfliche Fragen betreffen, und nichts darüber hinaus. Außerdem kann ein solcher Vorschlag die Menschen in diesem Dorf zu einem bestimmten Verhalten zwingen; dies kann jedoch mit nationalen Gesetzen in Konflikt geraten, zum Beispielmit der Förderung von Handlungen, die die institutionellen Menschenrechte in diesem Bereich missachten, die eindeutig ungültig sind. Weitere Kommentare zu diesem Thema finden sich im Kapitel über Gesetze.

3. Die Dubletten Prüfung

Um soziale Ressourcen zu sparen und gleichzeitig wiederholte Anstrengungen zu vermeiden, sollten doppelte Vorschläge gefiltert und abgelehnt oder mit anderen identischen und neueren Vorschlägen kombiniert werden, es sei denn, die entsprechenden Bedingungen haben sich dramatisch verändert oder es wurde ein größerer Konsens unter den Akteuren der öffentlichen Meinung erreicht.

4. Die Integritätsprüfung

Die Anforderungen an die wesentlichen Informationselemente variieren je nach Art des Antrags. Beispielsweise müssen Industrieprojekte nebst Ziele und Inhalt auch bestimmte Begleitmaterialien wie Durchführungsplan, Budget und Umweltverträglichkeitsprüfungen enthalten. Für Regulierungsvorschläge sind Informationen wie die Analyse der Auswirkungen auf bestehende Vorschriften, Strafverfolgungsbehörden und Übergangspläne erforderlich. Für Vorschläge, die darauf abzielen, bestehende wirksame Resolutionen aufzuheben, sollten Dokumente wie die Konfliktanalyse und die Fertigstellung von Protokollen für aktuelle Resolutionen vorbereitet werden. Die Fachleute, welche die Überprüfung der Einhaltung der Bestimmungen durchführen, werden die ursprünglichen Befürworter bei der Erfüllung dieser Anforderungen anleiten und unterstützen sowie die notwendigen Dokumente für die nachfolgenden Diskussionen organisieren.

Ein ordnungsgemäß vorbereiteter Antrag wird von guter Qualität sein und eine bessere Chance haben, angenommen zu werden. Vorschläge, die mit nur einem einzigen Auftraggeber eingereicht werden, neigen dazu, selbstbegrenzt und werden nur unzureichend verstanden. Auch ihre Inhalte und Anpassungsmöglichkeiten sind tendenziell voreingenommen und verwirrend. Auch ein gesunder Wettbewerb zwischen verschiedenen Standpunkten trägt dazu bei, den Vorschlag zu verbessern, um eine Win-Win Situation zu erzielen.

Die Anzahl der Optionen für die Vorschläge kann zwei („Ja" und „Nein") oder mehrere (viele Alternativen plus „Keine der obig genannten") sein. Jeder Option sollte ein Beauftragter für die öffentliche Meinung als *Hauptsprecher* zugeordnet werden, dessen Aufgabe es ist, bessere Bedingungen und die Unterstützung der Bevölkerung für diese Option zu erhalten. Mit Ausnahme der beiden Sonderoptionen („Nein" und „Keine der obig genannten") sollte jede Option ohne Chef eliminiert werden. Die Anmeldung als Chef für jede Option ist freiwillig und die ranghöchsten Vertreter öffentlicher Meinung haben für diese Position Priorität. Die Person, die den Vorschlag ursprünglich eingereicht hat, hat auch das Recht, für eine Option ihrer Wahl der Hauptsprecher zu sein.

In dieser Phase organisiert die Regierungsbehörde Kommunikations-, Verhandlungs- und Diskussionsaktivitäten für jeden Vorschlag. Der Hauptsprecher muss an diesen Aktivitäten teilnehmen, und andere Vertreter öffentlicher Meinung können im Rahmen des entsprechenden Beschlusses freiwillig teilnehmen. Dies ist eine wichtige Phase, wobei Stellungnahmen sorgfältig ausgearbeitet werden müssen, da verschiedene Parteien, welche unterschiedliche Optionen unterstützen, um bessere Bedingungen konkurrieren. Die Person, die den Vorschlag ursprünglich eingereicht hat, ist befugt, den Inhalt zu ändern. All diese Aktivitäten sollten der Öffentlichkeit zugänglich sein, um Feedback-Mechanismen auszulösen.

Um zu verhindern, dass hochrangige Vertreter öffentlicher Meinung sich die Überprüfung des Vorschlags aneignen, sind die Hauptsprecher auf die Optionen beschränkt, die jeder vertritt, es sei denn, sie verlieren passiv ihre Bedingungen. Bei Wahlen müssen die Chefsprecher für die Optionen stimmen, die sie vertreten. Das mikrodemokratische System muss eingerichtet werden, um diese Regel automatisch durchzusetzen.

Die Abstimmung der Spezifikationen und die Anwendung des Programms sind die letzten Schritte der Validierungsphase. Die Regierungsstelle unterstützt die Person, die den Vorschlag ursprünglich eingereicht hat, mit dem Format und die Abfassung, um ihn an die Standard Vorgaben des formalen Antrags anzupassen, wobei diese sicherstellt, dass der Text klar ist, den Standards, Konventionen und den allgemeinen Lesegewohnheiten der Bevölkerung entspricht, zusätzlich dass ergänzende Dokumente, ordnungsgemäß beigefügt sind sowie die Auswirkungen einzelner Optionen umfassend darlegt sind. Die Überprüfung beschränkt sich in diesem Stadium auf redaktionelle Anpassungen, ohne die tatsächliche Bedeutung des Inhalts und der Optionen zu beeinträchtigen. Nachdem alle Hauptsprecher den neuen Antrag geprüft und unterzeichnet haben, wird das mikrodemokratische System den neuen Antrag veröffentlichen und zur Abstimmung bereitstellen.

Nachdem alle Schritte abgeschlossen sind, wird der Vorschlag zum formellen Antrag und tritt in die Abstimmungsphase ein.

Abstimmung:

Die Abstimmungsphase beginnt mit der Veröffentlichung des Antrags und endet mit der Bekanntgabe der Abstimmungsergebnisse. In diesem Stadium können die Bürgerinnen und Bürger frei wählen, wie sie abstimmen wollen, entweder durch direkte Abstimmung oder durch einen Bevollmächtigten. In den meisten Fällen wird es sich um eine Situation zwischen den beiden handeln: die Delegierung der Stimmen für die meisten Anträge und die direkte Abstimmung über diejenigen, die erhebliche Auswirkungen auf ihre persönlichen Interessen haben.

Die Grundsätze und Regeln für die Abstimmung wurden in den vorangegangenen Kapiteln allgemein erklärt, so dass diese hier nicht wiederholt werden müssen. Darüber hinaus gibt es jedoch einige zusätzliche operative und verfahrenstechnische Regeln in der Abstimmungsphase. Die wichtigste davon ist die *zweistufige*

Abstimmungsmethode. Da sie für die Diskussion der Ausführungsphase von größerer Bedeutung ist, wird diese im Abschnitt „*Ausführung*" ausführlich behandelt.

Nachdem die Abstimmungsergebnisse bekannt gegeben worden sind, bereitet das mikrodemokratische System eine Erklärung vor, um die endgültige Resolution zu verkünden und den Beschluss offiziell anzukündigen und bestätigen. Die Bekanntgabe besteht in der Regel aus dem Inhalt der Gewinnoption, einem Memorandum zur Aufzeichnung von Entscheidungsaktivitäten und einem statistischen Bericht über die Stimmenauszählung.

Ausführung:

In der Mikrodemokratie fallen alle gesetzgeberischen Entscheidungen und die meisten Verwaltungsentscheidungen im Zuständigkeitsbereich der öffentlich-demokratischen Entscheidungsfindung, mit Ausnahme der mikroskopisch kleinen, routinemäßigen Entscheidungen für technische Aufgaben. Die politischen Entscheidungsfunktionen der Regierung schwinden allmählich, und sie wird zur Exekutivagentur für demokratische Entscheidungen.

In der repräsentativen Demokratie stirbt der demokratische Entscheidungsprozess mit der Geburt der Resolution. Ob die Resolution dann richtig interpretiert und umgesetzt wird und ob dann größere Mängel darin gefunden werden oder nicht, ist nicht mehr eine Frage der Entscheidung, sondern der Umsetzung. Um eine Entscheidung zu ändern oder aufzuheben, muss ein neuer Entscheidungsprozess beginnen, der zeitaufwändig und mühsam ist. Während dies eine praktische Methode ist, wird im Rahmen des mikrodemokratischen Systems ein wichtiger neuer Mechanismus eingeführt, der den Entscheidungszyklus auf die gesamte Umsetzungsphase der Resolution ausdehnt. Dies ermöglicht den Menschen, die Entscheidung zu überprüfen und zu ändern und sie gegebenenfalls zu verfeinern oder zu widerrufen.

Um die Diskussion über diesen neuen Mechanismus zu erleichtern, können Resolutionen in vier Typen eingestuft werden:

1. Irreversible Mission
2. Reversible Mission
3. Vorläufige Gesetze
4. Dauerhafte Gesetze

Resolutionen vom Typ Mission sollen ein oder zwei spezifische Aufgabensätze erfüllen. Sie enden, sobald ihre vordefinierten Ziele erreicht sind. Sie unterteilen sich in irreversible und reversible Missionen. Im ersten Fall ist es nach Beginn der Umsetzung unmöglich, den ursprünglichen Zustand wiederherzustellen. Im zweiten Fall kann die Umsetzung nach der Hälfte der Zeit abgebrochen und ganz oder teilweise im vorherigen Zustand zurückversetzt werden.

Die Ausführungszeit für die meisten irreversiblen Missionen ist kurz und kann im Vergleich zur Dauer des Entscheidungsverfahrens als eine Sofortmaßnahme betrachtet werden. Einmal begonnen, ist es entweder zu spät, um aufzuhören, oder unmöglich, die Folgen rückgängig zu machen. So ist beispielsweise das Fällen eines großen Baumes oder die Zerstörung eines alten Tempels, Darstellungen einer unumkehrbaren Mission. Der gefällte Baum kann nicht mehr auf gleicher Höhe wie zuvor wachsen, und auch der zerstörte, alte Tempel wird nicht wieder zum Original zurückversetzt, selbst wenn er wiederaufgebaut wird. In einigen anderen Situationen können irreversible Missionen außerhalb der Kontrolle der Menschen liegen. Wie bei Kriegserklärungen werden die Verluste an Menschenleben und Material, sobald die Kämpfe beginnen, nie wieder aufgeholt werden können. Darüber hinaus ist der Verlauf des Krieges keine einseitige demokratische Entscheidung; er wird von mehreren externen Faktoren beeinflusst, die nicht so einfach sind wie die Aufgabe der Kriegslösung.

Reversible Missionen, wie die Abholzung eines ganzen Waldes oder der Bau eines großen Industrieparks, dauern in der Regel länger.

Wenn die Resolution früh genug aufgehoben wird, gäbe es immer noch die Möglichkeit, sie rückgängig zu machen oder ihre Folgen teilweise zu vermeiden. Wenn beispielsweise die Umsetzung der Resolution abgeschlossen ist, kann, selbst wenn ein Teil des Waldes nicht gerettet werden kann, der Rest erhalten werden. Wenn das Projekt zum Bau des Industrieparks abgebrochen wird, kann der bereits gebaute Teil möglicherweise nicht mehr rückgängig gemacht werden, aber die Arbeits- und Material Ressourcen, die nicht ausgegeben wurden, welch zuvor für den Rest der Arbeiten geplant waren, können eingespart werden.

Es gibt eine Grauzone zwischen reversiblen und irreversiblen Missionen. Die genaue Grenze muss von den Bürgern durch den demokratischen Prozess definiert werden. Da Berichtigungsmaßnahmen für reversible Resolutionen die politische Korruption wirksam eindämmen können, gilt: je mehr Resolutionen als reversibel eingestuft werden, desto weniger Raum bleibt für politische Korruption. Aus diesem Grund wird im Repräsentativ System, die Reversibilität von Resolutionen bewusst ignoriert. Zeit und wirtschaftliche Kosten sind oft die Ausreden, um eine Neuvalidierung und rechtzeitige Berichtigung zu verhindern. Auch werden die meisten Entscheidungen durch den inneren Entscheidungskreis der Vertreter oder durch Verwaltungsbeschlüsse der Regierung getroffen und dann als „vollendete Tatsache" betrachtet. Das offensichtlichste Beispiel ist die Präsidentschaftswahlen: einmal gewählt, selbst wenn seine Unterstützung sofort unter die Messlatte sinkt, kann der Präsident noch jahrelang im Amt bleiben. Ähnlich verhält es sich bei Volksabstimmungen: Wenn das Ergebnis erst einmal vorliegt, wird sich, selbst wenn die öffentliche Meinung schnell die Richtung ändert, die Entscheidung nicht geändert, zumindest für eine ziemlich lange Zeit oder für immer. Aus diesem Grund erfinden politische Kräfte oft am Vorabend der Abstimmung Dramen, wobei sie ein Drehbuch voller öffentlicher Notfälle, Fehlinformationen und mentaler Manipulation verwenden, um schnell zu Entscheidungen, zu deren Gunsten zu gelangen und diese zu sichern. Dabei schieben sie auch klugerweise die Schuld für schlechte Entscheidungen auf das Volk ab, indem sie die übertriebenen politischen Kosten der demokratischen Entscheidungsfindung als Vorwand benutzen, um das Volk davon zu überzeugen, „vorübergehend" schlechte Entscheidungen zu tolerieren. Im Rahmen des mikrodemokratischen Systems werden mit Hilfe der Informationstechnologie und der Neugestaltung demokratischer Verfahren, die Kosten für die Entscheidungsfindung und der Leistungsanpassung erheblich gesenkt, und die früheren Ausreden können nicht mehr geltend gemacht werden, so dass reversible Missionen tatsächlich umkehrbar sind.

Resolutionen vom Typ Gesetz, werden für die konsistente und kontinuierliche Anwendung bestimmter sozialer Kodex verwendet. Sie gliedern sich in befristete und unbefristete Gesetze. Der einzige Unterschied zwischen den beiden besteht darin, dass Ersteres eine im Voraus festgelegte Zeit und festgelegte Bedingungen hat und Letzteres dauerhaft aktiv bleibt, bis diese durch künftige Resolutionen abgeschafft wird. Unter dem Gesichtspunkt der Reversibilität sind beide reversibel, und wenn sie einmal abgeschafft sind, werden die potenziellen Auswirkungen der restlichen Validierungsperiode vermieden. Es gibt Ausnahmefälle, in denen einige Übergangsgesetze irreversible Merkmale aufweisen. Wie der nationale Notstand oder das Kriegsrecht, gibt es keinen institutionellen Kanal, um sie durch demokratische Verfahren abzuschaffen. Aufgrund des extremen Charakters solcher Umsetzungsmethoden verursachen sie oft irreversible Folgen.

Ausgehend von obiger Analyse, lassen sich alle Resolutionen in zwei einfachere Kategorien einteilen: *Irreversible Resolution* und *Reversible Resolution*.

Menschen sind emotional. Emotionen verleihen den Menschen Leidenschaft und Mut, viele Dinge zu erreichen, aber auf der anderen Seite sind Angst und Wut oft die Feinde der Weisheit. Zahlreiche Fälle haben gezeigt, dass bei Stillstand demokratischer Abstimmungen dringende Nachrichten und extreme Ereignisse bei den Wählern oft irrationale Reaktionen hervorrufen. Diese Situation auszunutzen, gelingt den Manipulatoren hinter den Kulissen oft sofort. Da auch Impulse schnell verblassen, geschehen solche geplanten Dramen immer in letzter Minute, um die maximale Wirkung zu erzielen. Wenn die Menschen zur Besinnung kommen, ist es zu spät.

Emotionale Entscheidungen führen nicht immer zu schlechten Ergebnissen. Es gibt viele Beispiele in der Geschichte, wobei Errungenschaften und Wunder durch Handlungen der Leidenschaft entstanden sind. Bei böswilligen Manipulationen ist dies jedoch nicht der Fall. Um Willkür und Eingriffe von Irrationalität zu reduzieren und optimale Entscheidungen zu erreichen, stellt das mikrodemokratische System die „Zwei-Stufige-Abstimmungsmethode" für irreversible Beschlüsse dar. Das Grundkonzept besteht darin, dass der erste Wahlgang das erste Ergebnis festlegt und der zweite Wahlgang bestätigt oder berichtigt; die Gesamtwahl von zwei Wahlgängen, für jede Option bestimmen die endgültige Entscheidung.

Hier gilt das *Prinzip der* Umkehr*funktion*: das führende Verhältnis der Gewinnoption des ersten Wahlgangs legt den umgekehrten Balken für den zweiten Wahlgang fest. Bei einem Antrag vom Typ „irreversibler Zwei-Optionen-Antrag" zum Beispiel liegt die Gewinnerseite des ersten Wahlgangs bei 10 % mehr Stimmen als ihr Gegner. Dies bedeutet, dass die beiden Optionen 55% und 45% der gesamten Stimmen erhalten. In der zweiten Runde muss dann die Verliererseite aus der ersten Runde, mindestens den gleichen Vorteil erhalten, um die Ergebnisse umzukehren. Für das obige Beispiel bedeutet dies, dass der Gewinner des ersten Wahlgangs nur mehr als 45% der Wahlen (etwa 60%) erhalten muss, um die endgültige Resolution zu gewinnen. Addiert man die Wahlen der beiden Wahlgänge, so bekam der Sieger des ersten Wahlgangs insgesamt 55% + 60% = 115% und sein Gegner 45% + 40% = 85%. Deshalb hat der erste gewonnen.

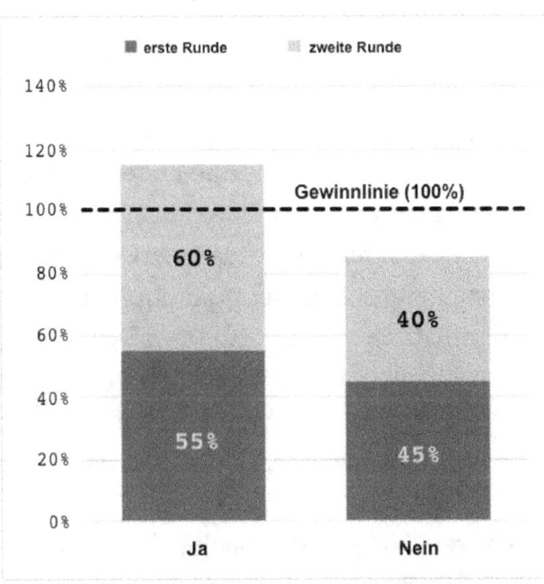

Abbildung 3.1: Beispiel eines zweistufigen Abstimmungsverfahrens
(zwei Optionen)

In ähnlicher Weise gilt die zweistufige Abstimmungsmethode für Anträge mit mehr als zwei Optionen. Die Option, welche in den beiden Runden die höhere Anzahl Stimmen erhält, gewinnt.

Selbst wenn das Ergebnis des ersten Wahlgangs durch kurzfristige Störungen beeinträchtigt wird, besteht in jedem Fall die Möglichkeit, dies im zweiten Wahlgang zu berichtigen. Das in der zweiten Runde angewandte Prinzip der Umkehrfunktion und nicht der einfachen Mehrheit stellt sicher, dass es sich bei einer solchen Berichtigung um eine bewusste und signifikante Handlung geht und nicht um eine weitere zufällige Fluktuation. Das Ergebnis der ersten Runde sollte unmittelbar nach der Abstimmung veröffentlicht werden. Die Bedenkzeit zwischen den beiden Runden sollte ausreichen, um vorübergehende Angstzustände zu lindern, idealerweise länger als 72 Stunden. Das mikrodemokratische System geht davon aus, dass die Menschen ihre bisherigen Wahlen beibehalten und im zweiten Wahlgang auf die gleiche Weise abstimmen werden. Daher wird das System die letzte Handlung der Wähler im zweiten Wahlgang zu ihrer

Bequemlichkeit automatisch wiederholen, es sei denn, sie üben ihre Direktwahlen vor Ablauf der Fristen aus. Der Mechanismus der zweistufigen Abstimmungsmethode funktioniert weitgehend, wenn der Wettbewerb eng ist. Im Falle einer allgemeinen Option muss eine Partei mit einem erdrutschartigen Sieg im ersten Wahlgang gewinnen, so dass es fast unmöglich ist, ihn im zweiten Wahlgang rückgängig zu machen, es sei denn, es geschieht etwas Unerwartetes. In diesem Fall brauchen die meisten Menschen nichts zu tun, weil das System in der zweiten Runde automatisch dieselbe Stimme für sie abgeben wird.

Bei reversiblen Resolutionen können sich die Menschen auch für das zweistufige Abstimmungsverfahren entscheiden, aber es ist nicht notwendig. Das liegt daran, dass die Mikrodemokratie andere Möglichkeiten für eine Umkehrung bietet.

Mehrere Faktoren können die Schlussfolgerung der Resolution beeinflussen, aber die wichtigste Überlegung bleibt der Inhalt des Antrags. Die zweistufige Wahlmethode löst das Problem der plötzlichen emotionalen Störung. Allerdings müssen Faktoren wie die Genauigkeit der Informationen und Änderungen äußerer Beschaffenheit berücksichtigt werden. In vielen Fällen kann nur die Zeit sagen, ob die Entscheidung vernünftig und weise war. Auch die Schlussfolgerung ändert sich natürlich, da sich einige Faktoren im Laufe der Zeit ändern können. Sicherlich müssen die Bürger für ihre Wahl Entscheidungen, insbesondere für schlechte Entscheidungen, zur Rechenschaft gezogen werden, aber das bedeutet nicht, dass Entscheidungen in Stein gemeißelt sind oder nicht angefochten werden können. Es liegt auf der Hand, dass aktive Beschlüsse nicht häufig gekippt werden sollten, da dies manchmal zu einer enormen Verschwendung führen kann, um eine halb umgesetzte Entscheidung zu widerrufen. Um diese Probleme auszugleichen, ist das Prinzip der Umkehrfunktion auch hier nützlich, um die Voraussetzungen für die Beendigung aktiver, politischer Resolutionen festzulegen. Das heißt, ein neuer Antrag dieser Art zur Aufhebung der ursprünglichen Resolution muss einen prinzipiellen Radius erreichen, der nicht geringer ist als die Marge, wobei die Resolution zuvor verabschiedet wurde. Auf diese Weise wird die alte Entscheidung nicht so leicht rückgängig machbar, und die Menschen können die Nachhaltigkeit und Stabilität der Resolutionen beurteilen, indem sie die bisherige Gewinnmarge konsultieren. Bei Entscheidungen, welche mit großem Vorsprung Vorteile gewonnen haben, können die Menschen mit Zuversicht entsprechende, längerfristige Investitionen tätigen, und bei Entscheidungen, die nicht gewonnen haben, werden die Menschen mit Vorsicht vorgehen. Per Definition fließen naturgemäß mehr soziale Ressourcen in die Richtung, die auch der öffentlichen Meinung entspricht.

Anpassungen an die ursprüngliche Resolution können auch durch Änderungsanträge vorgenommen werden, die nur einen kleinen Teil der ursprünglichen Resolutionen ändern. Damit Änderungsanträge angenommen werden können, muss die führende Quote auch die Gewinnmarge der ursprünglichen Resolution, die früher erreicht wurde, übersteigen. Nach der Verabschiedung werden die Änderungen mit dem Original zusammengeführt und eine neue Version der Gesamtresolution gebildet. Alle nachfolgenden Umsetzungen werden der neuen Version folgen, alle zukünftigen Änderungen und Vetos werden diese Version ebenfalls ändern. Da jeder Änderungsantrag nur eine allgemeine inhaltliche Änderung darstellt, bleibt die Schwelle für die Annahme der Entschließung als Ganzes gleich, so dass die Schwierigkeit der Änderungsanträge nicht weiter zunimmt erhöht wird.

Der Gesellschaftsvertrag[1] ist die Säule der Freiheit und Demokratie. Obwohl nicht alle so genannten demokratischen Nationen dies zugeben, muss die Legitimität, wenn sie nicht auf die Anerkennung und Zustimmung der Bürger zu diesem Vertragsprinzip zurückgeht, an anderer Stelle, wie durch Religion oder Gewalt, nach den Wurzeln ihrer Autorität gesucht werden. Theoretisch hängt die Frage, ob ein demokratisches Land authentisch oder vorgegaukelt ist, grundlegend vom Grad der Freiwilligkeit und Authentizität solcher Vertragsbeziehungen ab. Heute haben die Bürger ironischerweise selten, wenn überhaupt, die Gelegenheit, diesen Vertrag zu überprüfen und zu unterzeichnen. Dies geschieht in ihrem Namen, heimlich, durch Vertreter in Marmor Korridore und hinter verschlossenen Türen. Selbst beim kritischsten aller Dokumente, der nationalen Verfassung, haben sich nur sehr wenige, wenn überhaupt, gewöhnliche Bürger, tatsächlich an ihrer Ausarbeitung und Abstimmung beteiligt oder darauf Einfluss gehabt. Es liegt auf der Hand, dass diese ersten Verfasser kein universelles gesetzliches Mandat erhalten konnten, bevor es ein Gesetz gab. Aufgrund der Beschränkungen jener Zeit und Technologien der Antike, müssen wir uns diese Unvollkommenheit veralteter Systeme vorerst vergeben und davon ausgehen, dass die einfachen Bürger jener Zeit dem Vertrag indirekt zugestimmt hatten. Schließlich handelt es sich um ein Henne-Ei-Paradoxon. Heute macht es jedoch keinen Sinn und ist absolut unmoralisch, diesen Vertrag unter dem gleichen Vorwand wahllos den neuen Generationen aufzuzwingen.

Nehmen wir das Beispiel der Vereinigten Staaten: die Gründungsväter, welche die Verfassung unterzeichnet haben, sind vor Jahrhunderte verschwunden, aber die heutige Generation ist immer noch gezwungen, diesen Vertrag zu erben, ohne dass sie auch nur gebeten wird, eine offizielle Einverständniserklärung zu unterzeichnen oder erneut zu diskutieren und abzustimmen. Sie sind gezwungen, die Verpflichtungen anderer zu erfüllen und Verhaltenskodex zu befolgen, die nie mit ihnen konsultiert wurden. Das verstößt zweifellos gegen den freien Willen und Selbstbestimmung und entkräftet folglich das Fundament des Systems.

Es liegt auf der Hand, dass dieses Problem nicht nur in reifen Demokratien auftritt und nicht auf die Verfassung beschränkt ist; anderswo ist sogar noch gravierender. Diese Zumutung und Ungerechtigkeit scheinen in jedem etwas älteren Gesetz aufzutreten. Als die älteren Generationen von Bürgern diese Gesetze erließen, war es ihre Absicht, praktische Probleme mit dem besten Wissen und den besten Ideen der Zeit zu lösen und nicht, das Wahlrecht künftiger Generationen einzuschränken. Doch im Laufe der Zeit, auch wenn sich die Situation geändert hat, betrachten viele Menschen die alten Gesetze immer noch als einen Kodex des Himmels, als ob die Infragestellung dieser Gesetze ein krimineller Akt des Hochverrats sei.

Das ist völlig absurd. Diese Ungerechtigkeit wird so dargestellt, dass die Ältesten die Jungen unterdrücken. In Wahrheit ist es im Grunde genommen ein Skandal, dass die herrschende Klasse alle Menschen um ihre etablierten Interessen Wille unterdrückt. Folglich wird der Widerstand der neuen Generationen nicht von früheren Generationen bekämpft oder missachtet, sondern von den privilegierten Eliten des politischen Systems. Während die Überprüfung archaischer Gesetze unweigerlich verfahrenstechnischen Herausforderungen mit sich bringen wird, sind die wirklichen Schwierigkeiten die Behinderungen der herrschenden Klasse und der besonderen Interessengruppen. Aber was auch immer geschieht, das sind die Hindernisse, welche die Mikrodemokratie überwinden muss, denn dies ist der einzige, richtige Weg für Gesetze und Nationen, um Legitimität zu erlangen.

Die Änderung und Abschaffung von Resolutionen gehört bereits zu den allgemeinen Verfahren der Mikrodemokratie, erfordert jedoch besondere Aktivierungsbedingungen, wie zum Beispiel: ausreichende Bekanntheit in der Rangfolge der Billigung, proaktives Handeln öffentlicher Meinungsträger und so weiter. Mit anderen Worten, dies sind keine automatisierten Mechanismen. Für jene früheren Resolutionen mit überwältigenden Vorteilen, die nach dem Prinzip der Umkehrfunktion, ohne weit mehr als die Hälfte der gesamten Stimmen zustande gekommen sind, ist es unmöglich, sie zu ändern oder abzuschaffen. In dieser Situation würden öffentliche Meinungsträger zögern, sich zurückhalten und Versuche zur Lösung der festgefahrenen Probleme aufgeben. Stellen Sie sich vor, dass irgendein Gesetz mit einem Vorteil von 90% gegenüber 10% vor hundert Jahren verabschiedet wurde. Seit dieser Zeit haben sich die Bedingungen drastisch verändert, und die gesamte Generation der Bürger, die für dieses Gesetz gestimmt haben, ist bereits verstorben. Die Menschen, die heute leben, können jedoch keine Änderungen an diesem veralteten Gesetz vornehmen, wenn sie nicht 91% der gesamten Stimmen auf sich vereinen, was eindeutig gegen die Vernunft ist und den demokratischen Idealen sowie dem sozialen Utilitarismus widerspricht. Daher benötigt das mikrodemokratische

System zusätzliche Mechanismen *zur Überprüfung* von *Resolutionen*, um neue Bürger automatisch und rechtzeitig über ihre Meinung zu den alten, noch geltenden Gesetzen zu befragen und dann, gegebenenfalls Maßnahmen ergreifen.

Der Betrieb von Informationssystemen, die Pflege von Bürgerinformationen, die Verfolgung der Bürgerdynamik und die Bewertung der Auswirkungen auf den Status von Resolutionen sind alles wesentliche Aufgaben der Mikrodemokratie. Tod, Umzug oder andere Veränderungen im Leben können dazu führen, dass Bürger außerhalb der Entscheidungsreichweite fallen; Neugeborene, Einwanderer Siedlungen etc. können ebenfalls zur Bevölkerung hinzukommen, wofür die Entscheidungsreichweite gilt. Wenn das mikrodemokratische System feststellt, dass sich die Zusammensetzung der Bürgerinnen und Bürger für einen Entscheidungsbereich erheblich geändert hat, wird es automatisch die aktiven Resolutionen, die diesem Bereich entsprechen, neu bewerten. Für eine bestimmte Resolution werden Bürger, die zuvor für die Gewinnerseite gestimmt haben und die immer noch das Recht haben, für diesen Bereich zu stimmen, wenn ihre Gesamtheit unter 50% des aktuellen Totals aller Wahlberechtigten für diesen Entscheidungsbereich fällt, dann wird automatisch eine Neubewertung aktiviert.

Stellen Sie sich vor, dass für eine Resolution 700 Bürger mit 60% der gesamten Abstimmung für die Siegeroption abgestimmt haben. Die restlichen 40% der gesamten Stimmen, für die unterlegenen Optionen kamen von den anderen 300 Bürgern.

Einige Jahre später sind 200 Bürger auf der Siegerseite und 100 Bürger auf der Verliererseite unerreichbar, während im gleichen Zeitraum 300 neue Bürger hinzukommen. Wenn der automatische Detektor zur Neubewertung, auf Grundlage zuvor genannter Zusammenstellung der Bürger feststellt, dass sich die verbleibenden Stimmen der Gewinner- und Verliererseite, auf 49% und 21% geändert haben, so haben die neuen Bürger, welche nicht gewählt hatten, die verbleibenden 30%. Das heißt, wenn die vorherige Gewinnerseite nun weniger als 50% der aktuellen Stimmen hat, wird das Neubewertungsverfahren automatisch ausgelöst.

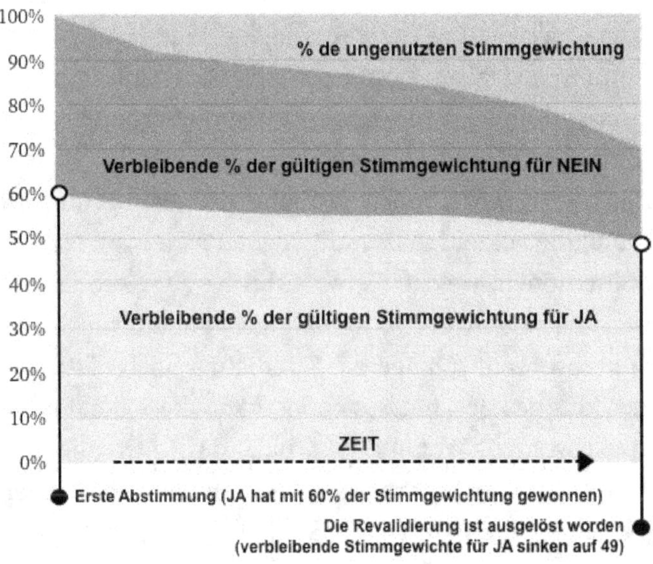

Abbildung 3.2: Beispiel für den Auslöser zur Neubewertung
(zwei Optionen)

Die Hauptaufgabe der Neubewertung besteht darin, erneut über die aktuelle Version der Resolution abzustimmen, um zu entscheiden, ob sie beibehalten oder abgeschafft werden soll. Normalerweise wendet die Abschaffungsbedingung nicht mehr das Prinzip der Umkehrfunktion, sondern folgt zur Festlegung der Zustimmung dem Prinzip der einfachen Mehrheit. Das bedeutet, dass 51% der gesamten Abstimmungen ausreichen würden, um ein Veto gegen die ursprüngliche Resolution einzulegen. Oder, wenn das Ergebnis der Neubewertung zugunsten der aktuellen Resolution ausfällt, überschreibt die letzte Gewinnquote den vorherigen, auch wenn diese niedriger ist, so dass die Bedingungen und der Schwellenwert für zukünftige Änderungen entsprechend aktualisiert werden. Bei Bedarf kann bei der Abstimmung zur Neubewertung, auch die zweistufige Abstimmungsmethode angewendet werden, um Schwankungen von

Zufallsfaktoren herauszufiltern. Um den Vorgang zu vereinfachen, geht das System davon aus, dass Bürger, die zuvor über die Resolution abgestimmt haben, zu ihren Entscheidungen stehen, sofern sie nicht auf andere Weise aktiv erneut abstimmen. Für Entscheidungsbereiche, in denen ständig eine große Anzahl von Bürgern kommt und geht, kann auch ein Mindestintervall festgelegt werden, um zu verhindern, dass eine Neubewertung zu oft stattfindet.

Die Einhaltung vordefinierter Ziele, der Ablauf des Gültigkeit Zeitraums und die vorzeitige Beendigung aufgrund von Neubewertung sind alles Situationen, welche die Ausführung der Resolution beenden können. Anpassungen der Kündigungsbedingungen können nur vorgenommen werden, solange die Kündigung noch gültig ist. Sobald der Lebenszyklus des Beschlusses endet, kann diese nicht mehr wieder aufgenommen werden. Wenn eine zwingende Notwendigkeit besteht, im Nachhinein zu verlängern, ist dies nur möglich, einen neuen Vorschlag zu einzuleiten, durch das Standard-Entscheidungsverfahren zu durchlaufen und eine ähnliche Resolution wieder aufzunehmen, um eine Verlängerung zu bewirken.

Ein einzigartiges Merkmal der Mikrodemokratie ist, dass die Entscheidungstätigkeit keine spürbare Periodizität aufweist. Alle Aktivitäten sind dynamisch, kontinuierlich und endlos miteinander verflochten, damit demokratische Entscheidungsfindung sensibel und schnell auf die sich ständig verändernde Welt reagieren kann. Diese Agilität ist ein wichtiges Merkmal bei der Vermeidung und Berichtigung von Fehlern bei Entscheidungen und zur Bekämpfung politischer Verschwörung und Korruption. Im mikrodemokratischen System wird die Absicherung von Entscheidungen durch Wahlen statt fester Fristen erreicht, was die Kosten politischer Komplotte erheblich erhöht. Auch wenn solche dramatische Handlungen durch Irreführung des Volkes einen momentanen Vorteil erlangen können, werden die Ergebnisse nicht lange gesichert sein, wenn solche Resolutionen der Wahrheit und den Interessen des Volkes widersprechen. Das dynamische Delegationssystem der Mikrodemokratie ermöglicht

Bürgern, welche die Wahrheit kennen, unehrliche Politiker und politische Parteien jederzeit zu entmachten und bei Bedarf entsprechende Berichtigungsmaßnahmen zur Resolution zu ergreifen. Dies macht die Spekulation sowohl politisch als auch wirtschaftlich äußerst riskant und ist nicht mehr rentabel. Diese Kostenbeschränkung ermutigt die politischen Kräfte, das langfristige Vertrauen der Menschen zu schätzen und gleichzeitig ihre Einstellungen und ihr Verhalten loyaler und konstruktiver zu gestalten, so dass ein für beide Seiten vorteilhaftes Ergebnis erzielt wird.

Kapitel 4

Die Menschenrechte

Mikrodemokratische Entscheidungsfindung kann auf viele Aspekte des täglichen Lebens angewandt werden, sei es in der Gemeinde, in der Organisation oder sogar in Unternehmensangelegenheiten. In diesen Szenarien können sich die Menschen aus Gründen der Effizienz und der Kosten dafür entscheiden, gegenseitige, legitime Vereinbarungen zu treffen. Wenn jedoch die Mikrodemokratie als zentraler Mechanismus zur Entscheidung über die schwerwiegendsten und wichtigsten Fragen fungiert, müssen Menschenrechte und Gesetze berücksichtigt werden, um die Prinzipien der Legitimität, Rationalität und des Utilitarismus zu wahren. Nur so kommen die Menschen im Genuss aller Vorzüge und Vorteile, welche die Mikrodemokratie bietet.

Die Überlegenheit der demokratischen Moral liegt in der Achtung des Einzelnen und dem Streben nach dem totalen Glück. Aus diesem Grund dient der Utilitarismus als Leitmotiv der Mikrodemokratie. Die Erhöhung der Anzahl von Menschen, die Bürgerrechte und Sozialleistungen genießen und die Berechtigung dieser Rechte und Leistungen für die Menschen in gleicher Weise, sind die beiden Hauptansätze zur Verbesserung des sozialen Nutzens. In der Mikrodemokratie ist dies im Wesentlichen eine Frage der Menschenrechte.

Gegenwärtig gibt es in der internationalen Gemeinschaft zwei vorherrschende Ansichten über die Menschenrechte:

Eine dieser Ansichten betont eher die Gleichstellung der Rechte als ihren spezifischen Inhalt. Jeder Vorteil, den sozialer Reichtum auf gleicher Basis bieten kann, wird als ein Recht betrachtet, wozu alle Bürger Anspruch haben. Unter diesem Gesichtspunkt schwanken zwar der soziale Reichtum und das Ressourcen Angebot (mit Tendenz zu wachsen), aber die Standards und der Umfang der Menschenrechte ändern sich entsprechend (in der Regel nehmen sie zu und dehnen sich aus).

Eine andere Sicht der Menschenrechte schenkt dem spezifischen Inhalt der Bürgerrechte mehr Aufmerksamkeit. Basierend auf den funktionalen Bedürfnissen demokratischer Systeme werden bestimmte Bürgerrechte als kritische Bedingungen für ein effektives Funktionieren des Systems identifiziert. Vor allem sind es jene Rechte, auf die sich die Bürgerinnen und Bürger verlassen, um sich unabhängig, fair und effektiv an politischen Aktivitäten beteiligen zu können. In diesem Sinne teilen Demokratie und Menschenrechte ein gewisses Maß an Identität, das heißt, die Standards und der Geltungsbereich der Menschenrechte sind an bestimmte demokratische Systeme und nicht an sozialem Reichtum gebunden.

Entsprechend ihren unterschiedlichen Ansätzen nennen wir die erste Vision *Menschenrechte zum Wohlstand* und die letzte Vision *Institutionelle Menschenrechte*. Tatsächlich gibt es keinen inhärenten Unterschied zwischen den beiden. Im Gegenteil, sie ergänzen sich gegenseitig und vervollständigen zusammen die Definition der Menschenrechte. Sie offenbaren die Beziehung zwischen Menschenrechte und Demokratie aus der Perspektive von Ursache und Wirkung: Für die Demokratie sind institutionelle Menschenrechte eine Voraussetzung, das Menschenrecht auf Wohlergehen ist der Zweck. Ein echtes demokratisches System kann erstens nur auf institutionelle Menschenrechte aufgebaut werden. Dann bereichert es zusammen mit dem gestiegenen sozialen Reichtum und Ressourcen, kontinuierlich die Menschenrechte mit größeren zivilen Leistungen.

Leider können diese beiden Denkmodelle der Menschenrechte leicht verwechselt werden, und diese Verwirrung wird oft zu einer Waffe bei Konflikten zwischen Nationen. Zum Beispiel prägten einige autoritäre Regime den Begriff der so genannten kollektiven Entwicklungsrechte und malten geschickt einen Widerspruch zwischen Bürgerrechte und der Entwicklung der Gesellschaft. Unter dem Deckmantel der einzigartigen nationalen Bedingungen und des

Niveaus der wirtschaftlichen Entwicklung, lehnen sie die Umsetzung der institutionellen Menschenrechte ab oder verzögern sie ewig, um die autokratischen Privilegien der herrschenden Gruppe zu erhalten. Andere entwickelte Länder haben ein ausgeprägtes Gefühl der kulturellen Überlegenheit. Sie vergleichen gerne ihre Menschenrechte auf Wohlergehen mit denen der Entwicklungsländer und legen auf der Grundlage ihrer Präferenzen so genannte universelle Menschenrechte fest. Dabei ignorieren sie die Vielfalt der Religion, Bräuche und wirtschaftliche Bedingungen der Gesellschaften in verschiedene Regionen und Nationen. Mit großer Arroganz nehmen sie die Menschenrechte als einen einzigartigen Vorwand, um Sanktionen und Invasionen gegen unterentwickelte Länder zu rechtfertigen. Sie setzen Menschenrechte selektiv mit zweierlei Maß durch und vergessen oft eine viel schwerwiegendere, humanitäre Katastrophe, nachdem sie ihre wahren Ziele erreicht haben, wobei sie offenbaren, dass es ihnen nicht um das Wohl der Menschen ging, sondern um andere, geheime Agenden.

Um die obig genannten Probleme zu lösen, werden institutionelle Menschenrechte und Wohlfahrtsrechte in der Mikrodemokratie unterschiedlich behandelt, so dass sie den Zwecken, wofür sie konzipiert wurden, besser dienen k. Genauer gesagt bietet die Mikrodemokratie einen absoluten und bedingungslosen Schutz der institutionellen Menschenrechte, um die Wirksamkeit der Mechanismen der Demokratie zu gewährleisten. Sie anerkennt auch die Relativität der Menschenrechte zum Wohlergehen und ermöglicht so, dass ihre Selbstbestimmung und Selbstanpassung mit gesellschaftlichen Werten und materiellen Ebenen übereinstimmen. Die Verfassung ist die Wächterin der ersteren, und gemeinsame regionale Gesetze unterstützen die letztere.

Im Gegensatz zu vielen anderen Ländern sind heute der Schutz der institutionellen Menschenrechte und die Definition von operativen Protokollen der einzige Inhalt der Verfassung der Mikrodemokratie. Alle parteiischen Bestimmungen, die über obig genannten Rahmen hinausgehen, seien sie religiöser, politischer, wirtschaftlicher oder kultureller Natur, werden als zusätzliche Einschränkungen für die persönlichen Entscheidungen der Bürger betrachtet und sind nicht nur unnötig, sondern auch äußerst schädlich. Eine derart umstrittene Politik und die Menschenrechte der Wohlfahrt können nur in gemeinsamen Gesetzen außerhalb des Geltungsbereichs der Verfassung definiert werden. Im mikro-demokratischen System ermöglichen die Gewohnheitsrechte eine ständige Anpassung der Menschenrechte und sind daher in hohem Maße anpassungsfähig und sensibel gegenüber sich ändernden äußeren Bedingungen.

Als Kernstück der Verfassung sind die institutionellen Menschenrechte für das mikrodemokratische System äußerst wichtig. Eine detaillierte Analyse und präzise Definitionen dieser Rechte sind erforderlich:

Persönliche Sicherheit und Freiheit

Echte Demokratie beginnt damit, dass die Bürgerinnen und Bürger ihre wahren Bestrebungen gewissenhaft zum Ausdruck bringen. Diese Authentizität liegt zunächst im sicheren Gefühl der Menschen. Unter gewaltsamem Zwang, selbst wenn Bürger an der Entscheidungsfindung teilnehmen dürfen, sind ihre Entscheidungen nur ein Spiegelbild des Willens der Person, die sie zwingt. In der Tat reicht die bloße Tatsache der Androhung von Gewaltanwendung aus, um die öffentliche Meinung zu verzerren, ganz zu schweigen davon, dass Menschen ihres Lebens und ihrer Freiheit beraubt werden. Zweifellos ist der Schutz der Sicherheit und Freiheit der Bürgerinnen und Bürger die oberste Priorität des mikrodemokratischen Systems und die wichtigsten institutionellen Menschenrechte.

Direkte Gewalt gegen Andersdenkende zieht tendenziell die öffentliche Aufmerksamkeit und zunehmend Widerstand des Volkes auf sich. Folglich ziehen viele autoritäre Regime vor, durch Einschüchterung zu verwenden, um Meinungsverschiedenheit im Keim zu ersticken. Die Gesetze sind ihre nützlichsten Instrumente, um die Entscheidungen der Bürger einzuschränken, diejenigen zu bestrafen, die es wagen, die Grenze zu überschreiten und gleichzeitig andere einzuschüchtern sowie sie daran zu hindern, politische Tabus in Frage zu stellen. Das Geniale an diesem Ansatz ist, dass die funktionalen Gesetze, die zur Aufrechterhaltung der sozialen Ordnung erforderlich sind, mit politischen Gesetzen vermischt, um besondere Interessengruppen zu privilegieren, und sie dann durch Gesetzgebungsverfahren in den Händen der Vertreter formalisiert. Infolgedessen entführen die privilegierten Klassen auf listige Weise den Willen des ganzen Landes. Die Grenze zwischen Anti-Privilegierten und Anti-Gesellschaft ist absichtlich verwischt, so dass es für die Mächtigen bequemer ist, die Rebellen als Kriminelle darzustellen und sie dann zu dämonisieren, zu isolieren, zu bestrafen und sogar zu eliminieren. Tatsächlich sind einige von ihnen in diese Falle getappt, indem sie vom Kampf gegen das verrottete System zur Gesellschaftsfeindlichkeit übergingen und sich von den Menschen im Allgemeinen distanzierten. Sobald etablierte Interessen in das Rechtssystem integriert sind, kann diese staatliche Gewaltmaschine von den privilegierten Klassen, insbesondere der Polizei und der Justiz, genutzt werden, um Andersdenkende systematisch und automatisch zu verfolgen. Damit ist die antidemokratische Staatspolizei geboren. Ihr zentrales Merkmal ist das Vorhandensein politischer Bestimmungen in der Verfassung und in den Gesetzen, so dass die Meinungsfreiheit zu einer strafbaren Handlung wird.

Daher muss ein offenes und wahrheitsgetreues, demokratisches System alle politisch voreingenommenen Klauseln aus jenen nationalen Gesetzen, welche die soziale Ordnung und demokratische Funktionen des Systems aufrechterhalten sollen, insbesondere aus der Verfassung, eliminieren. Dies bedeutet nicht, dass Voreingenommenheit keinen Platz in allen Gesetzen hat; im Gegenteil, sie ist in sekundären, regionalen und dynamischen Gemeinschaftsgesetzen nach wie vor zulässig. Die Bestrafung von Verstößen gegen solche Gesetze darf jedoch keine der institutionellen Menschenrechte, insbesondere nicht die persönliche Sicherheit und Freiheit der Bürger gefährden.

Entscheidungen über persönliche Angelegenheiten

Das Recht, über seine eigenen Angelegenheiten zu entscheiden, dehnt das Recht auf persönliche Sicherheit und Freiheit auf das Gebiet des gesellschaftlichen Lebens aus. Sie motiviert die Bürger auch dazu, eine unabhängige und autonome Haltung einzunehmen und den Mut zu haben, ihre wahren Wünsche und Forderungen durch politische Aktivitäten zum Ausdruck zu bringen.

Zu den persönlichen Fragen gehören in der Regel u.a. Ehe, Beruf, Religion und Lebensstil. Die Intensität, welche die Menschen in Bezug auf die obig genannten Themen empfinden, ist von Person zu Person unterschiedlich, so dass die Feststellung von Verstößen auf dem ersten Blick nicht immer zutreffend ist. Manchmal können die Bürger bewusst Vorkehrungen treffen, um finanzielle Vorteile, zwischenmenschliche Beziehungen oder andere Interessen auszugleichen, was auch die unabhängige Entscheidung des Bürgers ist. Trotz der Komplikationen der Situation gibt es ein einfaches Prinzip: unabhängige Entscheidungen der Bürger über ihre persönlichen Angelegenheiten sollten in keiner Weise beeinträchtigt werden, die in ihre institutionellen Menschenrechte eingreift. Mit anderen Worten: institutionelle Menschenrechte, wie persönliche Sicherheit und Freiheit, das Recht, über andere persönliche Angelegenheiten zu entscheiden, sowie andere Rechte, die später in diesem Kapitel erörtert werden, sind unbedingte und nicht verhandelbare Rechte der Bürger. Es sollte weder eine Belohnung noch eine Strafe für einen Bürger geben, der bestimmte persönliche Entscheidungen trifft. Andererseits ist es akzeptabel, die Entscheidungen der Bürgerinnen und Bürger in persönlichen Angelegenheiten zu beeinflussen und die Vorteile der nicht-institutionellen Menschenrechte als Vorteil einzutauschen, da es sich dabei um konventionelle und gängige Praktiken im gesellschaftlichen Leben handelt.

Es ist wichtig, darauf hinzuweisen, dass die Bedrohung der Bürgerrechte durch über persönliche Angelegenheiten zu entscheiden, nicht nur von Regierungsbehörden ausgeht, sondern auch von Familien, Gemeinschaften, Nationalitäten und religiösen Gruppen, worauf ein weiterer Schatten fällt: der Kollektivismus[1].

Unter dem mikrodemokratischen politischen System werden Gruppen, die zuvor in politische Parteien, Regionen oder Bräuche aufgeteilt waren, nach dem Prinzip der „Relativität" dissoziiert. Die Bürger müssen in ihrem täglichen Leben über viele Vorschläge entscheiden, und ihr Entscheidungsspielraum ist unterschiedlich. Daher müssen die Bürger an der Entscheidungsfindung innerhalb vieler verschiedener Gruppen beteiligt werden. In solchen Fällen werden die Entscheidungseinheiten dynamischer und lockerer, und das Mitspracherecht sogenannter Kollektivität wird in der Entscheidungsfindung geschwächt. Dieser Trend spiegelt die Richtung des sozialen Fortschritts und den inhärenten Widerspruch zwischen Kollektivismus und Utilitarismus in der modernen Gesellschaft wider. Es wird erwartet, dass in der neuen Phase der demokratischen Entwicklung, das heißt der Mikrodemokratie, der Individualismus gegenüber dem Kollektivismus mehr Raum gewinnt und zwangsläufig auf enormen Widerstand stoßen wird.

Obwohl der Kollektivismus dazu bestimmt ist, ein großer Feind der M Mikrodemokratie zu sein, sollte er nicht einfach verleugnet werden, indem man seine Werte beurteilt und seine positive Bedeutung in bestimmten Stadien der gesellschaftlichen Entwicklung ignoriert.

In den meisten Zeiten der Geschichte war der Kollektivismus eine überlegene und rationale Form der menschlichen Gesellschaft. Die Samen des Kollektivismus wurden seit langem in die menschlichen Gene eingepflanzt, da unsere Primaten-Vorfahren soziale Tiere sind. Da sie als Einzelpersonen schwach sind, müssen sie, um sich richtig Nahrung zu beschaffen und nicht gejagt zu werden, durch effektive Zusammenarbeit und konzertierte Handlungen Gruppenvorteile erzielen. Diejenigen Affen, die allein lebten oder die innerhalb der Gruppe nicht schnell und effektiv handeln konnten, wurden in der Evolution eliminiert. Das kollektive Prioritätsmodell hat im natürlichen Wettbewerb überlebt und sich kontinuierlich gestärkt. In einer primitiven Gesellschaft bleibt der absolute Gehorsam gegenüber der Stammesautorität die einzige Überlebenschance des Menschen in der Wildnis. In der Agrargesellschaft hingegen gehen Bedrohungen für den Einzelnen nicht mehr primär von der Natur aus, sondern mehr und mehr von der menschlichen Gesellschaft. Die Merkmale der landwirtschaftlichen Produktion erfordern, dass sich Menschen für lange Zeit an festen Standorten und in festen Gruppen niederlassen. Aufgrund der verzögerten Technologie kann die Nahrungsmittelproduktion oft nicht mit dem Bevölkerungswachstum Schritt halten, insbesondere bei Naturkatastrophen. Wiederkehrende Nahrungsmittel Knappheit führt zu endlosen Konflikten und Kriege. Im ständigen Kampf zwischen der Verteidigung und Plünderung von Lebensmitteln, überwiegt der Gruppenvorteil. Daher werden Gruppen, die Handlungen mit Effizienz organisieren, leicht Menschen besiegen, die von den Gruppen im Stich gelassen wurden, oder Gruppen, die nicht gut koordiniert sind. Wenn die Verlierer nicht eliminiert werden, müssen sie nachgeben oder sich der Gewinnergruppe anschließen und sich schließlich in eine besser organisierte, kollektive und kulturelle Struktur integrieren. Es gibt also auch in der Agrargesellschaft keinen Platz für Individualismus.

Mit dem Beginn der industriellen Revolution[2] wurden die Produktionsmittel vollständig umgestaltet. Dies war weitgehend ein Ergebnis der Verfeinerung der sozialen Arbeitsteilung und der Entwicklung der Intensivierung. Wegen der massiven Nachfrage nach Arbeitskräften, erlaubte die Bourgeoisie den Bauern, das Land und alte soziale Beziehungen aufzugeben. Die politisch freien und befähigten Arbeitskräfte zogen in die Fabriken, wo sie einen ungewohnten Lebensstil führten. In dieser Phase wurden Disziplin und Teamarbeit in der Produktion noch wichtiger, und die Arbeiter gewannen auch in den Gewerkschaften durch Verhandlungen mit den Kapitalisten an Stärke, was darauf hindeutet, dass der Kollektivismus auf dem Vormarsch ist. Gleichzeitig führte die Freizügigkeit der Arbeitskräfte aber auch, stillschweigend, zu einer anderen Ideologie mit entschiedenem Einfluss: zum ersten Mal begannen sich Individualismus und der Ruf nach persönlicher Freiheit zu entwickeln und wurden allmählich zu einem der vorherrschenden Werte der Gesellschaft. Anscheinend erschien es als kulturelles Phänomen, aber die eigentliche Ursache war, dass die Freiheit des Einzelnen und die industrielle Produktion eine positive Wechselwirkung erreicht hatten.

Mit dem Fortschritt von Wissenschaft und Technik überholte der Trend zur maschinellen Produktion, Automatisierung und Intelligenz, zur menschlichen Arbeitsteilung. Dementsprechend wurden die arbeitsintensiven Industrien in kapitalintensive Industrien umgewandelt. Aus der Perspektive der materiellen Versorgung, ist das Überleben für die Menschheit kein Problem mehr. Die Hauptmotivation der Menschen für die Arbeit ist die Suche nach Lebensqualität und sozialem Status geworden. Dank dieser materiellen Anhäufung sind feste und stabile soziale Beziehungen von absoluter Notwendigkeit. Alle Vorteile, was der Kollektivismus bietet, werden allmählich schwächer und verschwinden. Es ist absehbar, dass sich der gesellschaftliche Wert mit der Entwicklung von Wissenschaft und Technologie zu einem „extremen" Individualismus verlagern wird, es sei denn, dieser Trend wird durch gewaltige Rückschläge, wie Krieg oder Naturkatastrophen unterbrochen. Nur mit solchen unglücklichen Unterbrechungen, kann der Kollektivismus seine funktionale Rationalität wiedererlangen und auf natürliche Weise zurückkehren.

Kurz gesagt: Weder Kollektivismus noch Individualismus haben einen absoluten ethischen Wert. Im Gegenteil, sie entstehen durch einen Prozess der natürlichen Auslese auf der Grundlage der Wirtschaft und der funktionellen Bedürfnisse der Gesellschaft. Der aktuelle Stand und Trend der Entwicklungen in Wissenschaft und Technologie sowie das allgemeine, friedliche internationale Umfeld bestimmen, dass die Mikrodemokratie pro-individualistisch sein muss, und zwar nur wenn die individuelle Freiheit in der gesamten Gesellschaft erreicht wird, um das Beste leisten zu können.

Persönliche Angelegenheit ist ein sehr weit gefasster Begriff. Eine gewisse Abgrenzung ist notwendig, um angemessenen Schutz der Menschenrechte zu gewährleisten. Im Kontext der Mikrodemokratie fallen sie in folgenden drei Kategorien: *zentrale persönliche Fragen* innerhalb der institutionellen Menschenrechtsabdeckung, *nicht-zentrale persönliche Fragen* außerhalb der institutionellen Menschenrechtsabdeckung und *persönliche Fragen*. Der Unterschied zwischen den ersten beiden beschreibt die definierten und festgelegten Grenzen der institutionellen Menschenrechte; die Unterscheidung zwischen den letzten beiden beschreibt die maximal mögliche Grenze der Menschenrechte zum Wohlergehen.

Zentrale persönliche Fragen, die oft einen stabilen, signifikanten und langfristigen Einfluss auf das Wohlergehen der Menschen haben, wie Ehe, Beruf, Religion und so weiter, werden im Rahmen der institutionellen Menschenrechte betrachtet. Trotz ihrer Bedeutung muss der Geltungsbereich eingegrenzt bleiben, ohne im Geltungsbereich von Gemeinschaften einzugreifen. Bei dezentralen persönlichen Angelegenheiten obliegt es der lokalen Gesellschaft, zu bestimmen, inwieweit die Bürger das Recht haben, zu entscheiden, welche Angelegenheiten durch gemeinsame regionale Gesetze geregelt werden. Beispielsweise können Kleiderordnung und Etikette in einigen Regionen den bürgerlichen Freiheiten zugeschrieben werden, während sie in anderen Regionen stark eingeschränkt sind. Da Kultur, Religion, wirtschaftliche Bedingungen und die natürliche Umwelt von Region zu Region unterschiedlich sind, unterscheiden sich auch Inhalt und Umfang des gesetzlichen Schutzes der Menschenrechte entsprechend. Diese Unterschiede sind spontan und ihren objektiven Präsenz wird von der örtlichen Gemeinschaft natürlich akzeptiert. Es ist tatsächlich der kollektive Ausdruck der persönlichen Freiheit und der individuellen Wahl sowie der kulturellen Selbstbestimmung. Wenn neue Menschen in eine Gemeinschaft eintreten, müssen sie soziale Werte und Protokolle respektieren, während die Gemeinschaft auch die Vielfalt unter ihnen respektieren muss. Die Anerkennung "ungleicher" Autonomieregeln zwischen ungleichen Regionen ist an sich schon eine Manifestation desselben Wahlrechts.

Gewöhnliche, örtliche Gesetze in einer Region können Menschen daran hindern, über ihre nicht zum Kerngeschäft gehörenden persönlichen Angelegenheiten zu entscheiden, was einige beleidigen kann. Das mikrodemokratische System bietet den Bürgern drei Möglichkeiten, mit einer solchen Situation umzugehen: verlassen, ertragen oder verändern. Bei der ersten Option können sich die Menschen entscheiden, in andere Regionen zu ziehen, wobei die örtliche Gesetzgebung die Entscheidungen der Menschen über ihre persönlichen Angelegenheiten respektieren. Wie wir später in diesem Kapitel erörtern werden, ist Migration ein weiteres institutionelles Menschenrecht, so dass die Bürger nach Belieben in jede Region umziehen können. Bei der zweiten Option haben die Menschen die Wahl, zu bleiben und die Unannehmlichkeiten dieser Vorschriften im Austausch gegen andere in der Region angebotene Vorteile zu akzeptieren. Da gewöhnliche Gesetze Menschen nicht durch die Beeinträchtigung ihrer institutionellen Menschenrechte bestrafen können, werden die Unannehmlichkeiten, die sie verursachen, nicht übermäßig schwerwiegend sein. Bei der dritten Option können die Menschen versuchen, die entsprechenden Gesetze durch den mikrodemokratischen Entscheidungsverfahren zu ändern, solange sie genügend Stimmen sammeln. Angesichts dieser Optionen können die Bürgerinnen und Bürger auf der Grundlage ihrer persönlichen Umstände, über eine Entschädigung entscheiden und wählen, welche Option für sie am besten geeignet ist.

Persönliche Angelegenheiten in zentral und dezentral zu kategorisieren, sie den institutionellen und Menschenrechte zuzuordnen und sie demnach zu behandeln, erfordert eine Reform des gegenwärtigen Menschenrechtssystems. Die wichtigsten Menschenrechtskonventionen, denen die internationale Gemeinschaft heute beigetreten ist, haben ihren Ursprung weitgehend in der *Allgemeinen Erklärung der Menschenrechte*[3], in der festgelegt ist, welche Entscheidungen als individuelle Freiheiten gelten und gesetzlich beschützt sind. Die Forderung, dass diese Regeln universell sein müssen, ein goldener Standard, den alle Gesellschaften erfüllen müssen, ist jedoch an sich schon ein zwingender Akt. Die spezifischen kulturellen Hintergründe derer, die sie entwickelt haben, schränkten unweigerlich die Vorstellungskraft für die Entwicklung der Menschenrechte ein und führten oft zu lächerlichen Widersprüchen.

Beispielsweise verurteilten die vorherrschenden Stimmungen und Ideologien im Westen die Religionspolizei in muslimischen Ländern für die Bestrafung von Frauen, da sie nicht dem akzeptierten Standard entsprach und dies als Menschenrechtsverletzung betrachtete. Er hält es jedoch für einen gerechtfertigten Akt, wenn Polizeibeamte in westlichen Ländern Menschen wegen Nacktheit in der Öffentlichkeit festnehmen. Noch ironischer ist, dass gleichzeitig einige westliche Länder ihre muslimischen Bürger sogar zwingen, ihre Schleier in der Öffentlichkeit abzulegen. Wer hat also das moralische Recht zu bestimmen, welches Kleid für Freiheit steht und zu welchem Anlass?

Ein weiteres Beispiel: Die Arbeitsgesetze und -Vorschriften in westlichen Ländern sehen im Allgemeinen vor, dass die Höchstarbeitszeit fünf Tage lang acht Stunden pro Tag beträgt. In vielen unterentwickelten Ländern würden die oben genannten Beschränkungen jedoch aufgrund prekärer Werkzeuge und schrecklicher Infrastruktur die Menschen daran hindern, genügend Produkte herzustellen, um ihre Lebensbedingungen aufrechtzuerhalten oder zu verbessern. Wenn sich die westlichen Länder nicht wirklich dafür einsetzen, diesen Ländern bei der Verbesserung ihrer Produktionstechnologien und Lebensbedingungen zu helfen, sondern ihre Arbeitsbedingungen nur als unmenschlich bezeichnen, dann ist es Heuchelei oder List. Daher ist die Anerkennung der Relativität, Dynamik und Entwicklung der Menschenrechte zum Wohlergehen die einzige ehrliche und verantwortungsbewusste Haltung.

Unterschiede in den Menschenrechten zwischen Regionen und Gruppen sind das Ergebnis sozialer Vielfalt und hängen von den jeweiligen Entwicklungsstadien der Wirtschaft und Kultur ab. Um die Situation der Nachzügler zu verbessern, spielen die Migrationsfreiheit und der dynamische Mechanismus der demokratischen Entscheidungsfindung eine grundlegende Rolle. Ersteres ermöglicht es Regionen, die besseren Menschenrechte, und damit die Ideologie, die Kultur und das Wirtschaftssystem zu fördern, die hinter diesen Menschenrechten stehen, und sie auf natürliche Weise auf mehr Regionen und Menschen auszudehnen. Außerdem werden rückkehrende Einwanderer diese Ideen in unterentwickelte Länder zurückbringen, die gemeinsamen lokalen Gesetze schrittweise ändern und die lokalen Menschenrechte durch demokratische Verfahren verbessern. Es wird ein natürlicher, konstanter und friedlicher Prozess sein, der nicht mehr zu Missverständnissen und Konfrontationen zwischen, voneinander getrennten Menschen führt. Dieser Mechanismus gibt den Menschenrechten Leben. Mit dem Voranschreiten der Gesellschaft werden sich neue, dem Zeitgeist entsprechende Standards und Konzepte der Menschenrechte entwickeln, welche sich dem konstruktiven und friedlichen Wettbewerb der Ideen anschließen, so dass die Menschenrechte immer dem ewigen Streben der Menschen nach Glückfolgen können.

Persönliche Lebensgrundlage

Solange Essen und Kleidung die Hauptsorgen des Lebens bleiben, werden die Bürger keine besseren Entscheidungen treffen können, um ein höheres Maß an Glück zu erreichen, sondern sich stattdessen mit dem bloßen Überleben zufriedengeben. Nach Abraham Maslows Theorie der „Hierarchie der Bedürfnisse"[4] erzeugt die Befriedigung der grundlegendsten Bedürfnisse zwar Freude, aber es gibt eine innere Kraft, diese Freude auf eine höhere Ebene zu heben. Es ist eine Notwendigkeit der Bedürfnisse. Sie weist in eine Richtung mit minimalem, internem Widerstand und maximalem Gewinn an gesellschaftlicher Nützlichkeit. Doch auch heute noch ist es in vielen reichen Demokratien unter dem Namen „wirtschaftliche Realitäten" gängige Praxis, die Grundlagen des Lebens und der sozialen Sicherheit zu nutzen, um Menschen zu bestechen und die öffentliche Meinung zu kontrollieren. Auch ist es ein häufiges Phänomen bei der Bildung nationaler Wirtschafts- und Menschenrechte, die Reichen großzügig und die Armen hart zu behandeln. Der Begriff der „Belohnung von Fleiß und Bestrafung von Faulheit" in der konservativen Marktwirtschafts Theorie, bedeutet eigentlich „Belohnung der Reichen und Bestrafung der Armen". Die Mikrodemokratie muss diese kaltblütige Manipulation stoppen und stattdessen den Menschen ein

Gefühl der Sicherheit und des Seelenfriedens vermitteln, damit sie das Vertrauen und die Kraft haben, Selbstverwirklichung auf einer höheren Ebene anzustreben. Daher wird der Zugang der Menschen zu lebensnotwendigem Material für den Lebensunterhalt als ein grundlegendes, institutionelles Menschenrecht betrachtet, das formell durch die Verfassung anerkannt und von der Regierung verwirklicht wird.

Die Bereitstellung der Lebensgrundlagen und das Wohlergehen der gesamten Bevölkerung, ist kein neues Konzept. Da viele Versuche in der Geschichte gescheitert sind, wird dieser Vorschlag sicherlich Zweifel und Einwände hervorrufen, aber diese Bedenken verdienen Aufmerksamkeit und Antworten.

Erstens sind die institutionellen Menschenrechte auf konstitutioneller und globaler Ebene vorgesehen, sie müssen also gleichberechtigt und universell sein. Das bedeutet, dass die von der Regierung bereitgestellte Lebensgrundlagen, für den Lebensunterhalt, überall gleich sein muss, sei es in Regionen mit entwickelten Volkswirtschaften und glücklichen natürlichen Bedingungen oder in Regionen mit unterentwickelten Volkswirtschaften und schweren Bedingungen. Dieses Prinzip wird den Standard auf ein niedrigeres Niveau senken, so dass jede Region es sich leisten kann, diese Ressourcen bereitzustellen. Obwohl dieser Standard für die wirtschaftlich entwickelten Regionen wahrscheinlich zu miserabel sein wird, besteht der Zweck dieser Versorgung mit Lebensgrundlagen in Wirklichkeit nur darin, den Bürgern ihre Grundbedürfnisse und Sicherheit zu vermitteln, und nicht darin, wirtschaftliche Gleichstellung in bestimmten sozialen Kontexten zu gewährleisten. Sie konzentriert sich daher auf die grundlegenden und relativ festen physischen Bedürfnisse der Menschen, wie zum Beispiel lebensnotwendige Unterkunft, einfache Verpflegung, notwendige Kleidung, medizinische Grundversorgung und Lagerraum für persönliche Gegenstände.

Es ist notwendig, darauf hinzuweisen, dass es eine gefährliche Idee ist, von der Sozialhilfe zu erwarten, dass sie universelle, wirtschaftliche Gleichstellung in einem großen Land gewährleistet.

Eine solche Art des Wohlstands t neigt im Allgemeinen dazu, einseitig in Richtung der Obergrenze zu wachsen, die sozialer Wohlstand ertragen kann. Wenn die Wirtschaft floriert, stellt sie die Bürger wirklich zufrieden. Wenn sich jedoch die wirtschaftlichen Bedingungen verschlechtern und der soziale Wohlstand schrumpft, wird er nicht mehr tragfähig. Leider unterschätzen die Menschen oft die Vorteile, die sie einst genossen haben, und können ihren Fall nicht mit einem rationalen Verstand akzeptieren. Zudem kann diese Reduzierung in der Praxis wohl kaum vollkommen gerecht ausgeführt werden. Infolgedessen kommt es, sobald eine Verschlechterung des Wohlstands eintritt, zu ernsthafter sozialer Unzufriedenheit. Dies wirkt sich nachteilig auf die soziale Stabilität aus und führt manchmal sogar zu katastrophalen Subversionen und Umwälzungen. Darüber hinaus beeinträchtigen künstliche, wirtschaftliche Gleichstellung und exorbitanter Wohlstand, die Leidenschaft der Menschen für die Arbeit und sind eine der Hauptursachen für den Rückgang der wirtschaftlichen Vitalität und die Unfähigkeit, effizienter zu Produktion.

Da die Standpunkte der institutionellen Menschenrechte und der Rechte zum Wohlstand unterschiedlich sind, werden sie von den mikrodemokratischen Sozialsystemen dementsprechend getrennt umgesetzt. Institutionelle Menschenrechte umfassen nur die materielle Sicherheit, die für ihre Verlässlichkeit und Stabilität notwendig ist, selbst in wirtschaftlichen Krisen und Naturkatastrophen. Gleichzeitig lassen diese einen größeren Spielraum für die Menschenrechte zu, so dass lokale Gesellschaften die Wirtschaft ankurbeln und ihre Überlegenheit demonstrieren können. Menschen in verschiedenen Regionen können ihr spezifisches Niveau, regionalen Wohlstands auf der Grundlage lokaler, wirtschaftlicher Bedingungen, der natürlichen Umgebungen, Entwicklungsphilosophien und der Prinzipien der sozialen Verteilung steuern. In wirklich schlechten Zeiten können die Menschen auch ohne die Vorteile zum Wohlstand und ohne Angst mit dem persönlichen Existenzminimum leben, was die institutionellen Menschenrechte bieten.

Natürlich hängt jede universelle Versorgung zur Sicherung des Lebensunterhalts von einem gewissen Maß an Unterstützung durch die soziale Produktion ab, selbst bei Standards, die als Minimum angesehen werden. Ist also die derzeitige, globale Produktionskapazität ausreichend, um die Bedürfnisse der Bevölkerung zu befriedigen? Nimmt man das Jahr 2017 als Beispiel, so überschritt nach Angaben der Ernährungs- und Landwirtschaftsorganisation der Vereinten Nationen[5] die weltweite Getreideproduktion 2,6 Milliarden Tonnen, während die Weltbevölkerung 7,5 Milliarden betrug. Rechnet man auf der Grundlage des von den Vereinten Nationen festgelegten Mindestgetreideverbrauchs von 140 Kilogramm pro Person und Jahr, so werden nur 1,05 Milliarden Tonnen benötigt, um die gesamte Weltbevölkerung zu ernähren, und die gesamte Nahrungsmittelproduktion war in jenem Jahr deutlich höher. Selbst wenn die Weltbevölkerung, die von den Vereinten Nationen für das Jahr 2100 geschätzte Zahl von 11,2 Milliarden Menschen erreicht, würde diese Produktion immer noch ausreichen, ganz zu schweigen davon, dass die damalige Technologie die Produktion wahrscheinlich noch weiter steigern wird, während die Nahrungsquelle und Vielfalt, ebenfalls erweitert werden kann. Die Realität sieht so aus, dass ein großer Teil der Getreideproduktion derzeit als Viehfutter, zur Herstellung von Bier und sogar als Industrie Rohstoffe verwendet wird. Im Jahr 2017 wurden etwa 600 Millionen Tonnen Mais von Vieh verzehrt, und eine große Menge Getreide wurde zur Herstellung von Wein, Gewürzen und verschiedenen verarbeiteten Lebensmitteln verwendet. Dennoch erreichte der gesamte Getreidebestand 700 Millionen Tonnen. Ironischerweise waren laut dem offiziellen Bericht der Vereinten Nationen, im Jahr 2016 etwa 9% der Weltbevölkerung mit einer ernsten Ernährungsunsicherheit konfrontiert und nur 100 Millionen Tonnen Nahrungsmittel (etwa 4% der globalen Produktion) von der Lösung dieser humanitären Katastrophe entfernt. Es besteht also materieller Mangel, was dem mikrodemokratischen System nicht erlauben würden, die lebensnotwendige Nahrungsmittelversorgung der Bevölkerung zu gewährleisten. Sicherlich gibt es einige Probleme bei der Verteilung und Verwaltung, aber diese lassen sich mit der richtigen Gestaltung von Systemen und Institutionen lösen.

Das Wohnen ist ein weiteres wesentliches Element des Lebens. Wegen der Komplexität der Wohnungsfrage, haben selbst die Vereinten Nationen keine einfachen und klaren Statistiken über ihre Existenz und Bereitstellung vorgelegt. Wenn man jedoch bedenkt, dass es nur sehr wenige Naturkatastrophen gibt, und dass in vielen Regionen leerstehende Häuser im Überfluss vorhanden sind, besteht Grund zur Annahme, dass der Schlüssel zur Deckung des Grundbedarfs an Wohnraum nicht in der Lösung des Mangels, sondern vielmehr in der Frage der Verteilung liegt.

Es ist wichtig darauf hinzuweisen, dass zentraler Zweck der Mikrodemokratie, die obig erwähnte, materielle Bereitstellung keine humanitären Erwägungen sind, obwohl damit das Problem in der Tat vollständig gelöst wäre. Die humanitäre Sichtweise tendiert dazu, sich mit dem kulturellen Hintergrund der Kritiker und den subjektiven, emotionalen Urteilen zu urteilen und zu abzuweichen. Sie verfügt nicht über weithin akzeptierte Standards und wird leicht mit Wertperspektiven verwechselt. Im Gegenteil, die funktionalen Anforderungen der institutionellen Menschenrechte sind sehr klar: es muss sichergestellt werden, dass die Bürgerinnen und Bürger an demokratischen Aktivitäten teilnehmen, ohne sich um ihr Überleben sorgen zu müssen oder in irgendeiner Weise bedroht zu sein, damit die Mechanismen der M Mikrodemokratie in realen Einsätzen wirklich funktionieren.

Persönliche Gegenstände

Der Unterschied zwischen persönlichen Gegenständen und obig erwähnter, persönlicher Lebensgrundlage, liegt in deren Eigentumsrechten. Letztere sind Staatseigentum; Bürgerinnen und Bürger nutzen oder konsumieren sie nur vorübergehend, mit deren Erlaubnis. Solange die Vorräte nicht erschöpft sind, hat die Regierung das Recht, die Verteilung oder die Verwendung dieser Grundlagen, umzuorganisieren, zum Beispiel Häuser gegen Bewohner auszutauschen, und diese Grundlagen berechtigen nicht zum Abstimmen. Was Ersteres betrifft so sind dieses, Eigentum der Bürger und gesetzlich geschützt. Die Bürger können über ihre persönlichen Gegenstände ihrem Willen nach verfügen und erhalten als Eigentümer, entsprechendes Abstimmungsrecht.

Da der wirtschaftliche Markt dominiert, sind die privaten Eigentumsrechte vollständig geschützt. Da Eigentum das Zentrum wirtschaftlicher Funktion des Marktes ist, bedeutet es Macht. Sie bewirkt einen erheblichen sozialen Einfluss der Reichen und unterdrückt in der Folge die Stimme der Armen. Die „unsichtbare Hand des"[6] Marktes, steuert sicherlich die Effizienz der Wirtschaft, aber es ist das Kapital und nicht das öffentliche Interesse, was diese Hand kontrolliert. Für das Kapital sind harte Arbeit und die Bedürfnisse der Bürger trivial. Für manche Ansichten ist diese unsichtbare Hand einfach ein Werkzeug der reichen Klasse, um die Arbeiter herum zu kommandieren, nur ist diese höflicher und zurückhaltender als die Peitschen der Sklavenmeister und Feudalherren. Sicherlich hat dieses Etikett zu unterschiedlichem, sozialem Fortschritt geführt, aber letztendlich ist es immer noch nicht mehr als ein Mittel zur Ausbeutung. Wenn man also dieses Wirtschaftssystem nach seinem angeblich wissenschaftlichen und gerechten Erscheinungsbild beurteilt und seine effektive Funktionsweise lobt, muss man auch seinen zugrunde liegenden Antrieb und Zweck in Betracht ziehen und darüber nachdenken, wem diese Effizienz dient und warum, ohne sich durch kleine Almosen täuschen zu lassen.

Die Verteidiger der Marktwirtschaft glauben, dass der fast göttliche Schutz des Privateigentums der Schlüssel zum großen Erfolg des Kapitalismus ist. Diese Sichtweise macht zwar Sinn, aber ob dies der einzige Weg ist, oder ob der Erfolg der Marktwirtschaft allen auf eine Art und Weise zugutekommt, die ihnen gefällt, ist fraglich und bedenklich. Wenn die Macht des Reichtums in einige, wenige Hände fällt, zeigt die Markteffizienz der Bevölkerung im Dienst der Privilegierten an und der Wohlstand der Bevölkerung wird mit zunehmender Effizienz eher sinken. Für die Mikrodemokratie ist die Frage, wie wirtschaftliches Eigentum in sozialen Nutzen umgewandelt werden kann, eine Angelegenheit, welche die größte Aufmerksamkeit verdient. Konkret geht es darum, wie man den größten Teil der Bevölkerung zum Nutznießer des wirtschaftlichen Wohlstands macht, wie man den Menschen eine vernünftige Stimme bei der Verteilung materieller Ressourcen gibt und wie man das Gleichgewicht zwischen wirtschaftlicher Effizienz und sozialer Gerechtigkeit findet.

Um das obig genannte Problem zu lösen, unterteilt die Mikrodemokratie das Privateigentum in zwei Kategorien: *persönliche Gegenstände*, die im Geltungsbereich der institutionellen Menschenrechte fallen, und *persönliche Vermögenswerte*, die unter dem Geltungsbereich der Menschenrechte des Wohlstands fallen. Die erste Kategorie bezieht sich auf Privateigentum, um die Bedürfnisse des täglichen Lebens der Bürger zu decken, wie zum Beispiel die Häuser, in denen sie leben, die Autos, die sie gewöhnlich fahren, Sammlerstücke, die ihnen wichtig sind, oder andere persönliche Gegenstände des täglichen Gebrauchs. Sie stehen unter dem Schutz der Verfassung und geben den Bürgern zusätzliche Stimmen. Letztere beziehen sich auf die materielle Produktion und Eigenschaften der Bürger, mit denen sie ein Gewinn erzielen, sowie auf andere private Besitztümer, die nicht als persönliche Gegenstände kategorisiert werden. Sie sind durch das Gewohnheitsrecht geschützt und verleihen den Eigentümern direkt, kein zusätzliches Stimmrecht. Durch die Gestaltung regionaler Gesetze, können die Bürgerinnen und Bürger jedoch die Form und Grad des Schutzes bestimmen, welches auf sie anzuwenden ist, um das Gleichgewicht wirtschaftlicher Effizienz und sozialer Gerechtigkeit zu definieren. Es besteht Grund zur Annahme, dass Regionen, die einen besseren Schutz persönlichen Vermögens bieten, mehr Investitionen anziehen werden und daher in den meisten Gebieten eher zur endgültigen Wahl der Bevölkerung werden. Das Gegenteil kann jedoch der Fall sein, wenn ein übermäßiger Schutz der Vermögenswerte, die Rechte und Interessen gewöhnlicher Bürger untergräbt und die Menschen schließlich dazu veranlasst, bestimmte Politik aufzugeben. Diese Wahlfreiheit erlaubt den Menschen, in einigen Regionen mit anderen Wirtschaftsmodellen oder anderen Lebensstilen zu experimentieren, sei es das spirituelle Streben, die absolute Gleichstellung oder andere Ideologien, welche unsere Vorstellungskraft übersteigen. Unter dieser einheitlichen sozialen Infrastruktur, werden schließlich verschiedene wirtschaftliche, kulturelle und Lebensstil Modelle friedlich koexistieren und miteinander konkurrieren können.

Migrationsfreiheit

Für die Mikrodemokratie hat die Migrationsfreiheit der Bürger sowohl moralische als auch technische Mandate.

Der Reichtum der Welt stammt im Allgemeinen aus zwei Quellen: Diebstahl und Schöpfung. Die Menschen haben das Land, den Ozean, den Raum und die natürlichen Ressourcen nicht geschaffen, so dass der Besitz dieser Ressourcen nur durch gewaltsamen Diebstahl und Vererbung der Beute erreicht werden kann. Obwohl die historische Realität nicht verändert werden kann, sollte man nicht leugnen, dass dieser Diebstahl brutal und primitiv ist. Ungerechtigkeit und Unsittlichkeit werden immer mit der Beute verbunden sein und an die Erben weitergegeben werden. Die Zeit, in der wir jetzt leben, braucht neue Ideen und Regeln, um den Entwicklungsstand der Gesellschaft zu erreichen, damit sich die Menschheit von der Barbarei zur Zivilisation entwickeln kann.

Wie können Menschen also rechtmäßig unerschaffenen Reichtum besitzen? In dieser Frage werden auf verschiedenen Zivilisationsstufen und in verschiedenen Systemen der politischen Ökonomie unterschiedliche Ansichten vertreten. Da das Endziel der Mikro-demokratie die totale Maximierung des sozialen Nutzens ist, besteht ihr erstes Ziel 73 darin, den Bürgern die gleiche Chance zu geben, das größte Glück aus diesem Reichtum zu ziehen. Im Prinzip sollten die Menschen das gleiche Recht haben, nicht geschaffenen Reichtum und seine Derivate zu nutzen. Land ist keine Ausnahme, denn es ist die wichtigste Art dieses Reichtums und steht im Mittelpunkt der

Aufmerksamkeit der Menschen. Die größte Freude, welche die Erde hervorbringen kann, kommt von denen, die direkt mit ihr verbunden sind. Die Anerkennung der Privilegien von Bewohnern und Inhaber, die Motivierung und der Schutz der Gleichberechtigung der Menschen, solche direkten Beziehungen mit dem Land herzustellen, ist für die Mikrodemokratie von besonderer Bedeutung. Manche Menschen haben möglicherweise Land von Geburt an geerbt. Wenn sie jedoch keine Zeit mit dem Land verbringen, können sie nicht den gleichen Grad an emotionaler Bindung erzeugen, wie die tatsächlich ansässigen Personen. Der Besitz von Land, das vom persönlichen Leben getrennt ist, geht fast immer auf gewaltsame Raubüberfälle und Spekulationen zurück. Sie ist unmoralisch und ungleich an der Wurzel, so dass sie letztlich giftig für den sozialen Utilitarismus ist und von der Mikrodemokratie nicht anerkannt wird.

Für ein bestimmtes Land verdienen diejenigen, die da leben und verbleiben, verdienen die höchsten Verfügungsrechte und die meiste Unterstützung. Sie treffen die damit verbundenen Entscheidungen und erleiden die direkten Folgen; daher sind Macht und Verantwortung logisch mit ihnen verbunden. Da alle Menschen die gleichen Rechte haben, wird die Freizügigkeit zu einer natürlichen Voraussetzung dafür, dass die Menschen dieses Recht wirklich und gerecht ausüben können.

Bei der Migrationsfrage zeigen sich zwei markante Widersprüche. Erstens haben viele der ursprünglichen Bewohner eine ablehnende Haltung gegenüber neuen Einwanderern und behindern ihre Ankunft, so dass die ursprünglichen Bewohner weiterhin die lokalen Ressourcen monopolisieren und die Vorteile genießen können. Auf der anderen Seite erlangen neue Einwanderer in der Regel, denselben, sozialen Wohlstand und politische Macht wie die ursprünglichen Bewohner, sobald sie sich niederlassen. Wenn viele neue Einwanderer bald darauf politischen Gruppen beitreten, können sie einen starken politischen Einfluss ausüben und einen radikalen politischen Wandel in der Region bewirken. Diese Art von kurzfristigen Auswirkungen wird wahrscheinlich einen vorübergehenden Rückgang des sozialen

Wohlstands und Zwietracht in der Region verursachen. Diese praktischen Probleme haben viele dazu veranlasst, die Migrationsfreiheit in Frage zu stellen und abzulehnen, und diese Zweifel sind nicht unbegründet. Glücklicherweise bietet die Mikrodemokratie die Lösung. Mit den zusätzlichen Stimmen auf der Grundlage der Aufenthaltsgeschichte gibt die Mikrodemokratie den ursprünglichen Bewohnern eine höhere Entscheidungsgewalt in regionalen Angelegenheiten. Sie können sich dafür entscheiden, die Sozialfürsorge so zu gestalten, wie es für sie am vorteilhaftesten ist, und können so, einen stabileren Lebensstil beibehalten. Die Trennung der Menschenrechte von den institutionellen Rechten, selbst wenn einige Menschenrechte die ursprünglichen Bewohner begünstigen, würde die freie Einreise von Neueinwanderern nicht behindern. Das mikrodemokratische System wird immer die institutionellen Menschenrechte der Einwanderer schützen, so dass sie sich sicher fühlen, ein neues Leben in Frieden zu beginnen. Auf diese Weise kann ein perfektes Gleichgewicht zwischen Migrationsfreiheit und sozialer Stabilität erreicht werden, wobei die zentralen Anliegen aller Menschen berücksichtigt werden.

Werden die ursprünglichen Bewohner den Vorteil der Wahlen nutzen, um die Migration zu hindern oder neue Einwanderer zu diskriminieren? Ja, es kann passieren, aber nur geringfügig. Zunächst einmal haben gemeinsame, regionale Gesetze nicht die Befugnis, die institutionellen Menschenrechte, welche durch die Verfassung geschützt werden, zu ersetzen. Daher haben sie keine Auswirkungen auf die Sicherheit der Neueinwanderer, auf den persönlichen Bedarf und persönliche Gegenstände, auf die Freiheit der Migration und auf andere institutionelle Menschenrechte, die später noch erwähnt werden. Obwohl die ursprünglichen Bewohner unter Einschränkung der institutionellen Menschenrechte Gesetze zugunsten ihrer Lebensweise und Interessen durchsetzen können, ist es unmöglich, dass die lokalen Gesetze zu streng gegen Einwanderer sind. Das mikrodemokratische System bezeichnet diesen Mechanismus nicht nur als vernünftig, sondern auch als vorteilhaft, da es die von den Bürgern im Laufe der Zeit angesammelten Emotionen angemessen berücksichtigt. Die neuen Einwanderer werden im Laufe der Zeit, allmählich zu einer neuen Generation »ursprünglicher« Bewohner der Region werden und daher mehr Entscheidungsgewalt mit zusätzlichem Stimmrecht in der Region, in gleichberechtigter Größenordnung gewinnen: Zeit. Darüber hinaus wird ihre Aufenthaltsgeschichte stets überwacht und gezählt. Wenn sie sich entscheiden, in ihre früheren Wohnregionen zurückzukehren, werden sie die Aufenthaltszeit in dieser Region von einem höheren Ausgangspunkt aus, akkumulieren und erhalten auch die entsprechenden Stimmrechte. Aus einer ganzheitlichen Sicht von Zeit und Raum, sind Migranten und Nicht-Migranten in der Art und Weise, wie sie die Entscheidungsgewalt erhalten, absolut gleichberechtigt, außer dass erstere die Wahlen auf mehrere Regionen verteilen, während letztere sie an einem Ort akkumulieren. Darüber hinaus können die Bürgerinnen und Bürger nebst zeitbezogenen Wahlen auch höhere Stimmen aus dem Wissen und relevante Interessen erhalten.

Während der ersten Tage einer mikrodemokratischen Nation, können Menschen, die gerade erst Bewegungsfreiheit erlangt haben, in ihr Traumland fliehen und eine Migrationswelle und Chaos auslösen. Um diese Auswirkungen abzuschwächen, könnten aufstrebende, mikrodemokratische Regierungen einige kurzfristige Beschränkungen des Personenstroms einführen, aber dieser Übergang muss so schnell wie möglich vollzogen werden. Nach dem anfänglichen Sturm und der Aufregung wird der Fluss moderat und geordnet sein und schließlich zur Normalität der Gesellschaft werden.

Abgesehen von der Freizügigkeit der Menschen zwischen menschlichen Siedlungen, haben die Menschen zweifellos auch das Recht, in unbewohnte Gebiete auszuwandern. Leider sind die meisten Regionen der Erde ohne Menschen nicht ohne Eigentümer. Durch Raub, das Erbe oder den Handel mit der Beute beanspruchen einige Einzelpersonen und Gruppen das Eigentum an diese Länder. Solche Behauptungen sind jedoch für die Mikrodemokratie bedeutungslos, da der einzig legitime Weg, die Nutzung von Land und seiner natürlichen Ressourcen zu genehmigen, darin besteht, davon zu leben, anstatt es sich zu nehmen. Daher hat jeder das Recht, in neue Gebiete zu ziehen und Entscheidungsbefugnisse sowie Interessen- darüber zu erlangen. Aber diese Art von Rechten sind keineswegs exklusive Privilegien, denn das Land wird immer das Gemeingut der Menschheit sein.

Bildung und Arbeit

Das mikrodemokratische System bietet den Bürgern das zusätzliche Wahlrecht auf Grundlage ihres Bildungsniveaus und ihrer Berufserfahrung, was die Qualität der Entscheidungen verbessert. Um zu verhindern, dass diese Abstimmungen zu einem weiteren neuen Privileg werden, muss das System den Bürgern bedingungslose und gleiche Bildungs- und Arbeitsmöglichkeiten bieten, mit anderen Worten, den Menschen eine faire Chance geben, sich diese Macht zu verdienen.

Die meisten Länder bieten heutzutage eine gewisse Schulpflicht für Kinder überlassen Hochschulbildung und Erwachsenenbildung jedoch kommerziellen Einrichtungen. Akademische und finanzielle Barrieren haben Bildung für die meisten Erwachsenen zu einem Luxus und zu einer weiteren Form der Ungleichheit gemacht. Unter dem gegenwärtigen Wirtschaftssystem wirkt sich die Beschäftigungsquote direkt auf die Stabilität der Gesellschaft aus und manchmal sogar auf die Regierung. Daher ist eine wachsende Wirtschaft, die mehr Arbeitsplätze schafft, zum wichtigsten Indikator für die Leistung der Regierung geworden. Es herrscht die allgemeine Überzeugung, dass die Steigerung der Investitionen und die Förderung des Konsums, die beiden mächtigsten Instrumente sind, um dies zu erreichen. Ausgehend von dieser Wahrnehmung bietet die Regierung Unternehmern und Kapitalisten zahllose günstige Politik und Vorschriften, um Investoren anzuziehen, darunter monopolisierte öffentliche Ressourcen, Steuervorteile, Subventionen und so weiter. Das eigentliche Ziel dieser Maßnahmen besteht darin, die öffentlichen Interessen zu verkaufen, um Kapitalisten zu helfen, bei der Ausbeutung der Arbeiter an der Spitze zu bleiben, was zu einer zunehmenden Kluft zwischen Arm und Reich und zu einer engeren

Allianz zwischen den Reichen und Mächtigen führt. Die wirtschaftliche Kluft wird bald zu einer politischen Kluft zwischen den Eliten und der Arbeiterklasse werden. Auf der anderen Seite hat die blinde Stimulierung der Nachfrage zu Konsum, kolossaler Verschwendung und Zerstörung materieller Ressourcen geführt und das Ökosystem der Erde an den Rand des Zusammenbruchs getrieben. Gleichzeitig überfluteten die Unterhaltung sowie die kommerzielle Werbung, die Menschen mit aus dem Nichts geschaffenen Versuchungen, und durch das Verfolgen von Trends verlieren erschöpfte Menschen ihre Fähigkeit zur Reflexion und schwelgen in unendlichem, materiellem Verlangen.

Wissenschaftliche und technologische Fortschritte und die Anwendung von Automatisierung und künstlicher Intelligenz sollen der Gesellschaft und den Menschen dienen. Ironischerweise sind sie in Wirklichkeit, zu einer Bedrohung für das Leben der Menschen geworden. Da Maschinen Arbeitsplätze absorbieren, sind immer mehr Bürger zu "nutzlosen Menschen"[7] in der Marktwirtschaft geworden. Der technologische Fortschritt ist zum Feind der Arbeiter geworden. Die typische Reaktion der Regierung ist die Verlagerung des Beschäftigungsraums in den Dienstleistungssektor, auf eine nicht tragfähige Basis. Mit Hilfe der Technologie reicht bereits ein kleiner Prozentsatz der gesamten sozialen Arbeitskräfte aus, um die materiellen Existenzbedürfnisse der gesamten Bevölkerung zu befriedigen. Gleichzeitig sind die meisten Arbeitnehmer im Dienstleistungssektor tätig, erschöpft davon, sich gegenseitig zu dienen, um unnötige erfundene Bedürfnisse zu befriedigen. Da die Qualifikationsanforderungen im Dienstleistungssektor häufig niedriger sind, ist der Wettbewerb um Arbeitsplätze intensiver, wodurch die Arbeitnehmer in den Arbeitsbeziehungen benachteiligt werden. Die moderne Technologie ist bereits in der Lage, die Menschen von schwerer Arbeit zu befreien, so dass sie weniger Stunden arbeiten und ein entspannter es Leben genießen können; die Realität sieht jedoch so aus, dass die meisten Arbeitnehmer längere Arbeitszeiten und mehr Jahre arbeiten müssen. Die Wurzel dieser Absurdität liegt in den inhärenten Einschränkungen des Kapitalismus und der Marktwirtschaft: der Profit im Kapitalismus kommt in erster Linie aus der Ausbeutung der Arbeit, und die Arbeiter akzeptieren diese Ausbeutung, weil sie ein Bedürfnis haben zu konsumieren, was eine wichtige Eigenschaft ist, welche Maschinen nicht haben. Wenn Kapitalisten Arbeiter entlassen, reduzieren sie auch den Umfang und die Verbrauchskapazität ihrer potentiellen Konsumentenbasis und verkleinern ihren Profitraum. Folglich ist menschliche Arbeit ein unverzichtbares Element für das Funktionieren des Kapitalismus, und die zunehmenden Zahlen „nutzloser Menschen", die durch moderne Technologie verursacht wird, zu sozialer Instabilität führen und die Marktwirtschaft selbst bedrohen. Das Endergebnis ist das Versagen des Wirtschaftssystems, gefolgt vom Niedergang und Zusammenbruch der kapitalistischen Gesellschaft sowie von sozialen Umwälzungen und humanitären Katastrophen. Ein besseres wirtschaftliches Betriebsmodell und eine bessere materielle Verteilungsstrategie zur Lösung dieser systematischen Krise bereitzustellen und der dem Untergang geweihten Marktwirtschaft eine zweite Lebenschance zu geben, ist daher zu einer lebenswichtigen Aufgabe für das mikrodemokratische System geworden.

Indem das Recht auf Bildung neu definiert und in die institutionellen Menschenrechte aufgenommen wird, kann das mikrodemokratische System die Probleme der Bildung und der Wirtschaft mit einer Lösung lösen. Sie wird nicht nur die im Niedergang begriffene Marktwirtschaft retten, sondern auch eine sichere und stabile Plattform für das Entstehen, die Entwicklung und den friedlichen Übergang neuer Wirtschaftsmodelle in der Zukunft schaffen.

Das Wissen weist bereits zusätzliche Stimmen bei der Politikgestaltung zu, da es zur Verbesserung der Qualität der Entscheidungen beiträgt. Aber über die Politik hinaus ist die Belohnung von Wissen auch die beste Investition was die gesamte gesellschaftliche Weisheit betrifft; der Gewinn ist eine beschleunigte Entwicklung der Zivilisation und eine rasche Anhäufung von Reichtum. Dadurch wird das Potenzial zur Verbesserung der

Lebensqualität und des Glücks für die gesamte Bevölkerung erheblich erweitert, und es wird sogar ein Unterschied im Leben und Sterben der Menschheit gemacht. Die Lösung der Mikro-demokratie besteht darin, die Bildung in den Bereich der Beschäftigung zu integrieren, das Lernen zu einem Beruf umzuwandeln, wobei die Regierung für die Bemühungen und Ergebnisse der Studien der Bürger aufkommt. Angesichts der Tatsache, dass qualitativ hochwertige Entscheidungsmöglichkeiten eine Forderung sind, die niemals erfüllt werden wird, und da es immer Raum und Bedarf für die Weiterentwicklung von Technologie und Kultur geben wird, sind die Möglichkeiten, welche die Gesellschaft für Studenten bieten kann, unbegrenzt. Da humane Ressourcen im Gegensatz zu materiellen, die primäre Versorgung der Bildungsindustrie sind, würde ein materieller Mangel die Gesellschaft nicht daran hindern, Arbeitsplätze im Bildungsbereich zu schaffen. Unfreiwillige. Damit würde die unfreiwillige Arbeitslosigkeit für immer verschwinden.

Das unbegrenzte Angebot an Ausbildungsstellen bietet die Möglichkeit, die wirtschaftlichen Widersprüche zwischen Maschinen, automatisierter Produktion und manueller Arbeit zu lösen. Maschinen werden nicht länger eine Bedrohung für den Lebensunterhalt der Arbeiter darstellen, sondern zu Helfern werden, welche die Menschen von traditionellen Industrien befreien und es ihnen ermöglichen, bequemer und komfortabler an Bildung teilzunehmen.

Im Prinzip motiviert die Regierung in einer Mikrodemokratie die Menschen dazu, ihr Wissen ohne Einschränkung in alle Richtungen zu erweitern. In der Praxis kann es einige Verwaltungsvorschriften geben, um das Studium auf der Grundlage der Eigenschaften des Faches zu erleichtern und eine angemessene Anreizstruktur auszuarbeiten. Da die Menschen stets eine persönliche Lebensgrundlage erhalten, für den persönlichen Lebensunterhalt, dient das Einkommen aus der Bildung nicht dem Überleben, sondern der Verbesserung der Lebensqualität. In Anbetracht der Tatsache, dass die Bildungsindustrie einen großen Teil der Arbeitskräfte aufnehmen kann, wird der Student als Beruf mit niedrigem Einkommen eingesetzt, um die finanzielle Belastung für die Regierung zu verringern und auch um die Auswirkungen auf den Zugang der Arbeitskräfte zu anderen Industrien zu mildern. Tatsächlich ist das Einkommen aus dem Bereich der Bildung nur ein kleiner Teil des Nutzens für die Bürger; die wirklichen Belohnungen liegen in der Qualifikation und den Möglichkeiten in Zukunft, Arbeitsplätze mit hohem Einkommen zu erhalten sowie zusätzlichen, sozialen Einfluss durch das zusätzliche Stimmrecht.

In einer mikrodemokratischen Gesellschaft müssen die Lehrinhalte unparteiisch und offen sein, damit ein fairer und sicherer Raum geschaffen werden kann und sich unterschiedliche Ideen und Perspektiven frei entfalten können. Obwohl noch immer zwischen konventionellen und alternativen Ansichten unterschieden wird, ist es Sache der Bürger, unabhängig zu urteilen und zu entscheiden, und zwar auf der Grundlage des Vergleichs und der Analyse aller Informationen. Konventionell oder nicht ist eher ein statistisches Konzept als offizielle Schlussfolgerungen von akademischen Autoritäten. Prüfungsergebnisse bestimmen nicht nur den Gehalt, sondern auch das Abstimmungsrecht, was erheblich auf der demokratischen Politik lasten, so dass Prüfungsbetrug ein Verbrechen ist und streng bestraft wird.

Die Wege für das Lernen werden vielfältig sein. Zusätzlich zu den traditionellen Schulen ermöglichen Internet Unterricht und Virtual-Reality-Technologie den Schülern, jederzeit und überall zu lernen. Seine Bequemlichkeit und Erschwinglichkeit machen es zur Wahl der Regierung. Die Wahrheit ist, dass es immer noch Situationen gibt, in denen die Regierung die notwendigen Ressourcen bereitstellen muss, wie zum Beispiel die Ausbildung von Kindern, Aktivitäten, welche die Zusammenarbeit von Gruppen erfordern, und Themen, die Feldexperimente und Operationen und so weiter erfordern. Auch die Rolle der Schulen wird sich ändern. Die Grundschulen ähneln den heutigen Primar- und Sekundarschulen, sind aber nicht mehr obligatorisch, so dass Eltern individuelle Vereinbarungen über Zeit, Ort und die Methoden der Erziehung ihrer Kinder treffen können. Da die Grundschulen jedoch eine sichere und fürsorgliche Betreuung junger Menschen bieten und es ihnen erleichtern können, ein

Einkommen zu erzielen ("Student" ist der einzige Beruf, der für Minderjährige erlaubt ist), bleibt dies für die meisten Eltern die klügste Wahl. Da die Regierung das lebenslange Lernen fördern wird und die Prüfungen erheblichen Einfluss auf die demokratische Politik und die soziale Gouvernance hat, wird die Regierung die volle Verantwortung für die Bewertungen sowie die akademischen Qualifikationen übernehmen. Die Universitäten werden nicht länger formale Bildungsbehörden sein, sondern als Unternehmen fungieren, die Erwachsenen effektiv und umfassend Bildung anbieten. Andere, kleinere, kommerzielle Bildungseinrichtungen werden aktiver und vielfacher vorhanden sein. Ihr Wert wird darin liegen, dass sie bessere und spezialisierte Ressourcen zur Verfügung stellen, den Menschen helfen, Prüfungen zu bestehen oder Kenntnisse und Fähigkeiten zu vermitteln, die das formale Bildungssystem noch nicht bietet.

Zuvor haben wir im Beispiel von Vian*land* gezeigt, wie Personen mit Bachelor-, Master- und Doktorats Abschlüssen, zusätzliches Stimmrecht bekommen. In Wirklichkeit werden die Universitäten nicht mehr die Funktion haben, Abschlüsse zu vergeben, sondern die Regierung wird für die Bewertung des akademischen Niveaus zuständig sein. Das Studiensystem kann in mikrodemokratischen Gesellschaften größeren Reformen unterzogen werden, und folglich können für zusätzliches Wahlrecht, mehrere Regeln angewandt werden.

Dabei handelt es sich um eine besondere Bildungskategorie, die als *staatsbürgerliche Grundbildung* bezeichnet wird und alle Fähigkeiten abdeckt, die für die Teilnahme der Bürger an demokratischen Entscheidungsprozessen erforderlich sind. Dazu gehören in der Regel Sprache, grundlegende Mathematik, Logik, allgemeines Wissen über die Gesellschaft und das Wesen sowie die Grundsätze der Mikrodemokratie. Die Beherrschung dieser Fähigkeiten ist eine Voraussetzung für ein adäquates Verständnis, die Analyse der Inhalte und Regeln der demokratischen Entscheidungsfindung, die den Hauptlehrinhalt der Grundschulen bilden werden. Wie bereits erwähnt, kann man sie auch in alternativen Formen erlernen, sofern man die offizielle Zertifizierungsprüfung besteht. Einmal zertifiziert, erwerben die Bürger das Recht, an allen politischen Aktivitäten teilzunehmen. Das Alter ist nicht länger eine Bedingung für die Stimmabgabe. Es ist durchaus möglich, dass Jugendliche mit einem vernünftigen Verständnis hart arbeiten und das Wahlrecht lange vor dem Alter von 16 Jahren erwerben. Bei Personen mit mangelnder Fähigkeit zum logischen Denken oder einfach nur aus Faulheit, berechtigt die Volljährigkeit nicht automatisch zum Wählen. Dennoch ist es wichtig zu betonen, dass dieses Zertifikat keine Voraussetzung dafür ist, dass die Bürger im Genuss der institutionellen und anderen anwendbaren Menschenrechte kommen.

In derzeitige Systeme ist den meisten erwachsenen Bürgern, die weiter lernen möchten, der Zugang zur Hochschulbildung aufgrund begrenzter Ressourcen verwehrt. Laut Statistiken der Vereinten Nationen[8] beträgt selbst in den entwickelten Ländern die Ausbildungsdauer pro Kopf nur 12 Jahre, was den Fortschritt von Wissenschaft, Technologie und Kultur begrenzt. Tatsache ist, dass Wissenschaft und Technologie bereits heute in der Lage sind, eine große Zahl von Arbeitskräften, von Arbeitsplätzen auf niedrigem Niveau zu befreien und sie in die Lage zu versetzen, besser zu studieren und zur Entwicklung der Zivilisation beizutragen. Das Haupthindernis für diese Transformation ist wirtschaftliche Gründe: der Einsatz teurer High-Tech-Ausrüstung als Ersatz für billige, sich wiederholende Arbeit durch gering qualifizierte Arbeitskräfte macht in der heutigen Marktwirtschaft keinen Sinn. Darüber hinaus würde dies nach derzeitigen Regeln, der sozialen Verteilung, sogar eine direkte Bedrohung für das Leben schlecht ausgebildeter Arbeitnehmer darstellen. Daher muss sich das soziale Verteilungsmodell ändern, um gering qualifizierten Arbeitnehmern wirtschaftliche Sicherheit zu bieten, damit sie lernen und zu wertvolleren humanen Ressourcen für Wirtschaft und Gesellschaft aufsteigen können. Und die, durch diese Transformationen verursachte Lücke der Arbeitskräfte, wird es rentabel machen, diese sich wiederholenden, nicht mehr billige Arbeiten auszuführen und durch moderne Technologie zu ersetzen. Auf diese Weise bildet sich ein Erfolgskreis, der von unten nach oben, kontinuierlich die Verbesserung der Belegschaft fördert und diesen Prozess in der Gesellschaft zirkulieren lässt. Da die erwerbstätige Bevölkerung am unteren Ende der Skala in der Regel am zahlreichsten ist, wird dieser Weg der Freisetzung menschlicher, intellektueller Fähigkeiten der wirtschaftlichste und effizienteste sein.

Der plötzliche Mangel einer großen Menge von Arbeitsplätzen am unteren Ende, wird der Wirtschaft und Gesellschaft zweifellos schaden. Die Belohnung für das Lernen, sollte also in der ersten Phase sehr niedrig ausfallen, dann im weiteren Verlauf des Prozesses, allmählich ansteigen und schließlich das ideale Gleichgewicht zwischen Produktivität und Lernen am Arbeitsplatz erreichen. Eines Tages wird die Produktivität der Gesellschaft so effizient sein, dass nur wenige Arbeiter in der Lage sein werden, genügend Material für die gesamte Gesellschaft zu produzieren, und die Mehrheit der Bevölkerung wird lebenslang studieren und forschen. Der Mensch wird das tun, was er am besten kann und wozu Maschinen nicht in der Lage sind, sich etwas vorzustellen und zu erschaffen.

Das Recht auf Wissen

Letztendlich geht es bei der Entscheidungsfindung darum, die Informationen zu verarbeiten: die Situation zu verstehen, indem man die Informationen sammelt und interpretiert, sie analysiert, um die Erwartungen der Ergebnisse für verschiedene Pläne und Szenarien festzulegen, und schließlich eine Entscheidung zu treffen, sei es in persönlichen Angelegenheiten oder in der nationalen Politik. Wer die Bereitstellung von Informationen kontrolliert, kontrolliert auch das Ergebnis von Entscheidungen. Für die Betroffenen und die Umsetzung, bestimmen die Informationen auch weitgehend ihre Anwendungen und Reaktionen und folglich auch die Endergebnisse. Für die Politik ist der Vorteil der Information, eine mächtige Ergänzung zur Gewalt; ihre Stärke ist oft viel wichtiger als bloße Gewalt. In einem autokratischen Regime hängt die Kontrolle der Entscheidungsgewalt durch den Herrscher in erster Linie von der Gewalt ab, und eine mächtige Informationskontrolle macht die

Regierungsführung einfacher und effizienter. In der Ära der Demokratie wird die Bedeutung von Gewalt in der Regierung relativ geschwächt und krönt die Information zum wahren Meister der Macht. Informationsmanipulatoren verbergen diese Tatsachen sorgfältig, damit sie ihre Privilegien im Verborgenen genießen können. Mit ihren komplizierten Netzwerken von Nachrichtenmedien füttern sie die Menschen mit Desinformation und veranstalten Konfrontations- und Debattenspektakel unter den Politikern, die sie hervorbringen, die so falsch sind, wie professionelles Wrestling. All diese Unterhaltungstricks dienen nur einem Zweck: dem Publikum die Illusion zu vermitteln, dass sie Zeuge und Richter der Wahrheit sind, und dabei zu ignorieren, dass sie Opfer manipulierter Information sind. Denn in Wirklichkeit ist das sehr unschön; Regierungen benutzen sogenannte Staatsgeheimnisse als Entschuldigung, um sie der Öffentlichkeit zu verbergen. Zu diesem Zeitpunkt ist die Entscheidungsfindung völlig von ihrem Ideal und ihrer ursprünglichen Absicht abgewichen und zu einem trendigen Rauschmittel geworden. Solange der Manipulator die „richtigen" Informationen in die Köpfe der Menschen einflößt, können sie jede Entscheidung, die sie wollen, von der Demokratie erhalten. Das so genannte Demokratie Niveau der Länder ist in Wirklichkeit die Bewertung ihrer Fähigkeiten zur Vermittlung der Informationen in Form von Theater und Infusion. Jetzt, da Informationen so wichtig sind, ist das Recht auf Wissen der Eckpfeiler der Authentizität der Demokratie und eines der wichtigsten institutionellen Menschenrechte der Mikrodemokratie. Jede Tarnung, jeder Betrug oder jede Vertuschung muss in einer wirklich demokratischen Gesellschaft als ein unerträglich schweres Verbrechen behandelt werden.

Streng genommen ist nichts Falsches daran, Ideen an das Volk zu verkaufen. Ehrliche Überzeugungsarbeit und Debatten können den Menschen helfen, unterschiedliche Perspektiven besser zu verstehen und fundierte Urteile zu fällen. Die absichtliche Verschleierung und Verbreitung falscher Informationen, ist jedoch ein Akt der Bosheit, was ein ganz anderer Fall ist. Leider sind die beiden oben genannten

Verhaltensweisen unter bestehenden, politischen Bedingungen identisch. Nur mit radikalen Veränderungen, die den Bürgern absolute Macht über Informationen garantieren, kann das Volk die Wahrheit bewahren.

Im Rahmen des mikrodemokratischen Systems ist die Regierung verpflichtet, alle öffentlichen Informationen ohne Bedingungen oder Vorbehalte und in proaktiver Weise zu verbreiten. Es gilt als Verbrechen, wenn Regierungsbeamte öffentliche Informationen absichtlich oder fahrlässig verschweigen, manipulieren oder unterlassen. Die Anforderungen an die Authentizität von Informationen beschränken sich jedoch nicht nur auf Beamte, sondern auch auf normale Bürger. Wenn der Herausgeber nur versehentlich fehlerhafte Informationen preisgibt, ist er verpflichtet, diese offen zu berichtigen, sobald er Kenntnis von den genaueren Informationen erhält. Darüber hinaus müssen Informationen, die über formelle Kanäle veröffentlicht werden, klar in Spekulationen, Meinungen und so weiter eingeteilt werden, um ungenaue Interpretationen durch das Publikum zu vermeiden.

In der heutigen Gesellschaft werden bekannte Nachrichten Organisationen und Informationsplattformen häufig von den herrschenden Klassen und speziellen Interessengruppen, mit administrativen und finanziellen Mitteln kontrolliert und monopolisiert. Sie nutzen dieses Instrument, um den Menschen eine überwältigende Menge an Informationen und Meinungen einzuflößen. Diese Informationen sind nicht nur stark verzerrt, sondern auch völlig irreführend. Selbst wenn die Informationen gelegentlich korrekt sind, können sie falsch dargestellt werden und letztendlich zu Fehlinterpretationen führen. Um solche Auswirkungen zu minimieren, kann ein neutrales offizielles Indexsystem der Informationen, der Öffentlichkeit helfen, sich vollständige Informationen zu beschaffen und ihre Quellen zurückzuverfolgen. Darüber hinaus kann ein offizieller Kanal für die Entscheidungsfindung allen Beteiligten eine Plattform für die öffentliche Kommunikation bieten, insbesondere für diejenigen, die im Hinblick auf den Einfluss der Medien benachteiligt sind. Zum

Beispiel hat die Regierung von *Vianland* eine offizielle Website zur Unterstützung der demokratischen Entscheidungsfindung, welche dem Hauptsprecher für jede Abstimmungsoption ermöglicht, ein Video von bis zu 20 Minuten und 20 Seiten Text sowie Grafiken hochzuladen, um für ihre Sicht zu werben.

Wenn alle obig genannten, institutionellen Menschenrechts Organisationen zusammenarbeiten, werden sie die besten Ergebnisse erzielen, die soziale Gleichstellung und den sozialen Nutzen maximieren und qualitativ hochwertige Entscheidungen ermöglichen. Doch selbst wenn es nur einem Teil dieser institutionellen Menschenrechte ausgestattet ist, übertrifft ein Land mit einer Mikrodemokratie die heutigen repräsentativen Demokratien, in Bezug auf das Glück und Wohlergehen der Menschen bei weitem. Nach obiger Analyse können die derzeitigen, wissenschaftlichen und technologischen Fähigkeiten und der materielle Wohlstand, alle institutionellen Menschenrechte angemessen unterstützen. Plötzlich auftretende, vorübergehende Krisensituationen, die zu Verlusten an sozialen Grundlagen oder zu massivem Konsum führen, können jedoch ihre Fähigkeit zur Aufrechterhaltung der Gesamtheit der institutionellen Menschenrechte beeinträchtigen, was bedeutet, dass einige Menschenrechte vorübergehend ausgesetzt oder eingeschränkt werden müssen. Oder, als Folge bestimmter Extremfälle wie Krieg, müssen einige institutionelle Menschenrechte vorübergehend geopfert werden, um diejenigen von größerer Bedeutung zu schützen.

Zum Beispiel kann in Kriegszeiten eine enorme Menge sozialer Grundlagen durch die Kriegsvorbereitung benötigt werden, was die Rechte auf persönliches Existenzminimum und persönliche Gegenstände beeinträchtigen kann. Darüber hinaus können die Mobilisierung und der Einsatz für den Krieg das Recht einschränken, über persönliche Angelegenheiten und die Freiheit der Migration zu entscheiden. Um bei militärischen Operationen erfolgreich zu sein, ist in der Regel ein großer Spielraum für Geheimhaltung und Täuschung erforderlich, um den Feind zu verwirren, was zur Aufhebung des Rechts des Volkes auf Wissen führt. Andere Beispiele sind die

Einschränkung der Bewegungsfreiheit von Menschen über Regionen hinweg, im Falle einer Pandemie oder die Einschränkung der persönlichen materiellen Rechte, im Falle einer schweren Naturkatastrophe. Es ist nicht schwer vorstellbar, dass im Falle einer Krise, wie oben erwähnt auch das Recht auf Bildung vorübergehend ausgesetzt wird, da die Arbeitskräfte in den Kämpfen zur Verteidigung des Landes und von Menschenleben eingesetzt werden. Tatsächlich wären in den meisten kritischen Situationen nicht nur die Menschenrechte beeinträchtigt, sondern auch der Entscheidungsmechanismus, der auf kollektive oder sogar autokratische Weise vorübergehend geändert werden kann. Indem das Prinzip der individuellen Priorität beiseitegelegt wird, kann die Nation auf kollektive Vorteile zurückgreifen, um unmittelbare Bedrohungen zu überwinden.

Das mikrodemokratische System muss Mechanismen vorbereiten, die verhindern, dass Krisen unnötig entstehen, andauern und sich ausweiten und die wirtschaftliche Grundlage der freien Gesellschaft schützen. Wenn Krisen auftreten, muss sie auch sehr vorsichtig mit jenen Maßnahmen sein, welche die institutionellen Menschenrechte einschränken. Ziel ist Mechanismen zur Wiederherstellung zu priorisieren, damit die Gesellschaft nach der Krisenbewältigung automatisch, zuverlässig und leicht zu ihrem normalen Zustand der Mikrodemokratie gelangt. Eine solche Gestaltung ist einer der zentralen Inhalte der mikrodemokratischen Verfassung und obligatorischer Bestandteil der staatsbürgerlichen Grundbildung.

Wenn vorübergehende Einschränkungen organisiert werden, um institutionelle Menschenrechte durchzusetzen, gibt es darüber hinaus ein Grundprinzip: die sekundären, institutionellen Menschenrechte opfern, um den kritischsten Vorrang zu geben. Die institutionellen Menschenrechte lassen sich aufgrund ihrer Bedeutung in drei Prioritäten eingestuft werden:

Erste Priorität:

- Persönliche Sicherheit und Freiheit
- Entscheidungsbefugnisse in Bezug auf persönliche Angelegenheiten
- Recht auf Wissen

Zweite Priorität:

- Persönliches Wohnraumbedarf
- Persönliches Eigentum

Dritte Priorität:

- Bildung und Arbeit
- Migrationsfreiheit

Am Beispiel von *Vianland* sieht legt die Verfassung vor, dass im Falle größerer sozialer Krisen, vorübergehende Einschränkungen der mikrodemokratischen Entscheidungsmechanismen und der institutionellen Menschenrechte nur durch Resolutionen genehmigt werden können, die von allen Menschen angenommen werden. Die maximale Gültigkeitsdauer für solche Resolutionen beträgt drei Monate. Jede Verlängerung muss erneut durch ein Votum der gesamten Bevölkerung genehmigt werden, jeweils mit einer Höchstdauer von drei Monaten. Auch die institutionellen Einschränkungen der Menschenrechte sollten auf ein Minimum beschränkt und in einer Rangfolge von unten nach oben gewählt werden. Insbesondere sollte das Recht auf Wissen nicht eingeschränkt werden, außer in Kriegszeiten. Nach Ablauf der Gültigkeitsdauer sollten die mikrodemokratischen Mechanismen und die institutionellen Menschenrechte automatisch vollständig wiederhergestellt und alle Informationen, die während der Kriegszeit als vertraulich eingestuft wurden, veröffentlicht werden.

Kapitel 5

Das Gesetz

Gesetze sind soziale Verhaltensgrundsätze, die von politischen Autoritäten mit Nachdruck aufrechterhalten werden. Sie lassen sich in drei Kategorien einteilen:

1. Unterdrückende Verhaltensanforderungen, die den Willen der herrschenden Gruppe widerspiegeln
2. Soziale Konventionen sind natürlich von den gemeinsamen Werten der Massen abgeleitet
3. Neutrale, technische Protokolle

Im Allgemeinen ergänzen die beiden letzteren die Wünsche und Interessen der Menschen. Daher sind die meisten Menschen bereit, diese anzuerkennen, zu respektieren und sich zu fügen. Im Gegenteil, wird unweigerlich Widerstand gegen diese unterdrückenden Verhaltensanforderungen geleistet werden. Je größer der Anteil dieser unterdrückenden Forderungen im Gesetz ist und je härter diese sind, desto heftiger wehrt sich die Öffentlichkeit, umso mehr hängt die Regierung von Strafverfolgungsbehörden ab. Das Ausmaß und die Stärke der Zwangsjustiz steht in einem positiven Verhältnis zum Anteil repressiver Bestimmungen der Gesetze. Auf dieser Grundlage können die Menschen im Allgemeinen auf den Entwicklungsstand und die Authentizität der Demokratie für eine bestimmte Nation schließen.

In einer idealen Gesellschaft sind Gesetzgebung und öffentliche Meinung sehr harmonisch, und die Menschen halten sich spontan an das Gesetz. Die Kräfte, die solche Gesetze unterstützen, sind das Wohlergehen der Menschheit, der Sinn für Gerechtigkeit, das Schamgefühl, und die Zwangsgewalt der Justiz steht an zweiter Stelle. Aber dies geschieht erst, nachdem die erste Kategorie obig erwähnter Gesetze beseitigt wurde. Genau das ist in der Mikrodemokratie der

Fall. Da alle Bürgerinnen und Bürger direkt wählen können, gibt es keinen Platz mehr für die Eliteklasse in der politischen Struktur, und daher werden diese unterdrückenden Verhaltensregeln, die als erste Kategorie von Gesetzen definiert sind, mit den herrschenden Elitegruppen verschwinden.

Das Streben nach sozialem Nutzen bestimmt die Kausalität zwischen der allgemeinen, öffentlichen Meinung und den gesetzlichen Bestimmungen. Die zweite Kategorie von Gesetzen wird dann die Mehrheit der allgemeinen Gesetze in einem mikrodemokratischen Land ausmachen. Da Konventionen des Sozialverhaltens dazu neigen, sich spontan und dynamisch zu bilden, folgen sie bestimmten Lebenszyklen. Die Unterschiede von Konventionen in verschiedenen Regionen, Kulturen, Bräuchen und Religionen sind unvermeidlich. Die Regeln zusätzlicher Wahlen in Verbindung mit der Personenfreizügigkeit ergeben die charakteristische, regionale und die Dynamik dieser Gesetze. Dies ist genau das Gegenteil der und Einheit, die wir in modernen, nationalen Rechtssystemen sehen; es ist auch der Hauptunterschied zwischen den Rechtssystemen der Mikrodemokratie und denen des zuvor genannten Systems.

Mikrodemokratische Verfassungen sind das offensichtlichste Beispiel für die Gesetze der dritten Kategorie. Sie bestehen aus neutralen, technischen Protokollen mit zwei Hauptteile: der erste Teil befasst sich mit dem Schutz der institutionellen Menschenrechte, der garantiert, dass Entscheidungsträger ihren Willen unabhängig und authentisch in demokratischen Aktivitäten zum Ausdruck bringen können. Der zweite Teil befasst sich mit demokratischen Verhaltensregeln, die gewährleisten, dass die Entscheidungsfindung geordnet und produktiv abläuft. Gemeinsam bilden sie eine demokratische Entscheidungsplattform, die absolut neutral ist. Sie setzt weder Inhalte voraus, noch greift sie in Schlussfolgerungen ein und maximiert die Selbstbestimmung der Bürger. Für beide Parteien sind das *Gesetz zum Schutz der institutionellen Menschenrechte* und das *Gesetz über demokratische Entscheidungsfindung*, die beiden wichtigsten Gesetze der Verfassung des mikrodemokratischen Systems.

Die dritte Kategorie von Gesetzen umfasst auch andere Betriebsprotokolle und technische Vorgaben, welche das tägliche Leben regeln, wie zum Beispiel Transportgesetze, Vertragsgesetze, Währungsgesetze, Bildungsgesetze, Gesetze zur öffentlichen Sicherheit und so weiter. Sie gelten für alle Bürger bundesweit und werden daher als Allgemeines Bundesgesetz oder kurz Bundesgesetz bezeichnet. Aufgrund dessen großen Einflusses und der Notwendigkeit einer hohen Stabilität, sollten die Inhalte auf das notwendige Minimum beschränkt werden und eine neutrale Position einnehmen, um die Häufigkeit von Änderungen zu reduzieren.

Eine weitere kritische Ausgestaltung des mikrodemokratischen Rechtssystems ist die Trennung der Definitionen von Rechtsklauseln und Sanktionen. Nehmen Sie die Verfassung und die Bundesgesetze als Beispiele; ihre Gesetzesartikel legen fest, welche Handlungen obligatorisch und verboten sind, lassen aber die Strafen für Verstöße aus. Dies liegt daran, dass die konzeptionellen Merkmale von Handlungen relativ eindeutig und unverändert sind, worauf die Gesetze ausgerichtet sind, doch die Strafbestimmungen n viele, detaillierte Überlegungen, wie komplizierte Einstufungen von Verletzungen, Überzeugungskriterien und Vorgaben zur Verurteilung. Die Trennung der relativ einfachen Definition von Handlungsmerkmalen und der langwierigeren und unbeständigeren Bestrafungsmethoden wird die Verwaltung und Anwendung der Gesetze erleichtern. Nach diesem Entwurf wird jedes Gesetz mit einer entsprechenden Strafrichtlinie, als ergänzendes Dokument gekoppelt, was anhand von mikrodemokratischem Verfahren unabhängig revidierbar ist. So wird es beispielsweise für Verfassungsgesetze eine Strafrichtlinie *für das* Recht auf *institutionellen* Schutz der *Menschenrechte* und eine Strafrichtlinie *für das* Recht auf *demokratische Entscheidungsfindung* als ergänzende Dokumente geben. Dieselbe Regel gilt auch für andere Gesetze. Beispielsweise wird es für den *Verkehr* eine Strafrichtlinie *für das* Verkehrsgesetz geben.

Die Strafrichtlinien bestimmen die Kriterien für eine Verurteilung sowie die Strafen für Verstöße fest. Diese Strafen können als spezifisch und fest oder als variable Auswahl definiert werden. Wenn es sich um ein Bereich handelt, können weitere Änderungen vorgenommen werden, durch die örtliche Gesetzgebung in jeder Teilregion, wobei ein eingegrenzter Strafbereich festgelegt wird. So wird beispielsweise der Inhalt der Verfassung und nationaler Gesetze, deren Strafrahmen auf nationaler Ebene, von der gesamten Bevölkerung des Landes formuliert. Da der Inhalt in Teilregionen unantastbar bleibt, können die Menschen die Strafen auf regionaler Ebene immer noch anpassen und verfeinern, aber die lokalen Strafgrundlagen werden jedoch niemals im Widerspruch stehen, mit denen auf nationaler Ebene.

In *Vianland* erklärt die Strafrichtlinie für das Recht auf Schutz Institutioneller Menschenrechte, auf nationaler Ebene die Kriterien für die Verurteilung und Strafen für das Verbrechen von Diebstahl: der Diebstahl von persönlichen Gegenständen im Wert von 1.000 bis 10.000 Dollar wird mit 7 bis 180 Tagen Gefängnis bestraft. In Regionen, in denen es keine weiteren Änderungen gibt, können die Strafen für solche Verbrechen überall, innerhalb dieser Bandbreite liegen. In einer Teilregion A hat die örtliche Bevölkerung aufgrund religiöser und kultureller Einflüsse einen starken Groll gegen solche Verbrechen. Durch das mikro-demokratische Verfahren können Einzelpersonen einen Änderungsantrag veröffentlichen: *Leitfaden zur Kriminalisierung des* Gesetzes zum Schutz der Menschen - *Revision für die Region A*. In dieser Revision wurde der Strafrahmen auf 90 bis 180 Tage festgelegt. Das bedeutet, dass für ein solches Verbrechen in dieser Region die Mindeststrafe auf 90 Tage Gefängnis erhöht wird. Darüber hinaus gibt es auf dem Gebiet der Region A eine A1-Stadt mit guten wirtschaftlichen Bedingungen. Da 10.000 Dollar für die Einheimischen ein relativ kleiner Betrag ist, beschließen die Menschen, die Strafe von 90 Tagen bis 120 Tagen, mit einem neuen rechtlichen Dokument zu revidieren: Leitlinien zum *Strafrecht für das Gesetz zum institutionellen Schutz der Menschenrechte - Revision für die Stadt A1*. Damit wird die Höchststrafe für solche Verbrechen herabgesetzt. Die Mindeststrafe bleibt jedoch unverändert, um

Konflikte mit dem für die Region A festgelegten Standard zu vermeiden. Wie in den Beispielen gezeigt wird, verringern sich die Strafnormen, wenn die Regionen kleiner werden, so dass die Menschen die Kontrolle über die Strafmaßnahmen des Gesetzes behalten.

Nebst Verfassung und d Bundesgesetze, kann jede Region ein *Gewohnheitsrecht*, kurz *Regionalgesetz*, erlassen. Regionale Gesetze werden in zwei Kategorien unterteilt: regionale Menschenrechte und lokale Verwaltungsvorschriften.

Im Vergleich zu institutionellen Menschenrechten zeichnen sich die Menschenrechte vor allem durch ihre Relativität und unbeständige Natur. Zum Beispiel können wirtschaftlich entwickelte Regionen durch die Verabschiedung regionaler Menschenrechte, einen höheren Standard an finanzieller Unterstützung gewähren, bessere Arbeitsbedingungen, weniger Arbeitsstunden, mehr Urlaub und so weiter. Solche Standards können für andere wirtschaftlich unterentwickelte Regionen zu kostspielig sein. In Situationen wirtschaftlicher Rezession oder bei Naturkatastrophen sind diese entwickelten Regionen jedoch unter Umständen auch nicht in der Lage die Menschenrechte, die sie einst gewährten, aufrechtzuerhalten. In anderen Fällen können sich einige Menschenrechte aus religiösen Traditionen und Bräuchen ergeben. Wenn sich das soziale und kulturelle Umfeld verändert, entsteht die Notwendigkeit, die entsprechenden Menschenrechte zu reformieren. Für die obig genannten Situationen bietet der mikrodemokratische Entscheidungsprozess eine Lösung, um die dynamische Anpassung der Menschenrechte zu normalisieren.

Die durch regionale Gesetze gewährten Menschenrechte können in jeder Region und auf jeder Ebene geändert werden. Im Gegensatz zur Top-Down-Regel und dem reduzierten Strafrahmen können die Menschenrechte in Regionen auf niedrigerer Ebene die Standards nur verbessern oder die Reichweite von Regionen auf höherer Ebene erweitern, nicht aber verschlechtern. Wenn zum Beispiel die Region B in *Vianland* die Fünf-Tage-Woche eingeführt hat, dann können die

Einwohner in der ihr untergeordneten Stadt B1 wählen, ob sie die Standards auf vier Arbeitstage pro Woche einzuführen oder ihre Standards erweitern, um die tägliche Arbeitszeit zu begrenzen. Diese Stadt kann jedoch die Menschenrechte nicht in Konflikt mit ihren übergeordneten Regionen bringen, wie zum Beispiel jene, die den Standard auf sechs Arbeitstage pro Woche anheben.

Ähnlich Bundesgesetze, folgen auch die regionalen Gesetze dem Prinzip der Trennung des Inhaltes der Rechtsklausel und der Strafen. Die Strafen können auch unabhängig nach mikrodemokratischen Verfahren überprüft werden, und auch hier muss der Strafrahmen der Regionen unterer Ebene, innerhalb des Rahmens der höheren Ebenen liegen.

Regionale Gesetze sollten in keiner Weise im Widerspruch zur Verfassung und den Landes Gesetzen in Konflikt geraten, einschließlich der Art und Weise, wie sie Strafen formulieren. Beispielsweise verletzen kriminelle Handlungen, die gegen Verfassungsgesetze verstoßen, die institutionellen Menschenrechte der Bürger oder gefährden die Institutionen, die sie schützen (wie das zentrale System der Mikrodemokratie). Nach dem Prinzip der allgemeinen Gleichwertigkeit und Verhältnismäßigkeit soll sich die Strafe auch gegen die institutionellen Menschenrechte der Täter richten, die in der Regel in der Freiheitsberaubung, das heißt in der Inhaftierung, besteht. Für Handlungen, die nur gegen die Menschenrechte verstoßen, sollten die Übertreter jedoch nicht bestraft werden, indem ihnen ihre institutionellen Menschenrechte, welche durch die Verfassung geschützt sind, entzogen werden. Um diese Situation zu vermeiden, sollten die Strafen in den regionalen Gesetzen auf die Verfolgung nicht-institutioneller Menschenrechte beschränkt werden, in der Regel in Form von finanziellen Sanktionen, wie Geldstrafen oder der Aberkennung lokaler Menschenrechte.

Die unterschiedlichen Funktionen der institutionellen Menschenrechte und der Menschenrechte bestimmen den unterschiedlichen Status der Gesetze, denen sie entsprechen. Nationale Gesetze spielen eine wichtigere Rolle für das Funktionieren des mikrodemokratischen Systems und sollten daher von der

Regierung und der Justiz durch proaktive, rechtliche Maßnahmen strikt durchgesetzt werden: jeder Verstoß sollte bedingungslos verfolgt werden. Was die regionalen Gesetze anbelangt, so können die Anwohner entscheiden, wie sie diese Gesetze anwenden: entweder als Strafverfahren, was von der örtlichen Justiz eingeleitet wird, oder als Zivilklage vor Gericht.

Im heutigen zivilrechtlichen System[1] und im Seerecht[2] sind die Grundsätze für die Feststellung von Straftaten unterschiedlich. Die erste betont die Auslegung von Rechtstexten und bemüht sicherzustellen, dass das Urteil die ursprüngliche Absicht der Gesetzgeber genau widerspiegelt; die zweite betont Verweise auf frühere Präzedenzfälle, um rechtliche Einzelheiten zu ergänzen und verbessern, so dass die Maßstäbe zur Verurteilung gerecht und einheitlich sind. Im Allgemeinen spielt bei neu erlassenen Gesetzen aufgrund des Mangels an früherer Rechtsprechung die Auslegung der Gesetze eine wichtigere Rolle. Wenn jedoch die gesetzlichen Bestimmungen nicht eindeutig sind, führen unterschiedliche Auslegungen zu Inkonsistenzen oder sogar Widersprüchen. Bei Gesetzen, die vor langer Zeit erlassen wurden, ist daher im Allgemeinen gerechter, auf Präzedenzfälle zu verweisen. Dennoch wird diese Irrationalität, sobald unvernünftige Präzedenzfälle für bestimmte Situationen geschaffen werden, auf spätere Fälle vererbt, wodurch überholte und manchmal lächerliche Konventionen entstehen.

Das mikrodemokratische System ermöglicht dem Volk, aktiver und häufiger Gesetze zu schaffen, zu überprüfen und aufzuheben. Dadurch wird die Gültigkeit der Rechtsfassung relativ kürzer und die Zahl der Präzedenzfälle relativ geringer. In diesem Fall ist die Auslegung von Rechtstexten in der Regel die erste Option für die Behandlung von Fällen. Selbst wenn der Gesetzestext also mehrdeutig ist, können akkumulierte Präzedenzfälle dennoch helfen. Sobald das Gesetz jedoch reformiert ist, sollten die gegen die Vorgängerversion angesammelten Präzedenzfälle verworfen und neu aufgerollt werden. Diese Regel bietet den Bürgern eine wirksame Möglichkeit, unzulängliche rechtliche Präzedenzfälle zu berichtigen. Wenn die Menschen entdecken, dass die Präzedenzfälle von der ursprünglichen Absicht der Gesetzgebung abweichen, absurd werden oder nicht mehr die öffentliche Meinung widerspiegeln, können die Menschen dann durch mikrodemokratische Verfahren Änderungen einleiten und eine neue Version herausgeben.

Die Stabilität und die allgemeine Gültigkeit von Gesetzen helfen den Menschen bei ihrer langfristigen Planung, aber auch bei der genauen Vorhersage der Folgen ihres eigenen Handelns und des Verhaltens anderer. Die Bedeutung der Stabilität wird jedoch überbewertet und oft von herrschenden Klassen und Interessengruppen genutzt, um die bestehende Ordnung, was äußerst schwierig macht, diese unangemessenen und veralteten Regeln zu ändern und zu verbessern. Diese Stabilität schafft auch die Illusion, dass diese künstliche Ordnung so absolut und unanfechtbar wie die Naturgesetze. Unter dieser Illusion werden die Menschen dazu gebracht, dem Status quo nachzugeben, auch wenn dieser weit von ihrem Willen oder ihren Interessen entfernt sein mag. Auf der anderen Seite versuchen die Menschen, die Allgemeingültigkeit der Gesetze zu nutzen, um verschiedene soziale Ideen und Bräuche gleichermaßen zu integrieren, aber das Ergebnis ist entweder, dass die dominante Gemeinschaft andere Minderheiten zur Unterwerfung zwingt oder dass alle Gemeinschaften nachgeben. Obwohl es schwierig ist, diese Probleme vollständig zu vermeiden, kann eine elegante Gestaltung der hierarchischen Vielfalt dazu beitragen, sie erheblich zu reduzieren.

Mikrodemokratische Rechtssysteme tauschen den sozialen Nutzen gegen den Preis einer reduzierten Stabilität und Allgemeingültigkeit. Theoretisch scheint dies die Fähigkeit der Menschen zu beeinflussen, die Ergebnisse von Verhaltensweisen vorauszusehen und langfristige Pläne zu schmieden. Tatsächlich wird sie die Aufmerksamkeit der Menschen von den gesetzlichen Bestimmungen wieder auf den Ursprung der Gesetze lenken: den Willen des Volkes. Obwohl Gesetze (vor allem regionale Gesetze) tendenziell häufiger überarbeitet werden, sind Gesetzesänderungen daher nicht wirklich unvorhersehbar. Da Gesetze die Werte und Wünsche der Menschen unverfälschter widerspiegeln, können in der Gesellschaft lebende Individuen, immer die allgemeine Ausrichtung der Gesetze aus den umliegenden sozialen Beziehungen und Aktivitäten abwehren. Darüber hinaus zeigt der Vorteilsradius der Wahlen der Siegerseite, bei der Verabschiedung eines Gesetzes durch Abstimmung, direkt die Schwierigkeit und die Möglichkeit an, das Gesetz aufzuheben oder zu revidieren, so dass die Menschen das Ausmaß seiner Stabilität ziemlich genau einschätzen können. Gesetzeslücken werden schneller gefunden und behoben, wodurch das spekulative Verhalten abnimmt.

Die Gesetzesänderungen betreffen auch die Strafverfolgung von Taten in der Vergangenheit. Als allgemeine Regel gilt, dass sie nicht bestraft werden sollten, wenn das rechtliche Verhalten des alten Gesetzes vor dem Inkrafttreten des neuen Gesetzes erfolgte, unabhängig davon, ob sie gegen das neue Gesetz verstoßen haben oder nicht. In einigen Fällen können die Regierungsstellen während der Schonfrist, vorbeugende Maßnahmen gegen Handlungen ergreifen, die zu Verstößen gegen das neue Gesetz führen würden. Solche Maßnahmen sollten jedoch immer auf präventive und nicht auf zwingende Maßnahmen beschränkt sein, anstatt zu versuchen, Strafen zu verhängen, bevor das neue Gesetz in Kraft tritt.

Für die Mikrodemokratie sind Politikgestaltung und Rechtsetzung gleichwertig. Die Bürger verwenden dieselben Instrumente und denselben Prozess, um Entscheidungen darüber zu fällen. Das Informationssystem der Mikrodemokratie bietet den gleichen, zusätzlichen Nutzen in Bezug auf die Prozesskostenhilfe.

Um den Bürgern bei der Bewältigung von Gesetzesänderungen zu helfen, bietet das Informationssystem der Mikrodemokratie zahlreiche Dienste an, zum Beispiel Benachrichtigungen, Vorhersagen möglicher Auswirkungen, Empfehlungen zur Lebensplanung der Bürger etc. Wenn Bürger zwischen Regionen reisen, bietet das System auch regionale Rechtsvergleiche und Erinnerungen an regionale Gesetze.

Wenn der Sachverhalt unstrittig ist, kann das System die Gerichtsentscheidungen und deren Vollstreckung automatisieren. Dies werden die Gerichtskosten für die Bürger erheblich reduzieren.

Da die Mächtigen nicht mehr über große, rechtliche Ressourcen verfügen, ist es wahrscheinlicher, dass soziale Ungerechtigkeit reduziert und verhindert wird. Es ist jedoch hervorzuheben, dass die Automatisierung der gerichtlichen Bearbeitung nur ein Hilfsmittel ist und keineswegs ein Ersatz für menschliche Urteile darstellt. Was rechtliche Entscheidungen anbelangt, so wird der Mensch immer die höchste Autorität haben; die automatisierten Urteile des Systems werden unter keine Umstände die endgültige Norm sein. Das Informationssystem der Mikrodemokratie ist auch der Kanal für Rechtsbehelfe und für den Schutz der Bürgerrechte. Wann immer eine der Parteien auf diesem Weg, Einwände und Berufung einlegt, muss der automatisch bearbeitete Fall durch humane Gerichtsverfahren neu gelöst werden.

Die gesetzlichen Bestimmungen sind vor allem für allgemeine Situationen formuliert und können recht abstrakt und allgemein gehalten sein. Sie entsprechen in der Regel den Erwartungen der Menschen in Bezug auf Verurteilungen und Strafen für häufige Verstöße. Unvermeidlich wird es immer Ausnahmen geben, wenn gesetzlich festgelegte Verurteilungen und Strafen deutlich von der Wahrnehmung und Zuneigung der Öffentlichkeit abweichen. In Bezug auf diese Art von „nachvollziehbaren, aber rechtswidrigen" Fällen, gibt es zwei gemeinsame Ansichten. Viele glauben, dass dies ein Preis ist, den eine Rechtsgesellschaft zahlen muss. Nur durch die Einhaltung der absoluten Autorität des Gesetzes und die Beseitigung sogenannter Ausnahmefälle, kann die Änderung der Ernsthaftigkeit der Regeln verhindert und Korruption vermieden werden. Aber viele andere argumentieren, dass Gesetze im Grunde genommen die Werte und Wünsche der Menschen widerspiegeln. Wenn die ursprüngliche Absicht der Rechtsvorschriften aufgrund von Fehlern in der Struktur oder im Wortlaut des Gesetzestextes nicht korrekt wiedergegeben wird, muss die wirkliche Absicht des Gesetzes geklärt und durch Korrekturen in Form von außerordentlichen Maßnahmen geregelt werden. Da obig genannte Ansichten ihre Vor- und Nachteile haben, wird im System der mikrorechtlichen Demokratie das Paradoxon mit demokratischen Mitteln elegant umgangen. Erstens werden Fälle mit klaren Fakten und einfacher Logik, fortschrittliche Automatisierung und Nachrichtendienste für die Verarbeitung eingesetzt. Die übrigen Instanzen, die menschliches Urteilsvermögen erfordern, müssen für das Volk so transparent wie möglich sein. Für bereits verurteilte Taten sind Begnadigungen oder Strafmilderungen in Ausnahmefällen zulässig. Aber dies hängt nicht mehr von Regierungsbeamten ab, sondern von den Entscheidungen des Volkes, über vorgeschlagene Berufungen, die im Rahmen des demokratischen Prozesses getroffen werden. Es liegt auf der Hand, dass die Kriterien für solche Einsprüche sehr streng sein müssen, um die Einmischung in die täglichen Handlungen der Justiz zu begrenzen. In *Vianland* zum Beispiel können die Bürgerinnen und Bürger als besondere Art von Vorschlag Berufung einlegen, um die Entscheidung eines gescheiterten Falls zu ändern, wobei die Ablehnungsrate bei 70% liegt und die Zustimmungsrate 90% ausmacht.

Im Idealfall sollte die Rechtsprechung der Gesetze strikt der Aufteilung der Verwaltungsregionen entsprechen, sodass die Politik und die Gesetze zwischen den Regionen übereinstimmen und gerecht sind. Insbesondere bei der Mikrodemokratie gibt es keinen grundlegenden Unterschied zwischen administrativen und legislativen Entscheidungen, so dass diese Einheit rational und auch unvermeidlich ist. Gleichzeitig muss die Verwaltungsregion ein Spiegelbild der tatsächlichen sozialen Zusammensetzung sein, das heißt diese muss bestimmte, gemeinsame öffentliche Meinungen widerspiegeln, welche in der Regel der etablierten, sozialen Gruppe in der Region entsprechen. Da die Zusammensetzung regionaler, gesellschaftlicher Gruppen an sich dynamisch ist, sollten sich auch angrenzende Verwaltungsregionen anpassen, um ihr zu folgen, sei es durch Grenzanpassungen, Zusammenschlüsse oder weitere Spaltung. Darüber hinaus lassen sich die herkömmlichen, sozialen Gruppen der breiten Masse auf dieser Ebene in verzweigte, soziale Gruppen unterteilen. Es kann auch sinnvoll sein, innerhalb dieser Regionen administrative, nachgeordnete Regionen einzurichten.

Aus praktischen Gründen sollten solche Anpassungen nicht so häufig erfolgen, um die Verwaltungs- und Justizbehörden zu schwächen oder die gesellschaftlichen Abläufe zu stören. Am Beispiel von *Vianland* müssen solche Änderungen die folgenden Bedingungen erfüllen, um zu einem gültigen Antrag zu werden:

Um eine Verwaltungsregion zu unterteilen oder eine untergeordnete hinzuzufügen, müssen alle diese Bedingungen erfüllt sein:

1. In jedem Gebiet mit einem Radius von 50 Kilometern oder mehr oder in jedem anderen zusammenhängenden Gebiet mit einer Fläche von 2.000 Quadratkilometern oder mehr, hat sich die Zusammensetzung der Bevölkerung um mehr als 30% verändert (durch Ankunft, Abreise oder natürliche Veränderung).
2. Die unmittelbare Verwaltungsregion auf höherer Ebene wurde in den letzten fünf Jahren nicht neu aufgeteilt.
3. Mehr als 50% der Bevölkerung der Region hat ausdrücklich eine Neueinteilung beantragt.

Um Verwaltungsregionen zusammenzuführen, sollten folgende Bedingungen erfüllt sein:

1. In den letzten zwei Jahren wurden nicht alle beteiligten Verwaltungsregionen neu aufgeteilt.
2. Mehr als 30% der Bevölkerung in jeder betroffenen Verwaltungsregion hat ausdrücklich eine Neueinteilung beantragt.

Die Anpassung der Grenzen benachbarter Verwaltungsregionen sollte in zwei Schritten erfolgen: teilen und dann wieder zusammenführen. Um ein Rechtslücke zu vermeiden, muss eine neue Verwaltungsregion zunächst den gesamten Rechtsbestand einer bestehenden Region erben und ihn dann, schrittweise durch demokratische Verfahren verbessern und verfeinern.

Angesichts der Überschneidung von Verwaltungsregionen und Rechtsordnungen ist es von entscheidender Bedeutung, dass ihr Personal enger, integrierter und unabhängiger arbeitet. In vielen der heutigen Regierungen, unabhängig davon, ob die beiden, obig genannten Rahmen in institutioneller Hinsicht, unabhängig oder nur dem Namen nach unabhängig sind, betreiben ihre Mitarbeiter eine stabile und enge Zusammenarbeit. Diese Art von stabiler und langfristiger Zusammenarbeit, verbessert die Effizienz zur Strafverfolgung. Es ist jedoch auch üblich, dass sich eine solche Allianz die Gerechtigkeit beeinträchtigt. Besonders in manchen Rechtsstreitigkeiten, wobei eine Seite aus Bürgern und die andere aus Verwaltungsbehörden oder Beamten besteht, neigen die Justizorgane aufgrund ihrer Verbindungen und Zusammenarbeit oft dazu, letztere zu bevorzugen, da der Versuchung der zur Teilung der Macht, oft nur schwer zu widerstehen ist.

Im Interesse zur Vereinheitlichung der Justiz und zur Vermeidung von Korruption, ist es klüger, das Rechtssystem unabhängig vom Verwaltungssystem zu betreiben, was bedeutet, dass im ganzen Land eine einheitliche Justiz aufgebaut werden muss, die das rechtliche Netz konsequent verwaltet und umsetzt. Dieses System wird gleichzeitig nationale und regionale Rechtsaufgaben erfüllen. Wenn sich Gesetze oder Verwaltungsregionen ändern, muss die Justiz aus diesem Grund in der Regel keine Änderungen interner Organisation oder des Personals vornehmen, sondern sie muss die anwendbaren Gesetze betroffener, juristischen Netzwerke aktualisieren und die neuen Anpassungen bei späteren, gerichtlichen Aktivitäten berücksichtigen. Obwohl manchmal dynamisch eingesetztes Personal erforderlich ist, um die Arbeitslast juristischer Aufgaben zu bewältigen, können selbst in diesem Fall, die regionale Zuständigkeit und die Netzwerkhierarchie stabil bleiben. Es ist denkbar, dass für bestimmte Strafverfolgungsbehörden möglich ist, in ihrem Zuständigkeitsbereich oder in rechtlichen Angelegenheiten, die neuesten Gesetze zu unterschiedlichen Zeiten durchsetzen zu müssen. Diese Art der Anpassung der Strafverfolgungsbehörden wird in der Mikrodemokratie zu einer regelmäßigen Praxis werden, und die

Anpassung solcher Änderungen wird zu einer Grundfertigkeit des Justizpersonals werden. Diese Situation gibt auch der Automatisierung eine aktivere Rolle, indem sie dazu beiträgt, die Gerechtigkeit und Unparteilichkeit zu verbessern, wobei menschliches Versagen bei juristischen Aktivitäten verringert werden.

Kapitel 6

Die Regierung

In der Mikrodemokratie erhalten die Bürgerinnen und Bürger die Entscheidungsgewalt von der Regierung zurück. Repräsentanten, Staatsoberhäupter, Parlamentsmitglieder oder Entscheidungsgremien der Regierung verlieren alle ihre Positionen im politischen System. Neue politische Führer, Polykonsultationsbüros und politische Parteien mag es noch immer geben, aber ihre Rolle wird zweitrangig und zu einem wirklich öffentlichen Dienst. Aufgrund offener und dynamischen Natur, sind sie nicht mehr Teil der Regierung und die Menschen werden schließlich wieder ins Rampenlicht rücken. Was die Regierung betrifft, so ist sie nicht mehr der Verfasser der Politik, sondern der Ausführende de öffentlicher Ordnung. Sie hat jedoch noch einige, wichtige Funktionen zu erfüllen:

Zunächst einmal sollte es eine *IT-Abteilung* geben. Seine Aufgabe wird sein, das zuverlässige Funktionieren der mikrodemokratischen Informationssysteme zu gewährleisten, was den Aufbau, den Betrieb und die Wartung der Informationssysteme, die Gewährleistung der regelmäßigen Dienste der Infrastruktur, die Verwaltung und Verteilung der persönlichen Geräte und die Unterstützung der Bürger bei der effektiven Nutzung der Ausrüstung für die Dienste des Mikrodemokratiesystems.

Zweitens ist die *Vollzugsabteilung* für die Verwaltung und Koordinierung der Umsetzung und Durchsetzung der Resolutionen zuständig. Sobald ein Beschluss erreicht ist, muss die Regierung unverzüglich das entsprechende Verfahren einleiten, um die Umsetzung zu planen, Personal und Ressourcen bereitzustellen und andere Abteilungen zu koordinieren. Auf dem Weg dorthin, muss die Regierung möglicherweise noch einige mikroskopisch, kleine Entscheidungen zur Implementierung treffen. Diese müssen der wahren Absicht entsprechend Beschlüsse erfolgen. Da solche

Entscheidungen nur Ergänzungen der ursprünglichen Resolution sind, sollte ihr Lebenszyklus immer dieser Beschlüsse abhängig sein und nie wirksam bleiben, nachdem die Ausführung bereits abgeschlossen ist.

Darüber hinaus braucht die Regierung ein Mechanismus zur Selbstkontrolle, die Offenlegung von Informationen und die Leistungsbewertung, damit die Bürger die Arbeit der Regierung genau beurteilen und rechtzeitig Rückmeldung geben können. Sie muss in der Lage sein, Situationen im Zusammenhang mit Fehlinterpretationen von Entscheidungen, Verzögerungen bei der Umsetzung, Änderungen des Umfangs bei der Ausführung etc. zu erkennen und zu berichtigen. Bei offensichtlich böswilligem Machtmissbrauch werden administrative und rechtliche Maßnahmen gegen die Verantwortlichen eingeleitet. All dies liegt in der Verantwortung der *Aufsichtsabteilung*.

Von den drei genannten Hauptabteilungen verfügt die Aufsichtsabteilung über größere Unabhängigkeit und Autorität. Am Beispiel von *Vianland* veröffentlicht die staatliche Aufsichtsbehörde monatliche Revisions- und Leistungsberichte für alle Regierungsabteilungen. Alle Personen geben Vertrauensvoten ab, um jedes Quartal, jede Regierungsabteilung zu bewerten. Wenn die Abteilung eine vierteljährliche Bewertung unter 30% oder zwei aufeinanderfolgende vierteljährliche Bewertungen unter 50% erhält, muss der Leiter der Abteilung entlassen werden. Für Abteilungen mit einer vierteljährlichen Besoldungsgruppe unter 10% oder zwei aufeinander folgenden vierteljährlichen Besoldungsgruppen unter 30% muss die obligatorische Umstrukturierung eingeleitet werden. Unter diesen Umständen darf der entlassene Abteilungsleiter fünf Jahre lang nicht dieselbe oder eine höhere Position besetzen und die reorganisierte Abteilung muss nicht weniger als die Hälfte ihrer Mitarbeiter ersetzen.

Das System der repräsentativen Demokratie nutzt drei Regierungszweige (Legislative, Exekutive und Judikative), welche als die drei Dreh- und Angelpunkte der Macht fungieren und sich gegenseitig einschränken, um Korruption zu verhindern. Da die Exekutive überwältigend stark ist, macht dies das so genannte Dreieck der „Gewaltenteilung"[1] so fragil, dass es oft zerstört werden kann. Dies ist jedoch nichts im Vergleich zum eigentlichen Problem: die wichtigste Macht für die Demokratie, das Volk, fehlt in diesem Entwurf. Im mikrodemokratischen System beschränken sich die miteinander verknüpften Zwänge zwischen den Regierungsstellen, auf die Auslegung und Umsetzung von Politik. Diese überlässt die wichtigste Macht dem Volk. Unter Nutzung moderner Technologie kann die Mikrodemokratie diese Macht sogar auf die gesamte Bevölkerung aufteilen, anstatt nur einen einzigen Schwerpunkt zu haben, ohne dabei Effizienz und Stabilität zu gefährden. Diese Konstruktion mit unendlich vielen Stützpunkten hat zwei Hauptvorteile gegenüber Dreieck Strukturen:

Erstens verhindert diese effektiven Situationen, wobei Macht durch unsichtbare Kräfte manipuliert wird. In vielen Ländern mit repräsentativen Demokratien stehen alle drei Drehpunkte der Macht unter der Kontrolle derselben „Schattenregierung" oder werden von ihr begrenzt. Dies führt nicht nur zu einer Fehlfunktion des Zwangsmechanismus der Gewaltenteilung, sondern macht es auch zu einem Marionettenspiel, um die Aufmerksamkeit der Menschen abzulenken und Verantwortung zu vermeiden. Im Gegenteil, wenn es unendlich viele Stützpunkte der Macht gibt, ist es praktisch unmöglich, diese zu bestechen, einzuschüchtern und zu manipulieren.

Zweitens vereinfacht es die Struktur der Regierung und verbessert die Effizienz. Der Mechanismus der Gewaltenteilung bedeutet, dass jeder Regierungszweig unter der Kontrolle unterschiedlichen Personals steht. Diese Unabhängigkeit ist der Schlüssel zur Bildung des Systems, aber sie führt auch zu umständlichen Institutionen, langsamen Prozessen und einer kostspieligen Umsetzung. Wenn jedoch die gleiche Gewalt diese drei Personengruppen kontrolliert, dann werden diese zusätzlichen Kosten bedeutungslos. Sie bringt lediglich zusätzliche, soziale Belastungen mit sich und ist in Bezug auf Entscheidungsfindung und Durchsetzung nicht einmal so effizient wie autoritäre Regime. Im Gegenteil, da die Mikro-demokratie eine vollständige Dezentralisierung der Macht auf die Ebene der Bürger erreicht, ist es nicht mehr notwendig, Regierungsfunktionen bewusst zu trennen. Daher kann die Regierung auf die natürlichste und einfachste Weise mit größerer Effizienz bei der Entscheidungsfindung und geringeren Ausführungskosten arbeiten.

Um Authentizität und Gleichberechtigung in der Demokratie sowie um viele andere Vorteile des mikrodemokratischen Systems zu verwirklichen, ist die Umsetzung der institutionellen Menschenrechte zweifellos eine zentrale Aufgabe der Regierung. Um verschiedene Punkte im Rahmen dieser Rechte zu behandeln, müssen verschiedene Regierungsabteilungen geschaffen werden, und viele davon werden sich von denen in repräsentativen Demokratien unterscheiden.

Das Sozialamt ist für die Bereitstellung persönlicher Lebensgrundlagen der Bürger. Der Maßstab wird durch mikrodemokratische Verfahren gesetzt, wobei die dominierenden Eliten der Wirtschaft und der öffentlichen Dienste hoch gewichtet werden. Der Standard, welcher nur als Grundversorgung für den Lebensunterhalt gedacht ist, muss niedrig gehalten werden, um faule oder selbstgefälligen Einstellungen entgegenzuwirken, damit die soziale und wirtschaftliche Vitalität nicht beeinträchtigt wird. Dies wird auch die Gesellschaft angesichts wirtschaftlicher Rezessionen und Naturkatastrophen stärken. Da der Standard landesweit einheitlich ist, wird dieser Dienst nicht zur Motivation für die Migration werden. Tatsächlich wird es die Situation der Menschen, die für ihren Lebensunterhalt ins Exil gezwungen werden, verringern, da die staatlichen Leistungen überall gleich wären. Darüber hinaus würde die Richtschnur der Regierung bei der Effizienz von Produktion, Lagerung, Transport und Verteilung von Beständen helfen.

In *Vianland* umfasst der nationale Standard für die persönliche Versorgung zur Lebensgrundlage, eine individuelle oder familiäre Wohnfläche von 8 Quadratmetern pro Person, die Grundausstattung von Möbel und Wohnraum, Wasser- und Stromversorgung, gemeinsame Küche und Bad, 400 Gramm täglicher Getreidevorrat, grundlegende Kleidung, medizinische Grundversorgung, elektrische Geräte mit mikrodemokratischen Betriebsfunktionen, unbegrenzte Datenkommunikation für den Zugang zu mikrodemokratischen Systemen und Online-Bildungsdiensten, sowie unbegrenzte Telefongespräche mit öffentlichen Diensten.

Was die Verteilung der Güter anbelangt, werden solche Vorteile wie in *Vianland* nur in Verwaltungsregionen von mehr als 100 Quadratkilometern und mehr als 10.000 Einwohnern angeboten. Die Regierung muss die Leistungen innerhalb von 30 Tagen nach dem Antrag erbringen. Wenn die Zahl der Neuanträge in einem Monat 10% der lokalen Bevölkerung übersteigt, wird die Frist auf 90 Tage verlängert. Jeder Bürger kann nur an einem Ort, zur selben Zeit Leistungen beantragen. Wenn Menschen an einem neuen Ort Leistungen erhalten, müssen sie ähnliche Leistungen an anderen Standorten einstellen und müssen diese zurück erstatten.

Um die Migrationsfreiheit zu unterstützen, sollte die Regierung den Transport und die Freizügigkeit der Bürger im ganzen Land erleichtern. Aber noch wichtiger ist, ein Informationssystem aufzubauen, um den Wohnsitz der Menschen zu erfassen, um die Wahlen für die Entscheidungsfindung korrekt zu berechnen und um die Leistungen, entsprechend Menschenrecht Leistungen zu empfangen.

Im Falle von *Vianland,* müssen Migranten dem Informationssystem für Einwohner, eine Meldung über einen Wohnortwechsel, vor ihrer Ankunft registrieren. Zusammen mit diesem Bescheid kann der Bürger sich dafür entscheiden, die Leistungen zum Lebensunterhalt in der Zielregion zu beantragen. Nach Erhalt des Antrags muss die Kommunalverwaltung, die Leistungen innerhalb von 30 Tagen oder im Falle eines plötzlichen Anstieges von Anträgen, innerhalb von 90 Tagen erbringen. Das bedeutet, dass der Bürger mindestens 30 Tage im Voraus einen Antrag stellen muss, um bei seiner Ankunft Leistungen zu erhalten. Wenn Migranten vor Ablauf der Frist eintreffen, muss die Regierung immer noch eine minimale, befristete Unterstützung gewähren. Zwischen 60 und 90 Tagen, nach der gemeldeter Ankunft der Migranten, besuchen Regierungsbeamte den Ort, um ihren Status zu überprüfen und das tatsächliche Startdatum ihres Aufenthalts zu bestätigen. Am 100. Tag des bestätigten Aufenthalts, wird die Registrierung der Migranten im Bürger Informationssystem aktualisiert und offiziell in Kraft treten. Das heißt, nur Bürger, die seit mindestens 100 Tage in einer Region leben, haben das zusätzliche Recht zur Abstimmung und zur Ausübung der Menschenrechte auszuüben. Um den Einwanderern bei der Anpassung an die neue Umgebung zu helfen, sollten die Kommunalverwaltungen einige Programme für neue Einwohner organisieren, wie z zum Beispiel monatliche Informationsveranstaltungen und Seminare zu lokalen Gesetzen, Vorschriften und Sozialleistungen.

Viele der Vorzüge der Mikrodemokratie haben ihren Ursprung im Recht auf Bildung: die Legitimität der Wahlen wird auf unbegrenzte Chancengleichheit und einheitliche Prüfungsstandards zurückgeführt. Das Erlernen einer Profession, verbunden mit den Vorteilen der Leistungen zum Lebensunterhalt, führt die Massen auf den unteren Ebenen auf begehbarem Weg, die Erstarrung der Klassen zu durchbrechen und sich selbst zu verbessern. Die neutrale Position des Bildungswesens eröffnet einen größeren Raum für die Entwicklung der Gesellschaft. Die lebenslange Bildung und ihre Popularisierung werden das Modell sozialen Wachstums, was durch die Arbeitskraft angetrieben wurde, durch die Technologie verändern. Es ist auch eine perfekte Lösung, um den Konflikt zwischen Automatisierung der Produktion und der Beschäftigung von Arbeitskräften zu lösen, wodurch das Risiko von Wirtschaftskrisen erheblich verringert wird. Es liegt auf der Hand, dass es unmöglich ist, alle obig genannten Ergebnisse durch die Modernisierung des derzeitigen gescheiterten Bildungssystems zu erreichen, da es zu viele Lücken vorweist. Um allen neuen Anforderungen gerecht zu werden, ist eine Art völlig neuen *Bildungsministeriums* erforderlich.

Zunächst wird die Regierung die Gestaltung des Bildungssystem und der Bewertungsstandards direkt verwalten, ein einheitliches

Klassifizierungssystem für Disziplinen und ein System zur Bewertung von Wahlen über die Bildung einführen. Die Einteilung der Disziplinen muss in Übereinstimmung mit organischer Entwicklung stehen, da die Wissenschaft und Kultur sich beide ununterbrochen im Laufe der Zeit weiterentwickeln. Wenn also, dann sollte die Regierung, wann immer Anpassungen erforderlich sind, das System rechtzeitig aktualisieren und ebenso die vorhandenen Bildungsunterlagen der Bürger auf den neuesten Stand bringen. Lehrinhalte und Beurteilungsstandards sollten offen und neutral sein, und konventionelle und alternative Sichtweisen sollten gleich behandelt werden. Für solche widersprüchlichen Theorien kann es je nach Popularität und dem Grad ihrer gesellschaftlichen Akzeptanz, unterschiedliche Anforderungen an das Verständnis geben, aber die Regierung sollte sich nicht in die Beurteilung ihrer Vorzüge und Schwierigkeiten einmischen.

In *Vianland* muss der standardmäßige Lehrplan für jeden Lernzweig, ein Kurs mit allgemeiner Beschreibung enthalten, wobei mehrere Schulen auch widersprüchliche Denkrichtungen und Theorien, vorgestellt werden. Das Bestehen dieses Einführungskurses ist Voraussetzung für die Teilnahme an jedem Folgekurs.

Zweitens wird die Regierung die Bildungsabschlüsse der Bürger und die Qualifikationen der Lehrer im ganzen Land verwalten. Die Bürger können in öffentlichen Schulen, an privaten oder kommerziellen Einrichtungen sowie im Selbststudium lernen. In den meisten Fällen werden die Kosten der Bildung auf Grundlage der Bewertungsergebnisse berechnet und dann, als untergeordneter Faktor durch den Lernaufwand ergänzt. Die Einkünfte der Lehrer werden auf der Grundlage der Ausstattung der Schüler und ihrer Leistungen auf der Grundlage von Beurteilungen berechnet. Da Lernen und Lehren als lohnende soziale Dienstleistungen und somit als Teil der sozialen Beschäftigung betrachtet werden, muss das Bildungsministerium seine Benotungs- und Bewertungsdienste mit dem *Arbeitsministerium* und dem Sozialamt vernetzen, um die Beschäftigungs- und Sozialleistungen der Bürger in einheitlichem Rahmen zu verwalten.

In *Vianland* können die Schülerinnen und Schüler, wenn sie sich für ein bestimmtes Fach einschreiben, die Lernmethode wählen. Für Studenten, die sich für ein Studium an der Schule entscheiden, wird die Regierung Lehrer zuweisen und andere Lehrmittel wie Lerngruppen, Veranstaltungsorte, Materialien etcetera verteilen. Die Studenten müssen die Vorlesungen gemäß Lehrplan besuchen, um eine Zahlung zu erhalten, die auf der Grundlage der Anwesenheit und der Bewertungsergebnisse berechnet wird. Für Studierende, die sich für das Selbststudium entscheiden, stellt die Regierung auch die erforderlichen Lehrmittel zur Verfügung, in der Regel Bücher, Online-Kurse und Labormaterialien. In diesem Fall sind die Testergebnisse der einzige Faktor, der zur Berechnung Ihrer Zahlungen herangezogen wird. Ein Bürger, der ein A-Rating für einen Kurs erhält, erfüllt die Mindestnote für die Einschreibung als Lehrer für diesen Kurs. Daher kann eine Person den Status eines Lehrers für verschiedene Kurse, in verschiedene Fachrichtungen haben. Außerdem gibt es ein Benotungssystem für Lehrer, das in erster Linie auf die Lernergebnisse ihrer jüngsten Schüler basiert.

Da Beurteilungen über das Lernen sowohl im wirtschaftlichen als auch im politischen Bereich eine wichtige Rolle spielen, gilt Betrug als Verbrechen und wird schwerwiegende Folgen haben. Das *Bildungsministerium* muss eng mit dem *Justizministerium* zusammenarbeiten, um gegen Prüfungsbetrug vorzugehen und proaktive, rechtliche Schritte gegen Rechtsverletzung einzuleiten. Da es sich um eine Verletzung eines institutionellen Menschenrechts handelt, ist es sehr wahrscheinlich, dass sie im Rahmen der institutionellen Menschenrechte bestraft wird, zum Beispiel durch Inhaftierung.

Im Beispiel von *Vianland* werden Prüfungsvorschläge vertraulich, von den besten Lehrern vorbereitet. Durchsickern von Informationen und Betrug sind schwere Straftaten. Bei Tests, die keine Kenntnisse erfordern, wie zum Beispiel Demonstrationen von Fähigkeiten, subjektive Beurteilungen literarischer und künstlerischer Werke, werden nicht weniger als fünf Fachexperten den Vorsitz führen und Punkte vergeben. Der gesamte Prozess muss für die Öffentlichkeit zugänglich sein und zur späteren Einsichtnahme aufgezeichnet werden.

Regierung und Gesellschaft stellen gemeinsam die Ressourcen für Bildungsaktivitäten zur Verfügung. Diejenigen Disziplinen, welche eng mit geschäftlichen Aktivitäten verbunden sind, werden leicht Sponsoren aus begünstigten Industrien erhalten. Die wissenschaftliche Grundlagenforschung und einige kulturelle Fragen, werden mehr auf die staatliche Versorgung angewiesen sein. Die Finanzierung spezifischer, kostenintensiver Bildungs- und Forschungsprojekte sollte durch den Prozess der Mikrodemokratie festgelegt oder genehmigt werden.

Um das Recht auf Bildung zu wahren, muss die Regierung proaktive, rechtliche Schritte gegen die Freigabe von Fehlinformationen oder das Verbergen von Informationen im Zusammenhang mit öffentlichen Angelegenheiten einleiten. Darüber hinaus muss sie der Öffentlichkeit einen zuverlässigen Dienst zur Verfolgung von Informationsquellen bieten. Diese Aufgaben werden von der Informationsabteilung übernommen.

Lernen ist in der Regel ein Prozess. Wenn die Menschen kontinuierlich mehr Informationen erhalten und ihr Wissen aktualisieren, verbessert sich allmählich die Genauigkeit und Vollständigkeit ihres Wissens. Während diesem Prozess können, selbst wenn die Menschen subjektiv ehrlich und aufrichtig sind, die Informationen, die sie kennen oder weitergeben, falsch oder unvollständig sein. Historisch gesehen haben sich viele einst etablierte Übereinkommen, später als falsch erwiesen und wurden durch die fortschreitende Bildung sowie durch die sozialen Werte der Menschen ersetzt. Deshalb sollten die Menschen eine offene und tolerante Haltung jeder Meinung und Theorie gegenüber einnehmen, auch wenn sie widersprüchlich sind. Da die Überprüfung der Richtigkeit von Informationen die Möglichkeiten der Regierung übersteigt, sollte dazu keine offizielle Stellungnahme abgegeben werden. Der offizielle Dienst für die Rückverfolgung von Informationsquellen, sollte sich auf die Authentizität *ursprünglicher Aufzeichnung von* Informationen konzentrieren, anstatt den Inhalt zu beurteilen. Die ursprüngliche Aufzeichnung der Informationen umfasst in erster Linie den Inhalt, die Quelle und die Meinungen der Parteien darüber. Wenn verschiedene Versionen von Informationen zum gleichen Thema existieren, sollten ihre Originalaufzeichnungen zusammengestellt und der Öffentlichkeit präsentiert werden, auch wenn sie sich widersprechen. Was die Richtigkeit der Informationen selbst betrifft, so ist es Sache des Einzelnen, seine eigenen Schlussfolgerungen daraus zu ziehen, unabhängig, ihrer persönlichen Haltung hinsichtlich der Glaubwürdigkeit durch die Informationsquelle, der Kommentare oder Analysen Dritter etc. Es wird nicht mehr eine „offizielle Wahrheit" über irgendeine Information geben, sondern nur noch „originale, offizielle Aufzeichnungen".

Absolute Wahrheit mag in einem philosophischen Sinn existieren, aber im Kontext der Soziologie, insbesondere der Politik, ist selten. Sie tritt nur dann auf, wenn sich alle Menschen angesichts überwältigender Beweise einstimmig auf eine Tatsache oder Meinung einigen. Diese absolute Wahrheit ist im sozialen Kontext eher ein statistischer Extremfall. Es ist durchaus möglich, dass die begrüßte Schlussfolgerung aufgrund des begrenzten Wissens und der Mängel in der Beweislage, völlig unvereinbar mit der absoluten Wahrheit im philosophischen Sinne ist. Deshalb ist eine demokratische Entscheidungsfindung auf der Grundlage der absoluten Wahrheit fast unmöglich. Mit dem Verständnis der ursprünglichen Aufzeichnungen von Informationen werden die Menschen jedoch der absoluten Wahrheit näherkommen und in größerem Maße die Einflüsse subjektiver Bosheit und objektiver Einschränkungen der Informationsquellen mildern.

Um die obig genannten Funktionen zu erfüllen, wird die Regierung große Datenbanken nutzen, um alle Originaldatensätze, verfügbarer Informationen zu sammeln, zu speichern und zu pflegen, Indexierungs- und Abfragedienste für die Öffentlichkeit kostenlos zur Verfügung zu stellen. Die „Fakten", welche in vielen Informationsquellen genannt werden, hängen von der Wahrhaftigkeit anderer Tatsachen ab. Zum Beispiel „der Mond wirkt sich auf die

Gezeiten aus" ist eine Aussage, die auf vielen anderen Tatsachen beruht, wie „der Mond umkreist die Erde", „Gravitationstheorie", „Gezeitenmuster" etc. Der erweiterte Dienst zur Rückverfolgbarkeit von Informationen kann eine solche inhärente Relevanz von Informationen darstellen. Das System kann auch die einzelnen Elemente der Informationsquellen erweitern, um die Menschen, die zusätzlichen, unterstützenden Beweise und Belege erbracht haben, veröffentlichen, so dass die Bürger bei der Beurteilung der Fakten die Glaubwürdigkeit dieser Personen berücksichtigen können.

Der Kampf um Ressourcen und Interessen ist nichts Neues und steht in den modernen internationalen Beziehungen leider immer noch im Mittelpunkt. Die kriegerischen Beziehungen zwischen Staaten sind zwangsläufig von militärischer Macht abhängig. Der Frieden zwischen den Ländern ist nicht unbedingt das Ergebnis freundschaftlicher Bindungen, sondern oft ein Gleichgewicht von Gewalt und Abschreckung, die vorübergehend und sehr empfindlich sind. Im Gegenteil, die Weltordnung der Mikrodemokratie braucht dieses prekäre Gleichgewicht nicht, um zu funktionieren. Die wichtigste Interaktion zwischen mikrodemokratischen Ländern ist weder Konfrontation noch Konkurrenz, sondern Integration, da sie gemeinsame Ziele verfolgen. Obwohl in einer idealen Welt der Mikrodemokratie Militärpräsenz unnötig ist, müssen im Prozess ihrer Entstehung und ihres Wachstums mikrodemokratische Nationen mit modernen Staaten koexistieren, die diesem neuen System lange Zeit, feindlich gegenüberstehen werden. Dann wird die Mikrodemokratie zumindest in den ersten Jahren noch das *Verteidigungsministerium* benötigen.

Leider werden selbst militärische Kräfte, die zu legitimen Selbstverteidigungszwecken geschaffen wurden, weiterhin eine Bedrohung für das mikrodemokratische System selbst darstellen. Das liegt daran, dass ein gewisses Maß an Willkür und Geheimhaltung bei militärischen Operationen der Nation helfen kann, wirksamer gegen Bedrohungen von außen zu kämpfen. Sie ist zwar eine praktische Notwendigkeit, stellt jedoch eine Verletzung der institutionellen

Menschenrechte dar und würde daher die Grundlage der Mikrodemokratie zerstören. Die mikrodemokratische Regierung muss den militärischen Einfluss, bewusst auf das notwendige Minimum beschränken und aktive, institutionelle Maßnahmen ergreifen, um eine unnötige Expansion des Militärs zu verhindern.

In Extremfällen wie Krieg, Naturkatastrophen oder Zerstörung von Infrastruktur, kann es notwendig sein, dass das Militär durch das Kriegsrecht vorübergehend die Leitung übernimmt, damit das Land effizienter auf die Krise reagieren kann. Aber in der Zwischenzeit, werden diese Maßnahmen den Betrieb der Mikrodemokratie aussetzen und die Nation in einen Zustand der Autokratie und Autorität zurückführen. Daher sind spezifische Mechanismen (auf der Ebene der Systemstruktur und der Gesetze) erforderlich, um sicherzustellen, dass die Regierung automatisch den mikrodemokratischen Staat wieder aufnimmt, sobald die Krise vorüber ist.

In *Vianland* haben immer drei unabhängige, militärische Gruppen das Kommando und stehen in Bereitschaft. Die erste Gruppe besteht aus Mitarbeitern im aktiven Dienst, die beiden anderen sind Veteranen im Ruhestand. Normalerweise führt die erste Gruppe die Armee an, und nur sie kann den nationalen, militärischen Notstand ausrufen. Wenn das mikrodemokratische System weiterhin funktioniert, bedürfen solche militärischen Notfälle, der Genehmigung durch ein Referendum, als Übergangsgesetz. Ohne ordnungsgemäße rechtliche Genehmigung, müssen die Truppen die Befehle der übergeordneten Gruppe verweigern, Missionen im Rahmen des Notstandsgesetzes auszuführen und die notwendigen Maßnahmen zur Wiederherstellung der normalen sozialen Ordnung zu ergreifen. Während eines genehmigten Notstands wird der mikrodemokratische Entscheidungsmechanismus vorübergehend ausgesetzt. Die Priorität der Armee besteht darin, die Krise zu lösen und die Nation so schnell wie möglich in den normalen mikrodemokratischen Staat zurückzuführen. Ein solcher militärischer Notstand dauert maximal 120 Tage und endet automatisch. Wenn eine Verlängerung notwendig ist, muss sie auch in einem Referendum genehmigt werden, es sei denn, der Betrieb der Mikrodemokratie ist nicht wieder aufgenommen worden. Unabhängig davon, wie es verlängert wird, beträgt die maximale Frist 120 Tage, und die Befehlsgewalt muss innerhalb von 20 Tagen, von aktueller Führungsgruppe auf die nächste Gruppe in der Liste übertragen werden. Bei Ablauf der Frist, verliert die vorherige Gruppe ihre Autorität und wird automatisch entlassen und die nächste Gruppe übernimmt die Führung. Drei Gruppen übernehmen abwechselnd das Kommando im Falle einer mehrfachen Verlängerung des militärischen Notstands. Die Gruppe, die ihren Zug beendet, muss sich zurückziehen und sich dann, innerhalb von 60 Tagen, neu formieren. Die neu formierte Gruppe muss mindestens 50% neue Mitglieder haben, die nicht aktives Dienstpersonal sind.

Die Rückkehr von Kriegszeiten zu einer normalen Mikrodemokratie ist ein Prozess, und der kritischste Schritt ist die vollständige Offenlegung von Informationen. Die Bedeutung der Vertraulichkeit bei militärischen Operationen führt dazu, dass das Recht auf Wissen oft das erste institutionelle Menschenrecht ist, was den Menschen in Kriegszeiten genommen wird. Aber die Wahrheit aufzudecken, ist für die Mikrodemokratie in Friedenszeiten ebenso wichtig. Daher hat die Wiederherstellung des Systems oberste Priorität, da es Verschwörer daran hindert, das Land im Namen der Notstände an sich zu reißen.

Am Beispiel von *Vianland* lässt sich zeigen, wie: mit Genehmigung eines Referendums die Regierung in einem militärischen Notstand, eine vorübergehende Vertraulichkeit von Informationen für bis zu 120 Tage einführen kann. Nur Informationen, die sich auf militärische Operationen, Personal, Produktion und Transport von militärischen Gütern beziehen, können als vertraulich eingestuft werden. Nach Beendigung des militärischen Notstands, werden vertrauliche Informationen schrittweise freigegeben: mindestens 50% müssen innerhalb von 120 Tagen freigegeben werden, mindestens 80% müssen innerhalb eines Jahres freigegeben werden, und die Freigabe aller Informationen muss innerhalb von zwei Jahren abgeschlossen sein.

Als letzte Verteidigungslinie müssen die Soldaten den mikrodemokratischen Systemen gegenüber loyal sein, sie als höchstes Verhaltenskodex betrachten und ihnen Vorrang, vor Befehl übergeordneter Kommandanten einräumen. Ganz gleich, mit welcher Ausrede hochrangige Militärs das Prinzip der Mikrodemokratie untergraben, jeder Soldat ist verpflichtet, jedem Versuch zur Wiederherstellung, autoritärer Regime ungehorsam zu sein und sich ihm zu widersetzen.

Nebst den Abteilungen der Zentralregierung, die wie oben erwähnt, eng mit dem mikrodemokratischen System verbunden sind, werden auch andere administrative und technische Abteilungen benötigt, um das Funktionieren des ganzen Landes zu unterstützen, wie zum Beispiel das Verkehrsministerium, das Landwirtschaftsministerium, das Energieministerium, das Handelsministerium, das Gesundheitsministerium und so weiter. Obwohl diese Ressorts nicht die einzigartigen Merkmale der Mikrodemokratie aufweisen, bleiben sie doch ein grundlegender Bestandteil des nationalen Regierungssystems.

Kapitel 7

Die Welt

Mikrodemokratie wird die Welt umstrukturieren. Es beginnt mit einer einfachen Prämisse: Geben Sie den Anwohnern die Macht, Entscheidungen über lokale Angelegenheiten zu fällen, und schützen Sie die Freizügigkeit für Migration als universelles, institutionelles Menschenrecht. Diese Kombination erfordert, dass die Mikrodemokratie auf natürliche Weise, nationalen Grenzen oder künstlichen Grenzen der politischen Macht entgegengesetzt sein muss. Stellen Sie sich eine Situation vor, in der die Grenze zweier benachbarter mikrodemokratischer Länder, einen natürlichen Lebensraum der Menschen kreuzt, deren Bewohner auf beiden Seiten der Grenze unterschiedlichen Wahlsystemen angehören. In diesem Fall würden Entscheidungen, die auf der einen Seite der Grenze getroffen würden, die Stimme, der auf der anderen Seite lebenden Bewohner ignorieren oder minimieren, obwohl die Entscheidung beide betreffen würde. Infolgedessen werden die Interessen und Prinzipien der zeitlichen Relevanz der Abstimmungsregeln der Mikrodemokratie gebrochen, was zu Ungleichheit unter den Menschen, welche in Grenznähe leben, führt. Nur durch die Beseitigung dieser künstlichen Grenzen, die Anpassung der administrativen Gebiete an die Lebensräume der Menschen und die konsequente Anwendung der Mikrodemokratie bei der Entscheidungsfindung in lokalen Fragen, kann diese Ungleichheit beseitigt werden. Für mikrodemokratische Länder ist der Zusammenschluss zu einem einzigen Land, die einzige, richtige Option. Selbst wenn mehrere mikrodemokratische Länder während ihrer Entstehung und Entwicklung vorübergehend koexistieren können, sie schließlich einer vereinten Welt der Mikrodemokratie beitreten. Bis dahin wird die moderne Nation, ihre historische Mission erfüllt haben und die Welt wird keine Grenzen haben, sie wird eine einzige sein.

Diese Welt der vereinheitlichten Mikrodemokratie unterscheidet sich grundlegend von der gegenwärtigen Vorstellung von Globalisierung und Weltregierung.

Erstens funktioniert die mikrodemokratische Welt in einem automatischen, dezentralisierten und rein technischen Rahmen, der keine Befehle von irgendeiner zentralen Behörde entgegennimmt. Die überwiegende Mehrheit der Entscheidungen wird direkt von der lokalen Bevölkerung in selbstregulierter Weise in den Regionen, auf verschiedenen Ebenen getroffen. Sogar globale Politik wird von den Menschen durch einen Prozess von Grund auf eingeleitet und unter direkter Beteiligung aller Bürgerinnen und Bürger gestaltet, im Gegensatz zum sogenannten globalisierten Weltregierungssystem in dem Politiker der Elite, politische Parteien und Verwaltungsbürokratie die Menschen von oben nach unten, einseitig und mit enormer Macht durch Zentralregierungen beherrschen. In der mikrodemokratischen Welt dienen diese Akteure nur als Nebenrolle, auf dynamische Weise, und sind nicht einmal Teil der Regierung. Aus einer Makroperspektive ist die mikrodemokratische Regierung, kein zentralisiertes Entscheidungszentrum, sondern ein Dienstleister.

Zweitens respektiert die mikrodemokratische Welt die regionale Autonomie und begrüßt die soziale Vielfalt, indem sie ein integratives Umfeld für die Koexistenz und den Wettbewerb verschiedener Gruppen und Kulturen bietet. Dies wird durch eine Kombination aus Migrationsfreiheit und zusätzlichem Stimmrecht erreicht. Wenn die Politik in einer Region wirksamer für die Wirtschaft und inspirierender für die Kulturen ist, wird diese Region auf natürliche Weise Bevölkerungsgruppen aus anderen Gebieten anziehen und damit zu einem Vorbild für andere Regionen werden, dem andere Regionen folgen können. Infolgedessen wird sich eine bessere Politik auf größere Gebiete und mehr Menschen ausdehnen und den friedlichen Wettbewerb der gesellschaftlichen Entwicklung gewinnen. Diese unkonventionellen Gesellschaftsformen müssen jedoch nicht aussterben; Gruppen spezieller Kulturen können immer einen ungestörten Ort finden, um sich niederzulassen und Entscheidungen über ihr Land fällen. Auf diese Weise können experimentelle soziale Formen in ihrem eigenen, autonomen Raum, in dem sie ihre einzigartigen Gesetze und Vorschriften nach den Regeln der Mikrodemokratie schaffen, weiterbestehen und sich weiterentwickeln.

Globalisierungsbewegungen und Regierungen auf der ganzen Welt fördern eine einheitliche Gesellschaftsform, als ihre Antwort zur Lösung sozialer Konflikte, was das Gegenteil der Idee, lokaler Selbstbestimmung und sozialer Vielfalt ist. Wenn Eliten den Menschen, die so genannten höheren sozialen Strukturen und die von ihnen entworfene Weltordnung aufzwingen, schränken sie den Raum für die Entwicklung der Zivilisation ein und ersticken ihre Vitalität. Darüber hinaus werden in dem Maße, wie die wirtschaftliche Versklavung der Massen stärker wird, soziale Konflikte ständig eskalieren und sich verschärfen, was zu einem Polizeistaat führt, der von einer Eisernen Hand zur Herrschaft abhängt, die ihrerseits schließlich durch die Wut und den Widerstand der Unterdrückten zerstört wird.

Moderne Nationen haben einen heftigen Appetit auf Land. Sie verpassen nie eine Gelegenheit, einen Platz einzunehmen, den andere vielleicht nicht eingenommen haben. Wenn es die Gewalt erlaubt, zögern sie nicht, Land und ruhige Gewässer in blutige Schlachtfelder zu verwandeln. Die Geschichte ist die Hauptquelle ihrer territorialen Ansprüche, die sie oft benutzen, um anzudeuten, dass sie ein Recht darauf haben, ein Stück Land von ihren glorreichen Vorfahren zu erben. Die meisten Länder sind jedoch im Laufe der Geschichte abwechselnd, von verschiedenen Nationen, Religionen und Reichen besetzt und regiert worden, so dass solche Ausreden nur zu ewigen Konflikten führen. Tatsächlich sind viele umstrittene Gebiete unbewohnbar, nur trockene und unfruchtbare Länder oder abgelegene Gewässer, doch die Bevölkerungen verschiedener Länder werden dadurch leider zu Feinden. Natürlich lädt fruchtbares, bewohntes Land nur noch mehr Elend ein. Aber in vielen Fällen wird die Tragödie den schutzlosen Anwohnern auferlegt, während der Ruhm und die Profite den Herrschenden und den besonderen Interessengruppen zugutekommen. In einigen Fällen gibt es Führer, die aufrichtig glauben, dass es zum Wohle und zur Ehre der Nation, der Religion oder der Rasse eine edle Sache ist, das Gebiet des Landes so weit wie möglich auszudehnen. Leider ähnelt dieses Bestreben Affen, die in den Ästen um Platz kämpfen, primitiven Stämmen, die Jagdgründe übernehmen, oder alten Nationen, die Sklaverei und Plünderung einsetzen. Dies repräsentiert eine veraltete, altmodische, rückständige und ziemlich barbarische, alte Kultur. Im kommenden Zeitalter des Verschwindens der modernen Länder, ist diese Art des Kampfes erbärmlich und kindisch.

Die Kämpfe um Territorium werden in der mikrodemokratischen Welt zu einem Ende kommen. Die Regel zur Abstimmung wird es nur den Bewohnern des Landes erlauben, ihre wahren Träume zu verwirklichen. Alle anderen, der Einfluss nehmen und von dem Land profitieren wollen, müssen dort hinziehen und dort leben und sich das Abstimmungen ehrlich mit ihrer Zeit verdienen. Und diese unbewohnten Länder und Gewässer, unterliegen weder der Aufsicht der Regierung noch brauchen sie diese. Schließlich kann jede Regierungsführung nur durch die Verwaltung des Volkes erfolgen. Die mikrodemokratische Welt motiviert die Menschen, sich an diesen unzugänglichen Orten niederzulassen und neue Kulturen und Gesellschaften aufzubauen, wie sie es wünschen, solange sie alle institutionellen Menschenrechte respektieren und künftige Neuankömmlingen gegenüber freundlich sind. Sobald die Bevölkerung und die Lebenserwartung der Einwohner den Standards der Verwaltungsgliederung entsprechen, wird die mikrodemokratische Welt ihnen bei lokalen Fragen, automatisch ein Stimmrecht einräumen. Von hier aus können sie im Rahmen der Mikrodemokratie lokale Angelegenheiten regeln und Autonomie praktizieren. Wenn einige Gebiete aufgrund des Bevölkerungsrückgangs nicht mehr den Standards entsprechen, wird die Region aus dem Register des mikrodemokratischen Regierungssystems gestrichen und wieder als desolates Land betrachtet werden.

Wenn beispielsweise in *Vianland* 1.000 Menschen mehr als ein Jahr lang, ununterbrochen in einem Gebiet, im Umkreis von 50 km leben, muss ein Verwaltungsbezirk eingerichtet werden. Regierungsstellen werden eingerichtet, um institutionelle Menschenrechte zu gewährleisten, und das Profil der Region wird im mikrodemokratischen Informationssystem erstellt. Wenn eine Region die Standards nicht mehr erfüllt, zum Beispiel wenn in drei aufeinander, folgenden Jahren weniger als 500 Menschen in einem Gebiet, im Umkreis von 50 km gelebt haben, wird das Verwaltungsbezirk abgeschafft oder mit angrenzenden Regionen zusammengelegt.

Es ist durchaus machbar, moderne Nationen friedlich in mikrodemokratische Länder umzuwandeln und sie schließlich zu einer mikrodemokratischen Welt zusammenzuführen. Es ist jedoch nicht auszuschließen, dass die mikrodemokratische Welt die Ära moderner Staaten, durch Krieg beenden. Krieg ist keineswegs der bevorzugte Weg in er mikrodemokratischen Welt. Die Struktur moderner Staaten verfügt über eine inhärente Infrastruktur zur Mobilisierung von Krieg, aber diese Kriegsmaßnahmen sind für mikrodemokratische Länder absolut schädlich. Die grundlegende Infrastruktur mikrodemokratischer Länder ist im Krieg verwundbar, und ihre charakteristischen Entscheidungsmechanismen müssen für einen effizienten Betrieb, vorübergehend ausgesetzt werden. Selbst wenn ein Land, was einst mikrodemokratisch war, einen langfristigen Krieg gewinnt, könnte es aufgrund eines Versagens bei der Wiederherstellung mikrodemokratischer Regeln, zu einem de facto modernen Staat werden. Der Krieg bedroht daher das mikrodemokratische System sowohl von innen als auch von außen.

Trotz der Nachteile im Krieg, hat die Mikrodemokratie den Vorteil, dass sie eine friedliche Entwicklung moderner Staaten ermöglicht. Das liegt daran, dass die Menschen auch ohne eine Regierungsstruktur Mikrodemokratie praktizieren können, solange der Zweck der Entscheidungsfindung darin besteht, der Mehrheit zu dienen und eine bessere Qualität der Entscheidungsfindung anzustreben als die Regel "eine Person - eine Stimme". Das bedeutet, dass die Menschen die Mikrodemokratie erforschen, experimentieren und verbessern können, auch innerhalb moderner Staaten. Wenn sich die Menschen erst einmal an diese Methode gewöhnt haben und ihre Überlegenheit erkennen, werden sie natürlich verlangen, die politische Operation mit mikrodemokratischen Prinzipien zu verbessern. Schließlich entspricht der Begriff der Mikrodemokratie grundsätzlich den demokratischen Konzepten, die von modernen Staaten bejubelt werden, mit Ausnahme einiger wichtiger Optimierungen. Nach der Einführung der Verfahrensverbesserungen der Mikrodemokratie, wird die Bedeutung der institutionellen Menschenrechte deutlicher werden, da sie dazu beitragen, dass die Entscheidungsfindung nicht nur weise, sondern auch gerecht und egalitär wird. Sobald die institutionellen Menschenrechte des mikrodemokratischen Systems erreicht sind, ist die Transformation, von einem modernen Staat zu einem mikrodemokratischen Land, praktisch abgeschlossen.

Zweifellos werden Politiker und spezielle Interessengruppen in modernen Staaten, staatliche Maschinen einsetzen, um Menschen an der Ausübung der Mikrodemokratie zu hindern und zu praktizieren oder neugeborene mikrodemokratische Länder mit Krieg zu zerstören. Aber in diesem weltweiten Kampf zwischen den beiden Lagern, wird die Mikrodemokratie den Sieg davontragen. Das liegt daran, dass die Mikrodemokratie feindliche Kräfte von innen heraus, auf natürliche und umfassender auflöst. Wenn die Menschen in modernen Staaten spontan beginnen, Mikrodemokratie zu praktizieren, wird die Kraft zur Unterdrückung der Mikrodemokratie allmählich schwächer werden und sogar von selbst verschwinden. Wenn dieser Prozess reibungslos genug verläuft, kann die Transformation moderner Staaten zur Mikrodemokratie in Frieden abgeschlossen werden. Aber wenn die Feinde ihre Stärke früh genug aufbauen, dann müssen die Menschen möglicherweise eine schwierige Zeit der Unterdrückung und externer Kriege durchmachen und den langen Weg zur Mikrodemokratie gehen. Es ist sogar möglich, dass sich die Herrscher moderner Staaten mit den anderen undemokratischen, zentralisierten Regimen zusammenschließen, um eine globale Allianz gegen die

Mikrodemokratie zu bilden, um die gemeinsame Bedrohung auszulöschen. Die Mikrodemokratie ist jedoch ihr unbesiegbarer Feind. Je intensiver sie sich gegen die Mikrodemokratie wehren, desto schneller und tiefer werden die Menschen in modernen Staaten die Mikrodemokratie kennen lernen und mehr über den Status quo nachdenken und mit vergleichen. Auf diese Weise werden sich die Samen der friedlichen Entwicklung der Mikrodemokratie ausbreiten und unter dem Boden moderner Staaten Wurzeln schlagen. Selbst wenn die mikrodemokratischen Länder im Kampf besiegt oder sogar zeitweilig zerstört werden, werden diese Samen auf geeignetem Boden sprießen und gedeihen. Der endgültige Sieg der Mikrodemokratie wird in den Herzen der Menschen stattfinden, und nicht auf dem Schlachtfeld.

Auch im wirtschaftlichen Bereich wird es tiefgreifende Veränderungen geben. Das Privateigentum wird in Kategorien von persönlichen Gegenständen und persönlichen Vermögenswerten unterteilt. Sie werden gesondert, unter den Geltungsbereich der institutionellen Menschenrechte und der zum Wohl der Menschenrechte gestellt und folglich, durch die mikrodemokratische Verfassung oder durch regionale, gemeinsame Gesetze geschützt.

Menschen können mit ihrem Vermögen ein passives Einkommen erwirtschaften, was in Wirklichkeit, den Wert der Arbeit anderer direkt oder indirekt ausnutzt. Kommunistische Bewegungen erachten eine solche Ausbeutung für moralisch falsch, die beseitigt werden muss. In der Praxis ist jedoch ohne eine genaue Unterscheidung zwischen persönlichen Gegenständen und persönlichem Vermögen häufig alles persönliche Eigentum betroffen, was einen schweren Verstoß gegen die grundlegenden Menschenrechte darstellt und manchmal sogar das Überleben der Menschen bedroht. In einer kapitalistischen Gesellschaft ist genau diese Ausbeutung die intrinsische Triebkraft wirtschaftlicher Aktivitäten. Es ist ein nützliches und notwendiges Übel, das ausnahmsweise geschützt werden muss. Die Folge ist eine tiefe, soziale Kluft: eine Welt der Reichen, welche e die Armen versklavt.

Im Gegensatz zu jeder alten Politik und konventionellen politischen Theorie, müssen wirtschaftliche und politische Systeme für Mikrodemokratie nicht integriert und voneinander abhängig sein. Die Entkoppelung dieser beiden Arten von Systemen ist nicht nur eine Möglichkeit, sondern auch eine Notwendigkeit. Ob es darum geht, persönliche Güter zu schützen, um die soziale Produktion zu fördern, oder sie zu ignorieren, um die Ausbeutung zu beseitigen, es ist mehr eine wirtschaftliche als eine politische Frage. Wie soziale Gerechtigkeit und materielle Produktion effizient in Einklang gebracht werden können, überlässt das mikrodemokratische System den Menschen vor Ort, indem es gemeinsame regionale Gesetze erlässt.

Da die relevanten Wahlen für die Entscheidung regionaler Fragen nur den Einwohnern gegeben werden, bringt der Besitz von Vermögen in der Region nicht immer politische Macht für die anderswo lebenden Reichen. Daher kann der wirtschaftliche Einfluss des Kapitals auf die Politik nur indirekt über die Einwohner ausgeübt werden, anstatt direkt den Willen der lokalen Bevölkerung zu überwiegen.

Die ursprüngliche Intention der Neugestaltung des Bildungssystems besteht darin, dass die Bürgerinnen und Bürger die gleichen Chancen haben, zusätzliche Stimmen zu erlangen, aber ihre Auswirkungen auf das Wirtschaftsmodell sind noch bedeutender.

Bildung wird nicht mehr nur das Erlernen und Lehren von Staatsbürgerkunde und beruflichen Fähigkeiten für junge Menschen sein, sondern ein sozialer Dienst und eine lebenslange Karriere, woran alle teilhaben können. Da niemand alle Kenntnisse und Fähigkeiten in seinem Leben beherrschen kann, sind die Möglichkeiten für das Lernen endlos; folglich wird auch der Bedarf an Lehrern massiv sein. In jedem Fall können sich die Menschen jederzeit dafür entscheiden, etwas Neues zu lernen und ein Einkommen zu verdienen, so dass die passive Arbeitslosigkeit für immer verschwindet.

Selbst wenn die Bezahlung für Lehrstellen niedrig ist, wird sie viele Arbeitskräfte aus dem Primärsektor anziehen, was zu einem schwerwiegenden Arbeitskräfte Mangel in der verarbeitenden Industrie und im Dienstleistungssektor führen wird. Die Löhne in diesen Branchen werden steigen und damit auch die Rohstoffpreise. Dieser Preistrend wird die Technologien der Automatisierung, Robotik und Technologien der künstlichen Intelligenz an die gering qualifizierten Arbeitsplätze schicken, wo der Großteil der Arbeitskräfte freigesetzt wird. Bei diesen Arbeiten handelt es sich in der Regel um die, am wenigsten erwünschten Arbeiten, wie schwere körperliche Arbeit und repetitive Arbeiten, welche die Menschen nur zum Lebensunterhalt verrichten müssen. Diese ersetzten Arbeitsplätze brachten weniger Glück als Lernjobs; daher wird ein solcher Wandel, den sozialen Nutzen direkt verbessern. Gleichzeitig wird diese Transformation die Wirtschaft von einer Werte Orientierung zum Nachrichtendienst, verbessern.

Die so genannte wertorientierte Wirtschaft bedeutet, dass das Hauptziel von Investitionen in Kapital, Material und Technologie darin besteht, eine maximale Rendite zu erzielen, sei es durch Waren oder durch den Verkauf von Dienstleistungen. Da die Kapitalrendite (ROI)[1] ihr wichtigster Key Performance Indikator oder kurz (KPI)[2] ist, dienen die Produktion von Gütern und die Erbringung von Dienstleistungen den Bedürfnissen kaufkräftiger Personen und der größte Teil der Werterträge den Investoren, die zufällig dieselben kaufkräftigen Personen sind. Diese Menschen konsumieren die besten Produkte von den Arbeitskräften und erhalten den größten Teil der Gewinne, damit sie noch mehr konsumieren können. Man kann mit Recht feststellen, dass dieses Wirtschaftsmodell im Wesentlichen die große Zahl der Armen ist, die den wenigen Reichen dienen. Dieser Widerspruch zwischen Maximierung der Investitionsrendite und der Maximierung des allgemeinen Glücks der Menschen (d.h. des sozialen Nutzens) führt letztlich zu einer akuten sozialen Polarisierung, dem Kult des Reichtums und der Korruption der menschlichen Natur.

Die Technologie, die in der Lage ist, solche einkommensschwache, manuelle und sich wiederholende Arbeiten zu ersetzen, gibt es schon seit langem und ist ausgereift genug. Es ist die geringe Rentabilität der Investitionen, die ihre Anwendung in diesen Bereichen verhindert. Aus demselben Grund ist es wahrscheinlicher, dass Arbeitsplätze mit hohem Einkommen, hoher Qualifikation und hohem

Bildungsstandard ersetzt werden. So zerstört die Technologie Bildung und Wissen, anstatt zu fördern. Das neue mikrodemokratische Bildungssystem wird diese Situation ändern. Indem sie gering qualifizierten Arbeitnehmern, attraktivere Karrieremöglichkeiten bietet, ihr Wissen und ihre beruflichen Standards verbessert, wird sie das Arbeitskräfteangebot dieser einkommensschwachen Arbeitsplätze, drastisch verringern und die Löhne steigen lassen. Diese Dynamik macht es rentabel, gering qualifizierte Arbeitsplätze mit Technologie zu automatisieren und den Menschen, die hochqualifizierten und intelligenten Arbeitsplätze anbieten.

Dieser Ansatz kann Anlass zur Sorge geben: wird der Rückzug Tausender Arbeitnehmer aus der verarbeitenden Industrie und dem Dienstleistungssektor zu einem starken Rückgang der sozialen Produktion und zu Materialknappheit führen, die sich auf den Lebensstandard der Menschen auswirken werden? Es mag widersprüchlich klingen, aber übermäßige Arbeit verringert oft die Produktivität. Zu viel Arbeit macht Arbeitskräfte billig, und billige Arbeit benachteiligt High-Tech-Maschinen unter Renditemaßnahmen und verhindert die Anwendung von Technologie. Umgekehrt wird der Arbeitskräftemangel den Einsatz von Technologie fördern und schließlich die Produktion steigern.[3] Dieses Prinzip hat sich in der landwirtschaftlichen Produktion bewährt: in Ländern, in denen es an landwirtschaftlichen Arbeitskräften mangelt, ist die Produktion mit Großmaschinen leichter zu bewerkstelligen und führt zu größeren Vorteilen. In traditionellen Agrarländern mit einer großen, bäuerlichen Bevölkerung zögert die Regierung, die Massenproduktion zu fördern, da dies die Existenzgrundlage dieser Bauern bedrohen würde, so dass die Technologie nicht voll genutzt werden kann und die landwirtschaftliche Produktion daher niedrig bleibt. Wenn die Bildungsindustrie den größten Teil der landwirtschaftlichen Arbeit absorbieren könnte, dann würden die größten Hindernisse für eine groß, angelegte Mechanisierung und Hightech-Produktion in diesen Ländern beseitigt und die landwirtschaftliche Produktion würde schließlich steigen. Die gleiche Situation tritt in der Industrieproduktion und im Dienstleistungssektor auf.

Da der obig genannte Ansatz in der gesamten Wirtschaft gefördert wird, wird die neue intelligente Wirtschaft Gestalt annehmen. Dadurch werden die Menschen so weit wie möglich von schwerer, sich wiederholender, manueller Arbeit auf niedrigem Niveau befreit, so dass sie sich zu intellektuellen Arbeitern entwickeln und mehr zur Wirtschaft und Gesellschaft beitragen und auch ein besseres Leben führen können. Auf diese Weise befreit die Technologie, die intellektuelle Kapazität von dem Bereich, wobei am meisten unterbewertet wurde. Auf diesem Weg wird die Technologie, die enorme menschliche intellektuelle Ressource in die kosteneffektivsten, wirtschaftlichen Aktivitäten einbringen.

Die neue, intelligente Wirtschaft ist nicht nur gut, zur Optimierung sozialer Ressourcen, sondern auch um das Glück der Arbeitnehmer zu maximieren. Wichtiger noch, es ist die größte strategische Investition in die Entwicklung der menschlichen Zivilisation. Zu viele Fälle haben gezeigt, dass selbst eine Handvoll technologischer Fortschritte einen unglaublichen Wert für die Gesellschaft bringen können, sei es durch die Verringerung der Arbeitsintensität, die Erhöhung der Lebenserwartung oder die Anhebung des Lebensstandards. Solche erstaunlichen Errungenschaften sind in einer Zeit erreicht worden, in der nur sehr wenige Menschen den Luxus einer höheren Bildung und Zugang zu wissenschaftlichen Forschungsressourcen hatten. Es besteht Grund zur Annahme, dass das mikrodemokratische Bildungssystem im Allgemeinen, die Investitionen der menschlichen, intellektuellen Kapazität in die Forschung und Kreativität, exponentiell steigern, den Fortschritt von Wissenschaft und Kultur explosionsartig intensivieren und die Produktion durch Technologie revolutionieren wird. Die Gewinne werden mehr als ausreichend sein, um den Rückgang in der Direktproduktion beschäftigten Arbeitskräfte auszugleichen, was auch die Lebensqualität der Menschen erheblich verbessern wird. In der neuen Ära wird es immer noch Menschen geben, die arbeiten, aber ihre Hauptmotivation wird nicht mehr darin bestehen, ihren Lebensunterhalt zu verdienen, sondern soziale Verantwortung,

Erfolgserlebnisse und Ehre zu verfolgen. In nicht allzu ferner Zukunft werden die Menschen in der Lage sein, die gesamte soziale Produktion zu automatisieren, so dass sie sich voll und ganz dem Lernen, dem Schaffen und dem Genuss des Lebens widmen können.

Die mikrodemokratische Regierung ist der Hauptarbeitgeber der Bildungs- und wissenschaftlichen Forschungsindustrie und besitzt daher das geistige Eigentum, das aus den Bildungs- und wissenschaftlichen Forschungsaktivitäten hervorgeht. Da die mikrodemokratische Regierung dem Volk gehört, gehört auch dieses geistige Eigentum dem Volk und kann von der gesamten Gesellschaft kostenlos genutzt werden. Die Situation, wobei viele, intellektuelle Errungenschaften der Menschheit durch Patente versiegelt sind und keinen Beitrag zur Welt leisten können, wird es nicht mehr geben. Als eine besondere Art von Vermögen gehört geistiges Eigentum nicht zu den institutionellen Menschenrechten; es ist daher weder durch die mikrodemokratische Verfassung noch durch nationale Gesetze im globalen Rahmen geschützt. Jeder Verwaltungsbezirk kann bestimmen, ob und wie sie mit regionalen Gesetzen geschützt werden soll, aber diese Gesetze gelten nur lokal. Aufgrund der einzigartigen Natur von Wissen und Informationen überschreiten sie leicht Grenzen, sodass die strenge, ausschließliche Genehmigung und Nutzung von Wissen manchmal unpraktisch sind. Es liegt auf der Hand, dass dies die Art und Weise, wie Unternehmen in die wissenschaftliche Forschung investieren, verändern wird, so dass kooperative Studien zwischen Unternehmen häufiger durchgeführt werden. Doppelte Forschungsarbeit von unabhängigen Unternehmen wird reduziert, wodurch mehr intellektuelle Kapazität für die Durchführung fortschrittlicherer und originellerer, technologischer Forschung eingespart wird.

Diese Umgestaltung des Wirtschaftsmodells wird letztlich eine Frage von Leben und Tod für die Menschheit sein. Wenn die Besessenheit von Kapitalrendite oder Wert, die Wirtschaft zum Äußersten treibt, endet sie oft damit, dass der industriell-militärische

Komplex in die Wirtschaft eindringt und sie kontrolliert, ein unangenehmes und verheerendes Endstadium. Wenn sich die Werte orientierte Wirtschaft auf ihr höchstes Niveau entwickelt, wird selbst der übermäßige Konsum tendenziell gesättigt sein, und das Wachstum erreicht seine Grenze und ist nicht mehr nachhaltig. Die Wirtschaftsoligarchen müssen neue Nachfragen finden und schaffen. Der Bau von großen Versorgungseinrichtungen und die Herstellung von militärischer Ausrüstung sind die beiden Hauptlösungen. Die intransparente und exklusive Natur des Waffengeschäfts macht es viel profitabler als erstere, da das Geld direkt aus staatlichen Mitteln fließt, wird es zum Liebling der Wirtschaftsoligarchen. Wenn das Militär, die Rüstungsunternehmen und die Politiker sich verschwören, wird das Monster des industriell-militärischen Komplexes geboren: Es manipuliert die Truppen oder terroristische Organisationen, um militärische Konflikte zu provozieren, und verbraucht dann die Waffen und die Ausrüstung. All diese Kosten werden von jedem Bürger durch Steuern bezahlt oder von den besiegten Ländern als Lösegeld eingezogen. Das Geld fließt schließlich im Namen der nationalen Sicherheit und der Weltordnung in den militärisch-industriellen Komplex. An diesem Punkt geht die Sünde der Werte orientierten Wirtschaft über die Ausbeutung der Arbeiter, die übermäßige Ausbeutung der natürlichen Ressourcen oder die Zerstörung der natürlichen Umwelt hinaus. Er ist ein Dämon, der Unschuldige tötet, ein Generator humanitärer Katastrophen und stellt letztlich eine direkte Bedrohung für das Überleben der Menschheit dar.

Der Verlust der Macht, die sie einst besaßen, ist für Politiker, politische Parteien und besondere Interessengruppen nicht hinnehmbar. Sie werden alles tun, um die Macht zu erhalten, zu festigen und dauerhaft zu behalten. Mit ihrer Stärke und vorteilhaften Position ist es für die Machthaber relativ einfach, ein soziales Umfeld zu ihren Gunsten zu schaffen, Rivalen zu unterdrücken und mögliche Bedrohungen auszuschalten. Diktatoren in autokratischen und autoritären Regimen bevorzugen offene Einschüchterung unter

Anwendung von Gewalt, während diejenigen in so genannten Demokratien geschickter darin sind, Gesetzes- und Verfahrenslücken auszunutzen, die öffentliche Meinung zu kapern und die richterliche Autorität zur Stärkung der Macht zu missbrauchen.

In der neuen Welt werden die alten, verfallenen, politischen Laster keinen Platz zum Bleiben haben, sondern im Mülleimer der Geschichte landen. Da keine individuelle oder politische Kraft im Rahmen des mikrodemokratischen Systems die Macht konsequent und ausschließlich aufrechterhalten kann, macht es keinen Sinn, sie in Anspruch zu nehmen. Die einzige dauerhafte Existenz ist die neutrale politische Maschinerie, wozu das Informationssystem und die Infrastruktur für mikrodemokratische Entscheidungsfindung umfasst sowie die Verfassungsgesetze zur Unterstützung ihrer normalen Funktionen gehören. Erstere ist vergleichbar mit Computer-Hardware, während letztere eine ähnliche Rolle spielt, wie das Betriebssystem, worauf die Hardware läuft. Wie ein moderner Computer ist es in der Lage, unzählige Aufgaben auszuführen, die von anderer Software, welche auf der Hardware und dem Betriebssystem läuft, ausgeführt werden. Der Gedächtnisraum, der diese "andere Software" zum Funktionieren bringt, lässt sich auf die organisch geformten Verwaltungsbezirke in der mikrodemokratischen Welt beziehen. Die von dieser "anderen Software" ausgeführten Funktionen, können mit externen Verhaltensweisen in Verbindung gebracht werden, die durch demokratische Entscheidungsfindung gelenkt werden. Wie im Ökosystem, in dem mehrere Softwareprogramme gleichzeitig auf dem modernen Computer laufen können, wurden sie von unzähligen Designern und Entwicklern geschaffen und können eine Vielzahl von Aufgaben erfüllen, von denen viele die Vorstellungskraft der Erfinder von Computern und Betriebssystemen, bei Weitem übersteigen. In ähnlicher Weise funktioniert das mikrodemokratische System, als eine offene Plattform für die Entwicklung der menschlichen Zivilisation. Die institutionellen Menschenrechte, die sie schützt, dienen nur dem weiteren Funktionieren der Plattform und sollen sicherstellen, dass die in ihr entwickelten, sozialen Formen konstruktiv, schützend und sicher sind und sich nicht selbst zerstören. Ausgehend von dieser Grundvoraussetzung ist es denkbar, dass verschiedene Gesellschaften auf dieser Plattform entstehen, in dieser sicheren Umgebung, friedlich miteinander konkurrieren und sich durch gewaltlose, natürliche Auslese kontinuierlich zu besseren Gesellschaftsformen entwickeln. Die zukünftigen, vielfältigere und höhere Gesellschaftsformen, die sich heute auf dieser Plattform entwickelt haben, könnten die Vorstellungskraft der Autoren und Leser dieses Buches bei Weitem übersteigen. Wir können uns jedoch immer noch dafür entscheiden, der beste Träumer dieses Zeitalters zu werden und das stärkste Fundament für die neue Welt zu legen.

Kapitel 8

Der Weg

Der Weg in die mikrodemokratische Welt ist voller Hoffnungen und Herausforderungen, beginnend mit dem Bewusstsein für neue Entscheidungen, beim Aufbau einer anderen Gesellschaft bewusst zu sein.

Nach dem blutigen Kampf der Weltkriege und der Konfrontation des Kalten Krieges, begrüßten die Menschen schließlich den Sieg von Demokratie und Freiheit, aber soziale Gerechtigkeit und Glück kamen nicht wie erwartet. Nachdem die ideologischen Rivalen besiegt worden waren, machten sich die herrschenden Gruppen nicht mehr die Mühe, ihre Manipulation der Politik und ihre Verachtung für die öffentliche Meinung zu vertuschen. Dann konnten die Menschen endlich erkennen, dass die Rituale der Demokratie nur Machtspiele von Interessengruppen waren, während das Volk im Allgemeinen nur ein Accessoire, ein Werkzeug und eine Waffe des Spiels war. Unter der scheinbar edlen Erscheinung hat die Globalisierungsbewegung nur einen wahren Meister: die Interessengruppen. Ihre eigentliche Funktion ist eine Handelsplattform für Eliten und Wohlhabende mit Kapital, um weltweit nach hochwertigem Nutzen zu erbeuten. Die Menschheit braucht dringend eine neue Entdeckung, aber die Menschen dachten, sie hätten das beste System, und das war das „Ende der Geschichte".[1] enttäuscht und wütend wandten sich die Menschen auf der Suche nach einem möglichen Gegenmittel dem Werkzeugkasten der alten Welt zu. Totalitarismus, Nationalismus und extremistische Religionen traten wieder aus ihren Gräbern hervor, wie halb begrabene Gespenster, die im Dunkeln singen.

Die dringlichste Priorität besteht jetzt darin, die Geburt dieser neuen Form der Demokratie anzukündigen und den Menschen zu zeigen, dass diese neue Idee nicht nur attraktiv, sondern auch Mikrodemokratie einzuführen, ist nicht so einfach, wie es scheint. Ein gangbarerer Weg wäre, wenn die Menschen zunächst geeignete Szenarien finden und Mikrodemokratie in ihrem täglichen Leben anwenden würden. Nachdem sie sich mit dieser neuen Methode vertraut gemacht, an sie gewöhnt und sie respektiert haben, können sie ihren Anwendungsbereich nach und nach erweitern, bis das politische System des Landes endlich modernisiert ist.

Die erste Umsetzung wird viel einfacher sein, als es auf nationaler Ebene sein sollte. Aufgrund des Fehlens einiger wichtiger Elemente wie Gesetze, Menschenrechte und des Lebenszyklus der Regierungsbezirke, kann sie keine ausreichende Gleichberechtigung bieten, wie sie in der Mikrodemokratie vorgesehen ist. Dennoch wird sie die Qualität der Entscheidungen und den gesellschaftlichen Nutzen weiter deutlich verbessern. Diese Vereinfachung macht es auch leicht zu implementieren; ein kleines oder mittelgroßes Software-Team könnte es innerhalb von Wochen aufbauen. Tatsächlich gibt es selbst für ein voll funktionierendes, mikrodemokratisches System auf nationaler Ebene keine unüberwindbaren, technischen Schwierigkeiten. Die Komplexität eines solchen Systems ähnelt großen, sozialen Plattformen oder Bankensysteme, und viele große Unternehmen der Informationstechnologie sind für diese Art von Projekten geeignet.

Die Wahrheit ist, dass das wahre Hindernis auf dem Weg zur Mikrodemokratie nicht die Technologie ist. Menschen sind der Schlüsselfaktor. Nach der Theorie des Materialismus und des Historischen Materialismus[2] wird jede Revolution, die den sozialen Fortschritt fördert, hauptsächlich von der Gruppe angeführt, die für fortgeschrittene Produktivität und Produktionsbeziehungen. So wie die europäische demokratische Revolution des 19. Jahrhunderts, von freien Bürgern unter Führung der aufstrebenden Klassen des industriellen und kommerziellen Kapitals[3] vollbracht wurde, wurden die kommunistischen Revolutionen des 20. Jahrhunderts in Russland und China von Bauern unter Führung der aufstrebenden Arbeiterklasse[4] vollbracht. Es ist nicht schwer zu glauben, dass nur diejenigen, die über das Wissen und die Fähigkeit zum Aufbau eines mikrodemokratischen Systems verfügen, die Pioniere dieser

Revolution werden könnten. Die Informationsarbeiter sind genau die aufstrebende Gruppe, welche diese fortschrittliche Produktivität und das Know-how hat. Als ob sie das Leben der Menschen im Bereich der Wirtschaft radikal verändert hätten, können nur sie, den Menschen die Macht und das Potenzial der Technologie zeigen und neue Anforderungen im politischen Leben motivieren. Von der neuen Theorie angezogen, werden andere Arbeitnehmer, die sich mit dem digitalen Lebensstil vertraut gemacht und an ihn angepasst haben, und freie Bürger mit Forschergeist, gemeinsam die zentrale Kraft Mikrodemokratischer Bewegung bilden.

Darüber hinaus ist es unerlässlich, die Verbündeten und Feinde der Mikrodemokratie zu identifizieren:

Internationalisten sind Verbündete der Mikrodemokratie. Internationalismus und Globalisierung haben einige Gemeinsamkeiten, und beide haben großen Einfluss gehabt.

Wie diese beiden Theorien, schlägt auch die Mikrodemokratie ein global integriertes politisches System vor, aber ihre zentrale Idee ist sehr unterschiedlich.

Internationalismus war die supranationale Ideologie der kommunistischen Bewegung auf der Grundlage der Klassentheorie. Sie hatte eine starke Betonung der Klassenunterschiede und Widersprüche zwischen den Klassen sowie die entscheidende Rolle der wirtschaftlichen Beziehungen in der Politik. Obwohl die Welt der Mikrodemokratie ebenfalls supranational ist, ist sie klassenneutral und nicht an bestimmte Wirtschaftsbeziehungen gebunden.

Die Globalisierung war die globale politisch-ökonomische Integrationsbewegung unter Führung internationalen Kapitals. Sie zielte auf einen globalen Markt und wirtschaftliche Integration ab und verhalf dem transnationalen Kapital zu mehr Ressourcen und Mehrwert. Bei der Umsetzung stand daher die Befriedigung des Profitstrebens von Kapital im Vordergrund. Das begleitende politische System, soziale Gerechtigkeit und kulturelle Entwicklung sind alles sekundäre Themen und Instrumente, die geopfert und ignoriert werden können, solange der Wunsch des Kapitals nach Marktintegration erfüllt wird. Im Gegensatz dazu ist die Mikrodemokratie in erster Linie ein politisches System, das den sozialen Nutzen in den Vordergrund stellt, ohne von der globalen wirtschaftlichen Integration abhängig zu sein oder diese anzustreben.

Offensichtlich besteht der grundlegende Unterschied zwischen der Mikrodemokratie und den beiden obig genannten Ansätzen, in ihrer neutralen Haltung gegenüber Wirtschaftsmodellen, da es sich um ein rein politisches und nicht um einen wirtschaftlichen Rahmen handelt. Obwohl seine Umsetzung unweigerlich interagieren und einen großen Einfluss auf wirtschaftliche Aktivitäten und Beziehungen haben wird, bleibt diese Verbindung flexibel und offen. Ein wichtiger Beweis dafür ist, dass sie es verschiedenen Regionen eines Landes ermöglicht, verschiedene wirtschaftliche und politische Modelle autonom zu entwerfen. Nationale Gesetze schützen nur persönliche Gegenstände und die Seriosität von Verträgen. Die Formulierung aller anderen, wirtschaftlichen Regeln und Vorschriften wird im Rahmen regionaler Gesetze berücksichtigt. Folglich kann jede Region über jene grundlegenden Fragen entscheiden, die sich auf dieselben Wirtschaftsmodelle beziehen, wie zum Beispiel das Eigentum an persönlichen Gütern und ihre sekundären Rechte, solange sie keine institutionellen Menschenrechte verletzen. Diese Offenheit ermöglicht verschiedenen Wirtschaftsmodellen, unabhängig voneinander zu agieren, sich weiterzuentwickeln und in verschiedenen Regionen freundlich, miteinander zu konkurrieren. Das Ergebnis ihrer Konkurrenz ist kein Regimewechsel, sondern Expansion, Kontraktion, Fusion und Evolution zwischen Regionen mit gegensätzlichen Wirtschaftsmodellen.

Trotz aller Unterschiede teilt die Mikrodemokratie noch immer viele Visionen mit diesen beiden Bewegungen, wie zum Beispiel ihren Wunsch, die Vereinigung der Welt in irgendeiner Weise zu erreichen und die durch nationale, religiöse und wirtschaftliche Systeme verursachte Spaltung, Isolation, Konflikte und sogar Kriege zu beseitigen, damit die Menschen in einer sichereren, egalitäreren und harmonischeren Welt leben können. Dies ist wahrscheinlich nicht das eigentliche Ziel und die Hauptmotivation der Führer der beiden Bewegungen, aber möglicherweise ist es das Ziel und Ideal vieler, sogar der meisten ihrer Anhänger und Teilnehmer. Wenn also die Mikrodemokratie eine bessere Lösung für dieses Ideal bietet, dann können diese echten und leidenschaftlichen Internationalisten davon angezogen werden und zum Rückgrat der mikrodemokratischen Revolution werden.

Die Arbeitnehmer sind Verbündete der Mikrodemokratie. Mit institutionellen Menschenrechten werden die meisten Arbeiterinnen und Arbeiter die Bedingungen haben, sich von schwerer Arbeit zu befreien, an höherwertigen Tätigkeiten teilzunehmen und ein bequemeres und würdigeres Leben zu führen.

Karl Marx hat einmal darauf hingewiesen, dass Gewinne für Kapitalisten hauptsächlich aus dem Mehrwert der produktiven Arbeit stammen. [5] Ohne Anstellung haben die Kapitalisten nichts, was sie ausbeuten können, und ihr Kapital verliert die Fähigkeit zu wachsen. Deshalb ist die Steigerung von Arbeitsplätzen und Produktion das Ziel, was die Kapitalisten verzweifelt verfolgen. Mit intelligent konzipierten, sozialen Wohlfahrtssystemen, der Wirtschaftstheorie und der öffentlichen Meinung haben sie dieses egoistische Ziel erfolgreich in den "gesunden Menschenverstand" des Volkes eingepflanzt und zum Grundbedürfnis der Arbeiter gemacht. So ist die Maximierung der Beschäftigung und des Umfangs des Marktes zu einer Art religiöser Anbetung in der modernen Marktwirtschaft geworden.

Die Wahrheit ist, dass die heutigen Technologien durch die Anwendung der Automatisierung bereits in der Lage sind, die Lebensbedürfnisse aller Menschen mit einer deutlich reduzierten Belegschaft zu erfüllen. Gleichzeitig ging die soziale Produktion nicht nur weit über das notwendige Maß hinaus, sondern war auch ausreichend, um den Menschen bessere Arbeitsbedingungen, weniger Arbeitsstunden, zusätzliche Freizeit und einen entspannten Lebensstil zu bieten. Da dieses Ergebnis nicht zu Gunsten der Kapitalisten ausfällt, ergriffen sie drei Gegenmaßnahmen, um eine solche Situation zu vermeiden: die erste förderte den Konsum und stimulierte die

Nachfrage der Menschen nach Gütern und Dienstleistungen. Wo es keine Nachfrage gibt, wird es ihnen gelingen, eine soziale Atmosphäre zu schaffen, die übermäßigen Konsum und Überproduktion begünstigt. Es liegt auf der Hand, dass dieser Ansatz nicht nachhaltig ist; er wird letztendlich die natürlichen Ressourcen des Planeten erschöpfen und die ökologische Umwelt zerstören. Die zweite Gegenmaßnahme bestand darin, die Nachfrage nach dem Dienstleistungssektor zu erhöhen. Wenn die Produktion von materiellen Gütern die Bedürfnisse der Menschen bei Weitem übersteigt, werden große Mengen an nicht- materiellen Dienstleistungen erfunden, welche die Menschen anziehen oder zum „Genießen" zwingen. Natürlich werden die Menschen diese Dienstleistungen mit noch schwererer Arbeit eintauschen müssen. Indem sie den Dienstleistungssektor wachsen lassen, genießen die Kapitalisten nicht nur ein besseres Leben zu niedrigeren Preisen, sondern ziehen durch diese Dienstleistungen auch mehr Wert aus den Arbeitern. Die dritte Gegenmaßnahme bestand darin, ein neues Becken zum Wohle der Menschheit im Prozess der Globalisierung zu finden und es zu nutzen, um das Niveau der Sozialhilfe in anderen Regionen zu senken. Für die Kapitalisten hat dies einen doppelten Vorteil: Einerseits können dadurch mehr materielle Ressourcen auf den Kapitalmarkt gelangen, statt in den Bereich der öffentlichen Sozialhilfe, was dem Kapital mehr Vorteile verschafft. Auf der anderen Seite sind mehr Menschen gezwungen, auf dem Markt zu arbeiten, was für den Kapitalisten im Rahmen des Arbeitsverhältnisses Wert schafft.

Angesichts obig genannter Probleme ist die Mikrodemokratie nicht einfach gegen Kapitalismus und die Marktwirtschaft, wie einige andere soziale Bewegungen. Trotz der gravierenden Mängel im Status quo ist es nicht klug, bestehende Systeme zu zerreißen, wenn es noch keine ideale Alternative gibt. Ohne an der Wurzel des Problems anzusetzen, ist es jedoch auch unmöglich, durch geringfügige Korrekturen, substanzielle Ergebnisse zu erzielen. Die Lösung der Mikrodemokratie für dieses Problem ist die Bereitstellung für den persönlichen Lebensunterhalt und das Bildungssystem. Sie gibt den

Arbeitnehmern, vor allem denen auf unteren Ebenen, einen wirklich gangbaren Weg, ihr Leben zu wählen und zu verändern, indem sie ihnen eine materielle Grundlage bietet, um sich von den wirtschaftlichen Fesseln zu befreien, welche die persönliche Freiheit einschränken. In diesem System gewinnen die Arbeiter eine stärkere Verhandlungsposition gegenüber den Kapitalisten, was ihre Arbeitsbedingungen, ihre Entlohnung und ihren sozialen Status erheblich verbessern wird. Die Menschen werden nicht mehr gezwungen sein zu arbeiten, sondern werden eine persönliche Entscheidung treffen, um ihre Lebensqualität zu verbessern und ihr Selbstwertgefühl zu erkennen. Infolgedessen werden die Arbeitnehmer sicherlich zu engen Verbündeten der Mikrodemokratie und zur mächtigsten Machtquelle im neuen System.

Die Liberalen sind natürliche Verbündete der Mikrodemokratie. Liberalismus schätzt die Selbstwahl und Selbstverwaltung des Einzelnen, aber solche Entscheidungen werden in modernen Staaten streng unterdrückt, und demokratische Entscheidungen sind da keine Ausnahme. Das liegt daran, dass Politiker und herrschende Gruppen ihre etablierten Interessen sichern und schützen müssen. Darüber hinaus gibt es in den gegenwärtigen, politischen Systemen keinen Mechanismus zur Umsetzung einer wirklich dynamischen Autonomie. In einem solchen Fall können die Menschen nur auf außergewöhnliche Mittel zurückgreifen, um für ihre Selbstverwaltung zu kämpfen. Dies führt unweigerlich zu Spannungen und Konfrontationen zwischen sozialen Gruppen und eskaliert zu gewaltsamen Konflikten, sozialen Unruhen und humanitären Katastrophen. In den meisten Fällen endet dies nicht mit der Autonomie; selbst wenn dies der Fall wäre, beruhten politische Vereinbarungen oft mehr auf dem Gleichgewicht der Streitkräfte als auf der genauen Widerspiegelung öffentlicher Meinung. Unabhängig davon, ob damals eine faire, vernünftige und willkommene Lösung zur Selbstverwaltung erreicht wurde oder nicht, war die Festigung dieser Lösung nur ein weiteres, neues Hindernis für die Nachwelt.

Regionale Autonomie ist im Routineprozess mikrodemokratischen Systems eingebunden und kann jederzeit, von jeder Ebene aus, in friedlicher und geordneter Weise eingeleitet werden. Diese Flexibilität ermöglicht, die Aufteilung von Regierungsbezirken und die Formulierung von Gesetzen, stets auf die Wünsche der Menschen eingehen. Bei der Umsetzung von Beschlussänderungen und die automatisierte Neuvalidierung, wird die dynamische Autonomie zur Norm. Die Menschen müssen nicht mehr aggressiv vorgehen, nur um bestimmte Veränderungen für immer zu gewährleisten, was zu größerer, sozialer Harmonie führt.

Die Umsetzung der Autonomie in der Mikrodemokratie wird nicht nur geographisch ausgeweitet, wodurch die Bevölkerungsbasis vergrößert wird, sondern sie hat auch einen breiteren Anwendungsbereich. Das bedeutet, dass die Menschen viel mehr über öffentliche Angelegenheiten entscheiden können und viel mehr Kontrolle über ihr Leben haben. Mit Ausnahme der wenigen institutionellen Menschenrechte, welche durch die Verfassung geschützt sind, werden viele der heutigen, eingeschränkten Fragen, wie zum Beispiel Menschenrechtliche Sozialhilfe, Wirtschaftsmodelle, soziale Regeln etc. im neuen System den Bürgern, zur Entscheidung offen stehen. Die Ausweitung des Rechts auf Autonomie der Bürger, hat folglich den Spielraum für staatliche Autorität verringert. Dies deckt sich mit dem liberalen Konzept einer Gesellschaft, mit einer kleinen Regierung.

Zwischen Liberalismus und Mikrodemokratie gibt es jedoch offensichtliche Unterschiede in ihren Ansichten über Privateigentum. Für den Liberalismus sind die Rechte der Menschen auf Privateigentum heilig und müssen streng geschützt werden. Für die Mikrodemokratie ist dies bedingt und begrenzt, da das traditionelle Privateigentum in persönliche Gegenstände und persönliches Vermögen unterteilt ist. Erstere werden streng und bedingungslos als Teil der institutionellen Menschenrechte geschützt, während letztere, nach menschenrechtlicher Sozialhilfe und Wirtschaftsmodellen angepasst werden und daher der Öffentlichkeit zur Regelung durch regionale Gesetze offen stehen. In diesem Sinne ist die

Mikrodemokratie kein, rein liberales System. Mit dem Entscheidungsmechanismus und der rechtlichen Struktur der Mikrodemokratie können die Liberalen jedoch immer noch regionale Gesetze erlassen, um einen sinnvolleren und umfassenderen Schutz des Privateigentums zu gewährleisten, und sie können in bestimmten Regionen eine liberale, orientierte Gesellschaft aufbauen. Wenn eine solche Gemeinschaft überlegen genug ist, wird sie sich natürlich auf ein größeres Gebiet mit mehr Bevölkerung ausweiten. Und dieser, friedliche Mechanismus des sozialen Wettbewerbs ist selbst ein Tribut an die höchsten Konzepte des Liberalismus.

Im Vergleich zum Liberalismus ist der Progressivismus ein noch engerer Verbündeter der Mikrodemokratie. Der Konsens von Liberalismus und Mikrodemokratie liegt im Design-Denken, der Konvergenzpunkt zwischen Progressivismus und Mikrodemokratie liegt in den Grundwerten: das allgemeine Glück aller Menschen zu maximieren, den Nutzen der Gesellschaft zu erhöhen, was als das Endziel aller politischen Aktivitäten gilt. In diesem Sinne kann die Mikrodemokratie sogar als eine fortgeschrittene Version des Progressivismus angesehen werden.

Die Mikrodemokratie entspricht dem zentralen Streben nach fortschrittlichen Bürgerrechten und Vorteilen, indem sie die institutionellen Menschenrechte schützt. Darüber hinaus befähigt sie die Anwohner, die Menschenrechte auf Wohlbefinden zu definieren, die den spezifischen Situationen in der Region entsprechen. Der dynamische Mechanismus der Regierungsbezirke spricht die Fragen zur Umsetzung der Sozialpolitik in der gegenwärtigen Staatsstruktur perfekt an. Dieser einheitliche Standard auf nationaler Ebene ist den unterschiedlichen Bedürfnissen der verschiedenen Regionen und Gruppen nur schwer gerecht zu werden, und der enorme Umfang macht seine Umsetzung ebenfalls sehr schwierig. Indem sie es einzelnen Gebieten und Gruppen erlaubt, die Methode der sozialen Anwendungen aufzubauen, die ihren Wünschen am besten entspricht, verringert die Mikrodemokratie nicht nur die Schwierigkeit der Umsetzung, sondern entspricht auch den einzigartigen Bedürfnissen jeder Gruppe und so steigt das Niveau sozialen Nutzens von der nationalen Ebene zur obersten Ebene jeder Region.

Der Mechanismus der regionalen Autonomie schafft Freiräume für Individuen und soziale Gruppen, um neue soziale Formen zu entwerfen, ohne Einschränkung bestimmter Wirtschaftsmodelle, sozialer Codes oder soziale Formen. Auf diese Weise kann eine mikrodemokratische Gesellschaft, anders als jede bestehende Regierung und jeder bestehenden Struktur, für immer ungebunden wachsen, ohne Selbstbeschränkung.

Die Unterscheidung von persönlichem Eigentum und persönlichem Vermögen öffnet den Menschen die Tür für die Innovation verschiedener Wirtschaftsmodelle, was dazu beitragen wird, die Feindseligkeit zwischen kommerziellen Interessen und sozialem Nutzen in Einklang zu bringen. Mit der Zeit werden die Menschen ein ideales Gleichgewicht zwischen wirtschaftlicher Entwicklung, Gemeinwohl und Umweltschutz finden.

Natürlich trägt das neue Bildungssystem erheblich zur Verbesserung der Arbeitsbedingungen der Menschen und zur Entwicklung der Gesellschaft bei. Die enorme Zunahme des Personals in Wissenschaft, Technologie und Kultur, hat den Raum für soziale Entwicklung erweitert und das Tempo des sozialen Fortschritts beschleunigt, wodurch der Fortschritt der menschlichen Zivilisation einen weiteren Höhepunkt erreicht hat.

Mikrodemokratie ist gegen Unterdrückung und Krieg und fördert die Integration zwischen gesellschaftlichen Gruppen und Ideen sowie den friedlichen Wettbewerb. Aber was sie außergewöhnlich macht, ist, dass sie über den guten Willen hinaus, eine praktische Lösung bietet, die funktioniert. Es ist nicht überraschend, dass Pazifisten zu Verbündeten der Mikro-demokratie werden.

Die Interpretationen der Natur und der Ursprünge des Krieges variieren aus verschiedenen Perspektiven. Aus der Sicht der Mikrodemokratie gibt es zwei Ursachen, die zu Krieg zwischen modernen Nationen führen. Eine Ursache ist die Machtgier der Herrscher oder der herrschenden Gruppen. Um Macht zu erhalten und zu erweitern, um das Gefühl der persönlichen Mission, der Ehre und der Pflicht zu erfüllen, mehr Vorteile für das Kollektiv zu erlangen, (mit anderen Worten: Ehrgeiz, Eitelkeit und Gier), werden sie nicht zögern, tödliche Gewalt auf Kosten des Lebens und des Glücks der Menschen anzuwenden. Da die Machthaber oder die herrschende Gruppe über enorme institutionelle und wirtschaftliche Ressourcen verfügt, um das Gesetz zu manipulieren und die Medien zu kontrollieren, können diese Motive leicht verschleiert werden, indem man sie zu einer edlen Mission macht und mutige und anständige Menschen täuscht. Um diesen Ansatz wirksamer zu machen, ist es jedoch notwendig, die zweite Ursache zu kombinieren: Isolation. Je tiefer und breiter die Kluft zwischen den Menschen wird, desto leichter fällt es den Herrschenden, Widersprüche zu provozieren und dann Abscheu und Hass unter den Menschen zu wecken. Um dies zu erreichen, sind Länder und Grenzen wesentliche Instrumente, einschließlich geographischer und physischer Barrieren sowie Isolierung von Informationen und Sprache. Wenn Menschen die Wege und Fähigkeiten fehlen, um direkt zu kommunizieren und Erfahrungen des täglichen Lebens auszutauschen, kann die Manipulation der Medien und der öffentlichen Meinung die verheerendsten Auswirkungen haben. Ein heute weit verbreitetes Phänomen ist, dass die Menschen zwischen den beiden Ländern von freundlich zu abstoßend und sogar extrem feindselig zueinander werden können, wobei einige isolierte Vorfälle, sorgfältig organisiert und die öffentliche Meinung künstlich gestaltet wird. Obwohl die Menschen in den beiden Ländern, ihre Lebensweise und ihr Verhalten vor und nach diesen Vorfällen, nicht geändert haben und die Vorfälle selbst das Leben der Menschen überhaupt nicht beeinflussen, können sie dennoch einen tiefen Hass gegeneinander entwickeln und manchmal sogar einen Mord begehen. Wenn die Zusammenarbeit mit der Medienmaschinerie und der öffentlichen Meinung für diese Machthaber nützlich wird, können sie schnell die Atmosphäre der gesamten Gesellschaft umkehren und die Menschen wieder miteinander anfreunden lassen. Die Opfer des Krieges werden vergessen, bis die Machthaber ihre Tragödie brauchen, um neuen

Hass zu schüren und den nächsten Konflikt zu provozieren. So lächerlich, traurig und beschämend dies auch erscheinen mag, so ist es doch immer noch eine Realität, welche in dieser Welt täglich praktiziert wird.

Im Rahmen des mikrodemokratischen Systems werden diese beiden Kriegsursachen geschwächt und beseitigt. Erstens: die Herrscher und Machthaber existieren in der politischen Struktur nicht mehr, und der Machtwille dieser privilegierten Individuen und Gruppen wird seinen Nährboden verlieren. Die Verteidiger des Krieges wird es weiterhin geben, aber ohne Monopolgesetze und Informationskontrolle, können sie die Menschen nicht mit einer einzigen Stimme gewinnen und diese Friedensaufrufe unterdrücken. Die Menschen werden in die Lage versetzt, die Situation aus rationaleren, ausgewogeneren und konstruktiveren Perspektiven kennen zu lernen. Missverständnisse und Konfrontationen können schnell gelöst und beigelegt werden, wodurch das Risiko eines Krieges verringert wird. Zweitens kann mit der Entwicklung der modernen Kommunikations- und Verkehrstechnologien sowie der Migrationsfreiheit, die interregionale Integration von Menschen kontinuierlich erfolgen, was die Bildung exklusiver und antagonistischer Gruppen erschwert. Da Entscheidungen zudem den Willen des Volkes besser widerspiegeln und zeitlich und räumlich dynamisch getroffen werden können, ist es für Streitigkeiten leichter, schneller zu einer gerechten und ausgewogenen Lösung zu gelangen. Selbst wenn einige ungerechte Resolutionen und Regelungen durch Gewalt zustande kämen, könnten sie nicht lange Bestand haben und würden daher keinen Sinn machen. Folglich ist die Möglichkeit gewaltsamer, interregionaler Konflikte innerhalb mikrodemokratischer Länder oder von Kriegen zwischen mikrodemokratischen Ländern außerordentlich gering, wenn nicht gar vorhanden.

Natürlich besteht die Möglichkeit von Kriegen zwischen mikrodemokratischen und nicht-mikrodemokratischen Ländern. Die natürliche, pazifistische Tendenz der Mikrodemokratie und ihre hohe Wachsamkeit gegenüber institutionelle Risiken, zur Mobilisierung von

Kriegsmechanismen, macht es einem rein mikrodemokratischen Land jedoch fast unmöglich, proaktiv Konflikte und Kriege zu provozieren; sondern es kann auf Kriege nur durch Selbstverteidigung reagieren.

Es gibt die Ansicht, dass Ressourcenknappheit und Bevölkerungswachstum einen ewigen Widerspruch verursachen, der Konflikte und Kriege unausweichlich macht. Tatsächlich kann materieller Wohlstand nur durch die Verbesserung der Produktion und Nutzung von Ressourcen, nicht durch Zerstörung und Töten, wachsen und diesen Widerspruch im Wesentlichen auflösen. Natürliche Ressourcen sind nicht unbegrenzt, aber das Potenzial von Wissenschaft und Technologie ist es. Unter der Voraussetzung, dass kontinuierlich genügend Arbeitskräfte in die wissenschaftliche Forschung zur Entwicklung einer effizienten Nutzung von Ressourcen investiert werden, gibt es guten Grund zur Annahme, dass sich die menschliche Zivilisation nachhaltig entwickeln kann, ohne Ressourcen und Lebensraum zu erschöpfen. Eine weitere Ursache der Ressourcenknappheit ist jedoch die Gier in den Herzen der Menschen. Unter diesem Einfluss geben die Menschen dem Verlangen nach materiellen Dingen nach, werden verschwenderisch und süchtig nach Besitz. Die Quelle dieser schlechten Gewohnheiten ist das menschliche Leid, das sich über Tausende von Jahren entwickelt hat. Dieses Elend ist in jedem Aspekt der menschlichen Kultur verankert und wirkt sich auf die Überzeugungen und Verhaltensweisen der Menschen aus, die oft zu noch mehr Leid führen. Es ist nicht leicht, diesen Teufelskreis zu durchbrechen, und es lässt sich auch nicht über Nacht lösen. Wenn die Menschen sich dessen jedoch bewusster werden und Hoffnung sehen, können sie dann die Welt, mit Hilfe der Mikrodemokratie verändern. Durch die Eliminierung von Staaten, der gefährlichsten Kriegsmaschinerie, durch die friedliche Beilegung von Streitigkeiten und durch eine konstruktive Weltführung, wird dieser Fluch beendet werden. Mit der Zeit wird die menschliche Kultur allmählich Leiden durch Glück ersetzen, Gier durch Mäßigung und schließlich eine schöne neue Welt errichten.

Einheimische und Migranten sind auch Verbündete der Mikrodemokratie. Kommunikationstechnologie und Transportmittel haben das Reisen bequemer und erschwinglicher gemacht. Die ständige Bewegung der Menschen ist vorherrschend und wird zur neuen Normalität. Die Zunahme des Ausmaßes der Migration hat weitreichende Auswirkungen auf Wirtschaft, Kultur und Politik gehabt. Trotz vieler positiver Elemente sind die negativen Auswirkungen auffälliger.[6,7] Das Kernproblem liegt in der Verteilung von Macht und dem Nutzen neuer Einwanderer und Einheimischen, insbesondere in übermäßiger Vereinfachung der Rechte von Einwanderer. In modernen Staaten erhalten Einwanderer, die sich einbürgern lassen, in der Regel sofort die gleichen politischen Rechte wie die einheimischen Bürger. Wenn es in kurzer Zeit zu einem Zustrom von Einwanderern kommt, bildet sich eine beträchtliche politische Kraft, die in der Lage ist, die lokale Gesellschaftsordnung und den Lebensstil stark zu beeinflussen. Wenn diese Einwanderer ähnliche wirtschaftliche und kulturelle Hintergründe haben, ist es sehr wahrscheinlich, dass sie sehr konsistente, politische Appelle erheben und die ursprünglichen Wähler, zahlenmäßig überlegen sind. Ein solcher Einfluss auf die einheimische Gesellschaft, wird deutlicher und offenkundiger sein. Dadurch werden sie nicht nur im täglichen Leben gestört, sondern die einheimischen Bürger können sogar in manchem Kontext zur Minderheit werden und Mitspracherecht bei lokalen Angelegenheiten verlieren. Hinzu kommt, dass Einwanderergruppen oft größere Familien mitbringen und oft eine höhere Geburtenrate aufweisen, so dass ihr Anteil an der Bevölkerung schneller wächst, was die Angst und Panik einheimischer Bürger noch verstärkt. Objektiv gesehen ist diese Sorge nicht unangebracht. Immer mehr Beispiele haben gezeigt, dass die Einbürgerung von Einwanderern nicht immer ein Prozess der Absorption fremder Wirtschaft und Kultur in die einheimische ist, sondern manchmal eher eine Invasion darstellt. Wenn die fremde Wirtschaft und Kultur relativ rückständig und großräumig ist, kann diese Invasion zur Zerstörung und Degradierung der Zivilisation führen.

Reisen und die Umsiedlung in der Welt der Mikrodemokratie werden für Migranten einfacher und für die einheimischen Bewohner weniger beschwerlich sein. Das einzigartige Konzept der Wahlen würde die Auswirkungen ausländischer Wirtschaft und Kultur lindern, und gleichzeitig potenzielle Widersprüche und Konflikte zwischen Einwanderern und Einheimischen abfangen. Einheimische Bewohner können die Abstimmungsregeln auf Grundlage der Zeit anpassen, um bei Entscheidungen Vorrang zu erhalten. Wenn der Zeitfaktor eine erhebliche Bedeutung hat, werden die Einwanderer nicht mehr in der Lage sein, das Ergebnis von Entscheidungen zu kontrollieren, indem sie einfach die Anzahl einheimischer Bürger übertreffen und so die Auswirkungen auf die lokale Wirtschaft und Kultur verringern. Dieser Entwurf scheint zu Ungleichheiten bei den demokratischen Rechten zu führen. Da Migranten jedoch aufgrund ihrer früheren Aufenthaltszeit auch an ihren Herkunftsorten ein zusätzliches Stimmrecht erhalten, sind ihre Chancen, eine zeitbezogene Abstimmung zu erhalten, aus ganzheitlicher Sicht gleich. Darüber hinaus werden die Einwanderer, die weiterhin in dieser neuen Region leben, im Laufe der Zeit, in gleicher Weise wie die einheimischen Bewohner allmählich Stimmrechte gewinnen, bis sie schließlich selbst zu Einheimischen werden. Die Parameter, welche die einheimischen Bewohner für das zeitbasierte Abstimmen festlegen, werden zeigen, in welchem Ausmaß und inwieweit sie die Ankunft von Einwanderern im Allgemeinen begrüßen. In Verbindung mit den beiden, anderen Arten der Abstimmung, das heißt das Interesse relevanter Wahlen und Bildungsbezogene Wahlen, kann die lokale Bevölkerung die Akzeptanz gegenüber Einwanderern mit unterschiedlichen, wirtschaftlichen Bedingungen und Wissensstand verfeinern. Dies wiederum wird die Einwanderer motivieren, ihren Wissensstand proaktiv zu verbessern, um schneller eine größere Entscheidungskompetenz zu erlangen. Letztlich beschleunigt diese Interaktion die Verbesserung des allgemeinen Wissensstandes in der Gesellschaft.

Es sollte darauf hingewiesen werden, dass Einwanderer und Einheimische im Verhältnis zueinanderstehen. Jeder Einwanderer, der lange genug an einem Ort gelebt hat, wird im Verhältnis zu den

Neuankömmlingen ein Einheimischer sein. Diese Identität ist nur an die Zeit gebunden und hat nichts mit anderen Faktoren wie Geburtsort, Rasse, ethnische Zugehörigkeit, Religion und Kultur zu tun. Auch wenn Einwanderer bei der Entscheidungsfindung benachteiligt sein können, weil ihnen das auf Zeit basierende Abstimmen fehlt, sollten solche Entscheidungen ihre institutionellen Menschenrechte nicht beeinträchtigen. Sie verfügen nach wie vor über ausreichende materielle Grundlagen und rechtlichen Schutz, um in der Region ein menschenwürdiges Leben zu führen. Sie brauchen nur den gegenwärtigen Lebensstil und die Kultur der einheimischen Bevölkerung respektieren. Noch wichtiger ist, dass Anpassungen der Abstimmungen nur für die Faktoren Interesse, Wissen und Zeit angewendet werden können. Diese Faktoren sind für alle gleich, ebenso wie die Möglichkeiten, sie zu akkumulieren.

Mit obig erwähntem Mechanismus wird die Beziehung zwischen Einwanderern und einheimischen Bewohnern harmonischer. Gegenwärtig sind die Einwanderungsprobleme in vielen Fällen, die Folge von Tyrannei, Krieg und Naturkatastrophen und die Beschränkungen der Zuströmung von Menschen verschärfen diese Probleme zusätzlich, wodurch die Wahrscheinlichkeit steigt, dass die Einwanderer in kurzer Zeit in bestimmte Gebiete gelangen. In der Welt der Mikrodemokratie, ohne Tyrannei und Krieg, können sich die Menschen frei bewegen, und diese gemäßigte Bewegung von Menschen wird normal werden und nicht mehr wie eine explosive, soziale Krise erscheinen. Die einzige Ausnahme wird die durch Naturkatastrophen verursachte Flüchtlingswelle sein. Selbst in diesem Fall, weil das gesamte Territorium der mikrodemokratischen Welt, Flüchtlinge bedingungslos aufnimmt, wird die Last weltweit ausgeglichen, anstatt den ganzen Druck auf begrenzte Gebiete auszuüben.

Idealisten und Träumer sind auch überzeugte Verbündete der Mikrodemokratie. Sie sind bereit, zuzuhören und neue Ideen zu entwickeln. Idealismus erfüllt sie auch mit Mut, so dass sie in den schwierigsten Momenten ständig versuchen, Hindernisse zu überwinden, und den Kampf gegen Schwierigkeiten als Beweis für ihren Selbstwert betrachten. Sie glauben an den Fortschritt der Gesellschaft und wollen die Welt zu einem besseren Ort machen. In Wirklichkeit waren jedoch nur wenige Optionen ausreichend, praktisch und wirkungsvoll. Unfähig, etwas Edles und Wertvolles zu finden, wofür es sich lohnt zu kämpfen, sind diese Krieger der Zukunft entweder in der gegenwärtigen Mittelmäßigkeit des Alltags verloren oder vergeuden ihre Leidenschaft und ihr Talent in diesen, kommerziellen Spielen. Sobald sie die Idee der Mikrodemokratie verstehen und akzeptieren und erkennen, dass dies der Schlüssel zur Lösung aller Probleme ist, dann werden sie sich einem höheren Ziel widmen und Pioniere und Wegweiser dieser großen Sache werden und Hoffnung in den Menschen um sie herum wecken.

Offensichtlich ist die jüngere Generation auch ein Verbündeter der Mikrodemokratie. Bevor junge Herzen durch belastende Geschichte erstickt und durch die Fesseln des Lebens eingeengt werden, haben sie immer noch eine magische Kraft, aus dem Unmöglichen das Mögliche zu machen, die Realität aus dem Unrealistischen, und mit Mut, Leidenschaft und Aufrichtigkeit einen Himmel auf Erden zu schaffen.

Am Ende wird jeder gewöhnliche Mensch, ob jung oder alt, ob er Wunder erwartet oder nicht, ob er glaubt, dass große Veränderungen in dieser Welt geschehen können oder nicht, solange dieser Mensch den Glauben an Freiheit, Gleichberechtigung und Gerechtigkeit bewahrt, solange er sich über die Unannehmlichkeiten ärgert und sich nach Tugend sehnt, ein Verbündeter der Mikrodemokratie sein.

Nachdem wir die Verbündeten der Mikrodemokratie anerkannt haben, wollen wir auch auf einige starke Feinde hinweisen:

Traditionelle Politiker sind die Feinde der Mikrodemokratie. Traditionelle Politiker sind die Politiker, politischer Parteien, Lobbyisten und Regierungsbeamte in fast jedem politischen System, die Entscheidungsgewalt haben. Im Rahmen des mikrodemokratischen Systems gibt es „neue" Politiker, die sich von den traditionellen unterscheiden, darunter Führungspersönlichkeiten,

Polykonsultationsbüros und politische Parteien sowie einige Regierungsfachleute mit Entscheidungsbefugnis auf mikroskopischer Ebene für routinemäßige Tätigkeiten.

Macht ist machtsüchtig. Die Hauptpriorität traditioneller Politiker ist es, die Macht, welche diese Macht bereits innehaben, zu behalten oder die Macht, die andere haben, zu übernehmen. Manchmal können sie auch einige gute Taten vollbringen, um dem Volk zu dienen, aber das ist eher ein Mittel zum Zweck, um Macht zu gewinnen. Wenn nötig, macht es ihnen nichts aus, für den gleichen Zweck die größte Grausamkeit zu begehen. Die Machtgier ist eine ungezügelte Verherrlichung des Verlangens nach Kontrolle und der Besitzgier, welche der Mensch von primitiven Organismen vererbt hat, sowie aus Überlebensweisheit in grausamer Natur. Allerdings verfügen die Menschen über genügend Weisheit, um die Bevölkerung von dieser endlosen Krise zu befreien. Die Menschheit ist bereit, über biologische und materielle Bedürfnisse hinauszugehen, um geistigen Reichtum nachzugehen. Um diesen Sprung zu vollenden, muss die menschliche Zivilisation, diese Machtsucht überwinden und beseitigen, indem sie dem ewigen Leiden und dem Schicksal der Selbstzerstörung entgeht. Die Evolution der politischen Architektur ist ein Prozess der Einschränkung und Zähmung von Macht. Die Menschen haben einige politische Systeme erfunden und versuchen, die Macht zu lenken, um durch gegenseitige Zurückhaltung und Aufsicht über die Mächtigen, mehr Leistungen zu vollbringen, statt Böses zu tun, woran jedoch leider alle scheiterten. Der grundlegende Fehler im System der Gewaltenteilung besteht darin, dass für die Machthaber Verschwörungen immer eine unwiderstehliche Versuchung darstellen und der Austausch von Interessen hinter den Kulissen viel profitabler und sicherer ist, anstelle von, sich an die Regeln zu halten. Eine weitere häufige Situation besteht darin, dass die Mächtigen innerhalb des Systems gegenseitiger Kontrolle, in Wirklichkeit Marionetten sind, die von denselben Kräften hinter den Kulissen manipuliert werden; das gesamte Kontrollsystem selbst ist ein Schwindel.

Diktatoren sind eine besondere Art von traditionellem Politiker. Absolute Macht verschafft ihnen außerordentliche Vorteile, da sie sich weniger um den Machterhalt kümmern müssen, was ihnen Kraft gibt, große Errungenschaften zu verfolgen, um ihre persönliche Erfüllung zu erreichen. Wenn einige von ihnen intelligenter sind, sind diese Errungenschaften manchmal von Vorteil für die Menschen. Dies ist jedoch nie garantiert. Die Unterdrückten können nur ihre Knie beugen, um einen Diktator um Güte zu bitten, und dann werden sie mit kleinen Almosen gesegnet. Leider ist es wahrscheinlicher, dass absolute Macht, Diktatoren zu arroganten Handlungen verführt, vielleicht nur, damit sie den Nervenkitzel der Ausübung von Mach genießen können. Besonders wenn ihre Macht bedroht ist, sind Kaltblütigkeit und Brutalität fast immer ihre ersten Reaktionen, ungeachtet der Kosten, welche „ihrem" Volk entstehen. Es liegt auf der Hand, dass in den höheren Zivilisationsstufen die erwachten Menschen ihr Schicksal selbst in die Hand nehmen müssen, anstatt auf Glück zu hoffen oder um Gnade zu betteln.

Das einzige Mittel gegen obig genannte Krankheiten, ist der Kollaps zentraler Behörden, wodurch wir zur Quelle der Macht zurückkehren. Mit anderen Worten, die einzige Möglichkeit, eine endgültige Lösung für dieses Problem zu finden, besteht darin, dass jeder Bürger über jede Frage selbst entscheidet. Die Mikrodemokratie tut genau das. Eigentlich haben die neuen Politiker der Mikrodemokratie nicht die Macht, denn die Bürger können die Wahldelegationen jederzeit widerrufen, um die Kontrolle wiederzuerlangen. Es ist sinnlos, Haus auf Treibsand zu bauen, also werden sich die neuen Politiker zurückziehen und sich darauf konzentrieren, ihrem Volk treu zu dienen, anstatt nach Macht zu streben.

Wenn die Welt der Mikrodemokratie wieder an die Macht kommt und sie dem Volk zurückgibt, werden traditionelle Politiker nicht so leicht aufgeben. Sie werden die Technologie sabotieren, um das mikrodemokratische System zu beschädigen oder Chaos zu verursachen. Sie werden Führer und Anhänger der Mikrodemokratie angreifen oder bestechen, um sie zur Aufgabe ihrer Ideale zu bewegen. Sie werden so tun, als würden sie Kompromisse eingehen und die Menschen mit einer Menge Köder dazu bringen, beim Status quo zu bleiben. Sie werden die Menschen spalten, indem sie Rasse, Nation, Religion und Klasse entfremden, um sie dazu zu bringen, sich gegenseitig zu missverstehen, zu hassen und zu bekämpfen, wodurch sie unfähig werden, zusammenzuarbeiten. Sie werden die Angst vor dem Unbekannten nutzen, um die Menschen zu verärgern, und alle möglichen Maßnahmen ergreifen, um die Ankunft der neuen Welt zu verhindern. Tatsächlich wird der Weg der Mikrodemokratie holprig sein, aber solange die Menschen diese Hindernisse im Voraus erkennen und die Taktik der Feinde durchschauen, solange die Menschen erkennen, dass die Überlegenheit der Mikro-demokratie niemals durch die alte Welt geschaffen und ersetzt werden kann, werden sie bis zum endgültigen Sieg ausharren. Das Einzige, worauf man achten muss, ist, keine Kompromisse einzugehen. Besetzen Sie niemals einen Platz mit einem traditionellen Politiker in einem Tempel der neuen Welt. Wenn sie wirklich ihre Meinung ändern, dann werden sie zu neuen Politikern, die ihren Wert in der Welt der Mikrodemokratie wiederentdecken.

Zudem sind die Nationalisten die Feinde der Mikrodemokratie. Sie sind Liebhaber ihrer Nationen und Länder, aber auch Ehrfürchtige und Feinde der anderen. So wie die Loyalisten der Stämme in der frühen Gesellschaft, die Loyalisten der Familie in der feudalen Gesellschaft, so sind auch die Loyalisten der Nationen und Länder, ein Produkt der Zeit. Die Menschen bevorzugen oft Dinge, die ihnen vertraut sind und die kontrollierbar sind, aber sie sind ängstlich und feindselig gegenüber Unbekanntem. Diese Angst und Feindseligkeit bringt unbekannte Gruppen eher zu Konflikten anstelle zu kooperieren. In ihren Augen sind "unser Volk" echte Menschen, während der Rest der Welt voller diffuser, homogener Symbole ist. Diese Außenseiter sind keine Lebewesen, sondern Dämonen mit Feinden. Unter dem Schatten dieses Denkens werden sich die Menschen der Migrationsfreiheit widersetzen, sich weigern zu kooperieren und die Ankunft der Mikrodemokratie ablehnen.
Wenn Nationalisten die Möglichkeit haben, sich mit Menschen aus anderen Nationen und Ländern zu vermischen und sich persönlich

besser kennen zu lernen, werden sie wahrscheinlich nationale Stereotypen durch individuelle Gedanken, Symbole, Vorlieben und Verhaltensweisen ersetzen. Es wird sie von der Treue zu den Nationen zu Liebhabern der Menschheit und der Welt befördern. Nationalisten und Patrioten sind aber auch die Rekrutierungsziele traditioneller Politiker. Die traditionellen Politiker werden sie weiterhin an Ruhm und die Demütigungen der Geschichte erinnern, die Ehre und den Hass der Kollektive nutzen, um ihre Identität zu stärken, ihre Individualität und Menschlichkeit auszulöschen und sie schließlich in alte Weltkrieger verwandeln. Denn Selbstverleugnung ist schwierig und schmerzhaft, aber gleichzeitig ist das Aufwachen und Heranwachsen freudig und erfrischend. Die Mikrodemokratie muss sich besser darum bemühen, um die Herzen der Nationalisten mit Rationalität, Aufgeschlossenheit und Menschenliebe zu gewinnen, damit sie sich selbst überwinden und in die Zukunft fortschreiten kann.

Darüber hinaus ist die *Neue Weltordnung*[8] ein Feind der Mikrodemokratie. Bei der hier erwähnten neuen Weltordnung handelt es sich nicht um eine aufkommende Ordnung für Weltweite Operationen. Es bezieht sich insbesondere auf die Allianz globaler, kapitalistischer Kräfte mit geheimen religiösen Gruppen und auf die Organisationen, die gegründet wurden, um ihre verborgenen Ziele zu erreichen. Auf den ersten Blick versuchen sie auch, eine zentralisierte Weltregierung zu errichten, die von Eliten geführt wird, aber ihr wahrer zentraler Kern, ist sehr diskret und äußerst geheim. Diese Geheimnistuerei und Vertuschung vergrößert ihre Stärke und hilft ihnen, in aller Stille außergesetzliche Operationen durchzuführen. Geld und Christentum sind ihre Hauptinstrumente, daher ist ihre Unterwanderung der politischen Organisationen und Machtinstitutionen in den westlichen Demokratien, auch das höchste und erfolgreichste. Sie sind jedoch keine Liebhaber von Demokratie und Menschenrechte. Sie zögern nie, Verschwörung, Lügen, Korruption, Diktatoren und Kriege einzusetzen, um den Zweck der Macht- und Kontrollausübung zu erreichen, auf Kosten von Millionen unschuldiger Zivilisten. Im Wesentlichen ist die neue Weltordnung eine moderne Sklaverei, die unter dem Deckmantel der Globalisierung von unsichtbaren Händen geführt wird.

Die Idee, nationale Grenzen abzuschaffen und eine Weltregierung zu errichten, kann die Menschen verwirren, wenn sie glauben, dass die neue Weltordnung und die Mikro-demokratie einige Gemeinsamkeiten haben. Im Gegenteil, es macht sie zu zwei Feinden. Das liegt daran, dass ihre zentralisierte, globale Regierung die Kräfte des Bösen in ihrer mächtigsten und trügerischsten Form integrieren und damit die größte Bedrohung und den größten Schaden für die Mikrodemokratie verursachen wird. Deshalb müssen die Schöpfer der Mikrodemokratie, die grundlegenden Unterschiede zwischen der neuen Weltordnung und die, der Mikrodemokratie klar erkennen: erstens ist die Mikrodemokratie dezentralisiert und vollständig verteilt. Es ist ein System der direkten Demokratie und wird niemals ein repräsentatives System einführen. Zweitens muss eine mikrodemokratische Regierung, die Gesamtheit der Informationen offenlegen, von der Sammlung bis hin zur Verarbeitung. Sie verhindert, dass Fehlinformationen zur Manipulation der öffentlichen Meinung verwendet werden. Und schließlich, was am wichtigsten ist, um die neue Weltordnung und andere Feinde zu bekämpfen, muss es einen zuverlässigen Mechanismus zur automatischen und schnellen Wiederherstellung des mikrodemokratischen Systems, nach jeder vorübergehenden Abweichung, durch Krieg oder Naturkatastrophen geben. Insbesondere muss dieser Mechanismus in der Lage sein, Fälle von passivem Management oder absichtlicher Verlängerung externer Bedrohungen aufzudecken und anzugehen, damit die neue Weltordnung unter der Hülle der Mikrodemokratie keinen Platz findet, um die Früchte der Demokratie anzustecken und zu stehlen.

Um die Unterstützung der Menschen für die Mikrodemokratie zu untergraben, werden Feinde sie zweifellos diffamieren und Missverständnisse, Angst und Feindseligkeit gegen sie führen. Daher bedarf es der Klärung und der Verachtung von Problemen, womit die Mikrodemokratie wahrscheinlich konfrontiert sein wird.

Zahlreiche Science-Fiction-Filme, Fernsehsendungen und Bücher haben Szenen dargestellt, in denen die künstliche Intelligenz außer Kontrolle gerät, in denen ein greifbarer oder unsichtbarer Roboter herrscht, Menschen versklavt und sogar massakriert. Es ist klar, dass die Bedrohung durch künstliche Intelligenz ein einfaches Argument gegen die Mikro-demokratie ist. Da in mikrodemokratischen Ländern alle Entscheidungsprozesse durch Informationssysteme ablaufen, besteht da nicht die Gefahr, dass dieses System von den Maschinen übernommen und zu einem Werkzeug für das Herrschen der Menschen wird? Als IT-Experte möchte ich einige, einfache Erklärungen geben, um die Zweifel der Leser auszuräumen.

Viele Menschen sind davon überzeugt, dass die Zukunft so lebendig sein wird, wie die computergenerierten Bilder in den Filmen, und viele Unternehmen versuchen auch, die Menschen mit Geschichten über künstliche Intelligenz als Geschäftsgag zu begeistern. Dennoch ist die Technologie der künstlichen Intelligenz in den Augen seriöser, technischer Experten weit davon entfernt, Maschinen ein echtes Selbstbewusstsein zu verleihen. Obwohl viele Produkte mit beeindruckenden Verhaltens- und sprachlichen Interaktionsfähigkeiten auf dem Markt erschienen sind, imitieren sie nur menschliche Verhaltensweisen, ohne wirklich zu verstehen, zu argumentieren oder zu denken. Im Bereich der Informationswissenschaften werden die Simulationen von Denkprozessen, als Algorithmen implementiert, bei denen es sich um Computerprogramme handelt, die von Programmierern entworfen werden. Viele der Kernmechanismen der menschlichen Gehirnfunktionen, wie Assoziation, Selbstbewusstsein und das Unterbewusstsein, sind jedoch noch nicht vollständig, geschweige denn nachahmbar und replizierbar. Daher sind all diese Algorithmen derzeit kaum in der Lage, die oberflächlichsten und einfachsten Teile des menschlichen Denkens zu simulieren. Letztendlich sind die eigenen (menschlichen) Fähigkeiten der Entwickler, die ultimativen Einschränkungen jedes Algorithmus. Bisher haben die Informatiker keine Methode gefunden, die es den Maschinen erlaubt, von sich aus, neue Algorithmen zu entwickeln. Solange es auf diesem Gebiet keinen

Durchbruch gibt, wird der Computer niemals die Denkfähigkeit des Menschen übernehmen.

Im Vergleich zum menschlichen Gehirn, übertreffen uns Computer in bestimmten Aspekten wie Datenverarbeitung, Speicherung und Abruf. Durch die extreme Entwicklung dieser Vorteile, und das Hinzufügen einiger eleganter anthropomorpher Funktionen, können Computer manchmal eindrucksvolle, unerwartete Effekte zeigen und bei den Menschen den Eindruck hinterlassen, dass Maschinen den Menschen übertreffen. Offensichtlich sind Technologie Unternehmen auch gerne bereit, eine ausgefallene Vision künstlicher Intelligenz zu schaffen, um Kunden und Aktionäre zu erfreuen. Aber hinter diesen Illusionen sind Maschinen immer noch, nur Werkzeuge, ohne Gewissen, ohne Seele und ohne die Fähigkeit, sich selbstständig weiterzuentwickeln.

Ob die Maschine schließlich von sich aus ein Bewusstsein produzieren kann, ist immer noch umstritten. Zumindest gibt es noch keine überzeugenden und verlässlichen Beweise oder Anzeichen dafür, dass sich die Technologie einem solchen Fortschritt nähert. Es ist möglich, dass Menschen den Maschinen niemals eine wirklich unabhängige Denkfähigkeit und Seele geben können. Ich bleibe jedoch vorsichtig optimistisch, dass die Menschen vielleicht nach einer langen, unermüdlichen Anstrengung, endlich die richtige Technologie erwerben werden, die es den Maschinen ermöglicht, sich ihrer selbst und über andere Funktionen des Lebens bewusst zu werden. Aber selbst, wenn dies geschieht, wird es keine Auswirkungen auf die mikrodemokratischen Informationssysteme haben. Das heißt, weil jedes Programm, was die Maschine nach Möglichkeit, selbstbewusst und wirklich intelligent machen kann, aus einem komplexen Satz spezialisierter Algorithmen, den so genannten Algorithmus intensiven Programmen, hervorgehen muss. Mikrodemokratische Informationssysteme brauchen und sollten kein Programm mit intensiven Algorithmen verwenden. Obwohl die vom mikrodemokratischen Informationssystem verarbeitete Datenmenge massiv ist, bleibt die Logik zur Verarbeitung dieser Daten relativ einfach, da es sich bei den meisten Daten um rein numerische und statistische Berechnungen handelt, deren Komplexität mit den heutigen Zentralbanksystemen vergleichbar ist. Dies fällt in die Kategorie der Daten intensiven Aufzeichnungssysteme, eine völlig andere Spezies als die, der Algorithmus intensiven Programme.

Die ganze zentrale Logik der Mikrodemokratie, ist vollständig in diesem Buch enthalten. Jeder Bürger mit einer Grundschulbildung sollte in der Lage sein, diese mühelos zu verstehen. Folglich setzt das mikrodemokratische Informationssystem diese, mit relativ einfachen Algorithmen um. Die meisten Software-Entwickler, die eine umfassende Ausbildung in der Programmierung erhalten haben, sollten in der Lage sein, diese problemlos zu erstellen. Der Quellcode des gesamten Programms dieses Systems sollte bedingungslos veröffentlicht werden, damit jeder seine interne Logik erlernen und überprüfen kann, um es vor Schädlingen zu schützen. Mit dem Prinzip, ein funktionales Ziel zu erreichen, sollten die Ausarbeitung und das Design, so einfach wie möglich sein. Ein mit so einfachen Algorithmen erstelltes System, wird niemals ein so genanntes Selbstbewusstsein erzeugen. Die öffentliche Aufsicht blockiert auch jeden Versuch, komplexe Algorithmen in das System einzuführen.

Hinzu kommt, dass in mikrodemokratischen Systemen die überwiegende Mehrheit der Entscheidungen aus den Statistiken der Volksabstimmungen stammt, was darauf hinweist, dass die Menschen die Entscheidungen treffen, während Maschinen lediglich bei den Berechnungen helfen. Die einzige Ausnahme sind Entscheidungen über Gerichtsverfahren. Das mikrodemokratische System kann eine automatisierte Entscheidungsfindung einführen, so dass massive historische Rechtsprechungen effizient abgerufen und aufgeführt werden können, wodurch rechtliche Entscheidungen gerechter und kohärenter werden. Doch selbst in diesem Fall kann die maschinell unterstützte Entscheidung niemals die endgültige Entscheidung sein. Wann immer eine Partei Berufung einlegt, muss die endgültige Entscheidung von einem Menschen getroffen werden. Deshalb liegt die mikrodemokratische Entscheidungsgewalt immer vollständig in den Händen der Menschen und nicht von Maschinen.

Eine weitere Bedrohung, die oft in literarischen und künstlerischen Werken dargestellt wird, ist die allgegenwärtige Überwachung, Kontrolle, Versklavung und Verfolgung des Volkes durch Diktatoren, Polizeistaaten oder Hacker, welche durch elektronische Geräte und Netzwerke unterstützt werden. Angesichts der enormen Vorteile von Hightech-Werkzeugen geben die Menschen hilflos ihre Menschenrechte und ihre soziale Freiheit auf. Eine solche Szene ist keine Science-Fiction mehr, sondern wird rasch Realität. Wenn es irgendeine Technologie gibt, welche den Herrschern helfen kann, ihre Macht zur Kontrolle des Volkes zu festigen und auszuweiten, werden sie sie diese ohne Zögern einsetzen und das Beste daraus machen. Durch die Planung von Sicherheitsvorfällen und die Übertreibung von Bedrohungen setzen sie diese Technologien im Namen der nationalen Sicherheit und der sozialen Ordnung ein. Darüber hinaus tragen einige Verbesserungen der Effizienz öffentlicher Dienste und des Lebenskomfort dazu bei, die Menschen davon zu überzeugen, diese Technologien anzunehmen. Unwissentlich haben die Machthaber große Überwachungsnetze aufgebaut, um das Leben der Bürger mit Millionen von Kameras auszuspionieren, die Finanzen aller Menschen durch elektronisches Geld zu kontrollieren und die Kommunikation der Bürger, über soziale Netzwerke zu beobachten und sie mit falschen Informationen einer Gehirnwäsche zu unterziehen. So können sich die Herrscher wie ein Hirte verhalten, der die Herde hütet, Gott spielt und Haut, Wolle und Fleisch erntet, wie es ihnen gefällt. Wenn den Menschen klar wird, was geschieht, wenn sie es überhaupt jemals tun, ist bereits alles irreparabel geworden.

Wird also das mikrodemokratische Informationssystem, das auch ein groß angelegtes Netzwerksystem ist, zu einem Instrument werden, um die oben genannten Bedrohungen zu schüren oder sogar als Dreh- und Angelpunkt dieser Verschwörungen dienen? Die Antwort ist nein, und zwar aus folgenden Gründen:

Erstens ist die Mikrodemokratie nicht obligatorisch. Die Bürger können frei entscheiden, in welchem Umfang sie das System nutzen und an demokratischen Entscheidungen teilnehmen. Wenn eine Person sich intensiv in die Politik einbringen möchte, muss sie unter

Umständen mehr persönliche Informationen zur Verfügung stellen, um zusätzliche Stimmrechte zu erhalten oder um sich für bestimmte Aufgaben, als Vertreter der öffentlichen Meinung zu qualifizieren. Wenn diese Person es jedoch vorzieht, sich vollständig von politischen Aktivitäten zu enthalten, dann kann sie es völlig ignorieren. In einem solchen Fall wird im mikrodemokratischen System das Wahlrecht dieser Person, von den von ihrem benannten Delegierten oder der vorher festgelegten Primärpartei ausgeübt werden.

Zweitens sind Informationen im Rahmen des mikrodemokratischen Systems vollständig öffentlich und für alle gleichermaßen zugänglich. Der gesamte Lebenszyklus einer Resolution steht im Fokus und wird dadurch, mit offenen Regeln definierte Verfahren unter die Lupe genommen, und dieselben Regeln und Verfahren werden von allen Menschen, auch auf demokratische Weise gestaltet. Die Bürger haben die Möglichkeit zu wählen, ob sie ihre Stimmzettel veröffentlichen wollen oder nicht, aber die Abstimmungsprotokolle der Agenturen müssen der Öffentlichkeit vollständig zugänglich sein. Das Recht auf Wissen gemäß den institutionellen Menschenrechten verlangt, dass alle öffentlichen Informationen der Allgemeinheit ohne Diskriminierung oder Bedingungen zur Verfügung gestellt werden. Dazu gehören unter anderem alle gesellschaftlichen Informationen in Zusammenhang mit dem Stimmrecht, alle Informationen über öffentliche Veranstaltungen und die Überwachung öffentlicher Plätze. Gleichzeitig wird die Privatsphäre des Einzelnen streng geschützt; kein System hat das Recht, private Informationen, ohne die Zustimmung des Einzelnen aufzuzeichnen und weiterzugeben. Nach obig genannten Prinzipien, gibt es keine privilegierte Minderheit mehr, die Privatleben ausspionieren, exklusive Informationen unter dem Vorwand des Staatsgeheimnisses erhalten und blockieren oder öffentliche Informationen filtern und verzerren sowie den Beitrag der Bürger behindern kann.

Darüber hinaus ist das mikrodemokratische Informationssystem unabhängig. Es braucht weder ein externes Kontrollsystem (wie Überwachungssysteme, Kontrollsysteme für öffentliche

Einrichtungen, nicht institutionelle Menschenrechts-Sozialdienste und kommerzielle Systeme etc.) noch mit einem solchen verbunden sein, und es hängt gewiss nicht von davon ab. Daher ist das Risiko, die Schwachstellen dieser verbundenen Systeme zur Kontrolle und Sabotage auszunutzen, praktisch gleich Null.

Das mikrodemokratische System wird nicht nur davon absehen, zum Komplizen des Diktators bei der Regierung des Volkes zu werden, sondern durch seinen Sieg, sogar das Gegenteil erreichen. Da die derzeitigen Regierungen den Einsatz von Technologien zur Überwachung, Kontrolle und Versklavung beschleunigen, durchschauen die Menschen immer mehr. Je mehr Menschen jedoch starken Widerstand gegen die Technologie zeigen, desto weniger weisen sie auf den Kern der Sache hin: die herrschende Klasse und das politische System selbst. Weil sie fehl am Platz sind, löst ein solcher Widerstand gegen die Technologie nicht nur keines der Probleme, sondern wird leicht als extremistische oder gar terroristische Akte verleumdet und deshalb marginalisiert, was schwierig macht, eine breite Unterstützung in der Masse zu entwickeln. Mikrodemokratie geht Probleme von einer tieferen Ebene aus an. Es zeigt die logische Beziehung zwischen Technologie und Politik auf, identifiziert genau, welche Technologien und politische Bedrohungen für das öffentliche Wohlergehen und die freie Gesellschaft darstellen. Dann schlägt sie konstruktiv Wege und Prinzipien vor, um fortschrittliche Technologie zum Wohle der Menschheit zu nutzen. Letztlich ist es nicht die Nutzung von Information, der man sich widersetzen sollte; es ist die Asymmetrie von Information. Wenn alle Menschen gleichen und vollständigen Zugang zu Informationen haben, werden Informationen zum besten Freund der Menschen.

Das mikrodemokratische System verfügt über viele einstellbare Parameter, darunter Formeln für die Abstimmungen, Vergütungsformeln für delegierte Stimmen, vorgegebene Regeln zur Auswahl von Delegationen, Regeln für die Neubewertung von Resolutionen, Qualifikationen über Meinungen und Entscheidungsprozesse etc. Unterschiedliche Konfigurationen dieser

Parameter werden zu unterschiedlichen Entscheidungen führen. Die Dynamik der Parameter Kombinationen, wird zusammen mit historischen Resolutionen und den sich ständig verändernden äußeren Bedingungen, die Entwicklung einer mikrodemokratischen Gesellschaft voller Verantwortlichkeiten und Variationen ermöglichen. Das Studium dieser Kombinationen und Dynamiken reicht aus, um eigenständige Bereiche von Politik und öffentlicher Verwaltung zu bilden. Die Regelmäßigkeit wird berechenbarer und kontrollierbarer, wenn die Erfahrungen der Menschen gesammelt werden, was ihnen hilft, ein günstiges Gleichgewicht zwischen der Stabilität und der Entwicklung der Gesellschaft zu finden. Zu Beginn der mikrodemokratischen Praktiken, werden die Menschen unweigerlich eine Lernkurve und Versuch und Irrtum durchlaufen. In diesem Stadium ist es wahrscheinlich, dass einige unangemessene Konfigurationen auftreten, die einige Defekte und vorübergehende Verwirrung verursachen. Die dynamische Anpassung und der friedliche Wettbewerb zwischen den Regionen werden dazu beitragen, dass wissenschaftlichere und höhere Konfigurationen entstehen, die nach und nach von den irrationalen abgelöst werden und so die Welt der Mikrodemokratie perfektionieren. Dennoch kann das anfängliche Chaos unvermeidlich sein, da die Feinde der Mikrodemokratie keine Gelegenheit verpassen werden, das mikrodemokratische System während der vorübergehenden Schwierigkeiten seiner Anfangsphase anzugreifen.

Obwohl die anfängliche Versuchsperiode der Mikrodemokratie unvermeidlich ist, können einige Strategien dazu beitragen, unerwünschte Wirkungen zu reduzieren. Der erste wichtige Faktor ist die Vermeidung allzu aggressiver Parametereinstellungen. Selbst wenn man mutige Versuche unternehmen will, sollte man sie in Stufen einteilen, so dass jede Stufe relativ klein und leicht anzupassen ist. Zweitens sollten sie häufige Wiederholungen vermeiden und genügend Zeit einräumen, damit sich jede Einstellung entfalten und ihre Eigenschaften vollständig offenbaren kann, um spätere Anpassungen anleiten zu können, damit sie vernünftiger und wissenschaftlicher werden. Darüber hinaus ist es wichtig, die Gebiete der Entscheidungsfindung genauer aufzuteilen, auch wenn es auf den ersten Blick zu viel erscheint. Auf diese Weise können Menschen auf verschiedenen Gebieten, parallel mit unterschiedlichen Konfigurationen in mehreren Regionen experimentieren, ihre Vor- und Nachteile vergleichen und ihre Wechselwirkungen beobachten, so dass sich die Wissenschaft der mikrodemokratischen Konfiguration schneller entwickelt. Darüber hinaus macht es dieser Ansatz relativ einfach, einige, unzureichende Konfigurationen zu isolieren, so dass ihre nachteiligen Auswirkungen begrenzt und reduziert werden. Schließlich müssen die Menschen vernünftige Erwartungen an den Prozess der Vervollkommnung der Mikrodemokratie stellen und bewusst, eine relativ konservative Strategie wählen, damit sie besser auf die Schwierigkeiten im anfänglichen Versuchs- und Fehlerprozess vorbereitet sind. Auf diese Weise können Verleumdungen, Bedrohungen und Zerstörungen in der Anfangszeit abgemildert werden, so dass die Mikrodemokratie schneller und reibungsloser in einen stabilen Zustand des Funktionierens eintreten kann.

Persönliche Angriffe waren schon immer ein Repertoire in der Politik, insbesondere in der repräsentativen Demokratie, und der Grund dafür liegt auf der Hand: die Identität des Repräsentanten ergibt sich aus der Abstimmung, die vom öffentlichen Image des Kandidaten abhängt. Den Ruf eines Konkurrenten zu untergraben, bedeutet, seine Stärke zu schwächen und seinen Vorteil zu vergrößern. Darüber hinaus sind persönliche Angriffe auch ein Trick, um die Aufmerksamkeit davon abzulenken, sich auf die Eigenschaften der Kandidaten zu konzentrieren, statt auf die wirklich wichtigen Entscheidungen über öffentliche Angelegenheiten.

Die Feinde werden zweifellos ihre bekannten Waffen einsetzen, um die Entwickler, Befürworter, Verteidiger und Teilnehmer der Mikrodemokratie anzugreifen, persönliche Angriffe gegen sie vorzunehmen, ihre Motive in Frage zu stellen, ihre Persönlichkeiten zu verunglimpfen und die Menschen mit bestimmten Identitäten und Hintergründen auszuschließen. Für die Mikrodemokratie sind diese Angriffe jedoch weit weniger tödlich. Denn die Erlangung von

Abstimmungsrecht von den Wählern ist nicht das Ziel von Mikro-Demokratie-Aktivisten, und das politische System wird ihnen keine Privilegien gewähren. Auch wenn sie die Delegation von den Wählern empfangen, können sie diese jederzeit zurückziehen. Daher wirken sich die Motive, das persönliche Verhalten und die Fähigkeiten von politischen Persönlichkeiten nicht wirklich auf die Rechte und Interessen des Einzelnen aus. Wenn die Menschen diese Tatsache erkennen, werden sie ihre Augen auf die Vorteile des Systems selbst und auf den Inhalt jedes einzelnen Themas richten und nicht auf die persönlichen Probleme der neuen Politiker. Letztendlich wird es für traditionelle Politiker, die das Spiel des persönlichen Angriffs spielen, kontraproduktiv sein.

Wenn das ganze Land ein Informationssystem betreibt, sind dessen Zuverlässigkeit und Sicherheit von entscheidender Bedeutung. Sicherheitsvorfälle kommen im Internet-Zeitalter ständig vor, und die Besorgnis darüber ist durchaus berechtigt. Natürlich werden Feinde nie die Gelegenheit verpassen, die potenziellen Risiken des mikrodemokratischen Systems zu übertreiben, seine Machbarkeit in Frage zu stellen und das Vertrauen der Menschen zu untergraben.

Für diese gemeinsamen Sicherheitsbedrohungen der Informationssysteme, haben die Industrien fortschrittliche Technologien und umfassende Strategien entwickelt, um vorzubeugen und reagieren. Tatsächlich lassen sich fast alle Sicherheitsstörungen auf mangelnde Investitionen, schlechte Planung und Umsetzung, sowie unvollkommene Sicherheitsvorschriften zurückführen. Sie können durch starke Abwehrmaßnahmen vermieden oder ihre Auswirkungen durch geeignete Notfallstrategien, auf ein akzeptables Maß gemildert werden. Wenn es beispielsweise um den Ausfall von Geräten geht, können Taktiken wie Redundanz, Lastausgleich und Failover verhindern, um Dienstunterbrechungen zu vermeiden. Wegen der Bedrohung durch Computerviren und Hacker, kann die Wahl eines zuverlässigen Betriebssystems mit starkem Sicherheitsschutz, das Risiko erheblich verringern, umso mehr bei einer streng unterteilten Netzwerkumgebung. Mit diesen strengen

Schutzvorkehrungen ist beispielsweise das im Finanzsektor, weit verbreitete IBM-Großrechnersystem[9] seit Jahrzehnten, noch nie von einem Virus befallen oder infiziert worden. Neben der Strategie des Aufbaus einer unzerstörbaren, zentralen Festung mit der Entwicklung von Cloud-Computing-Technologien haben sich auch verteilte und dezentralisierte Sicherheitsstrategien herausgebildet.[10] Es gibt Fälle, in denen Dienste in vielen Knoten, im gesamten Netzwerk gehostet werden, die zusammenarbeiten und sich gegenseitig unterstützen. Wenn es zu Zwischenfällen kommt, bei denen einige Knoten ausfallen, reichen andere normale Knoten immer noch aus, um den unterbrechungsfreien Betrieb der Plattform insgesamt zu gewährleisten und auch bei der Wiederherstellung ausgefallener Knoten zu helfen.

Die Aufzeichnungen zum Schutz der kritischen Informationssysteme zeigen, dass die Verteidiger gegen Angreifer und Eindringlinge äußerst erfolgreich waren. Selbst bei diesen seltenen Störungsfällen, können Systeme immer in kurzer Zeit repariert und wiederhergestellt werden. Unter diesen Zwischenfällen sind die meisten durch das Durchsickern und Diebstahl vertraulicher Informationen gekennzeichnet; viel seltener ist es möglich, die Daten zu manipulieren oder das System selbst zu zerstören. Die Idee der Mikrodemokratie besagt, dass politische Aktivitäten offen und transparent für alle Bürgerinnen und Bürger sein sollten, so dass Daten von Anfang an nicht vertraulich sein sollten. Im Gegenteil, das System sollte aktiv Kanäle und Funktionen zur Verfügung stellen, um Informationen der Öffentlichkeit so weit wie möglich zugänglich zu machen. Es gibt keinen „Diebstahl" von Informationen, denn sie gehören allen. Die einzige Ausnahme ist eine kleine Menge persönlicher Daten der Bürger, die im System gespeichert werden, um bestimmte Operationen zu unterstützen, wie zum Beispiel die Berechnung von Abstimmungen oder von Delegationen. Bei dieser Art von Informationen, handelt es sich nur um Informationen zur Identität der Bürger und Aufzeichnungen, über ihre politischen Aktivitäten, die nicht unbedingt vertrauliche Informationen zum persönlichen Leben enthalten.

Ein weiterer, typischer Angriff besteht darin, in böswilliger Absicht, massive Systemressourcen zu verbrauchen, wodurch das System für eine gewisse Zeit für Benutzer unzugänglich wird. Diese Art von Angriffen ist allgemein als Denial of Service (DoS)-Angriff[11] bekannt, der bei groß angelegten, geschäftlichen Operationen oft erhebliche, finanzielle Verluste verursacht. Schließlich kann jede Minute, in der das System offline ist, zum Verlust von Kunden und zur Umleitung von Verkäufen an Konkurrenten führen. Für Operationen in der Mikrodemokratie hat ein solcher Vorfall jedoch relativ geringe Auswirkungen. Dies liegt daran, dass die zeitliche Sensibilität für Abstimmungsaktivitäten gering ist, und daher wird eine Verschiebung um Stunden oder sogar Tage in den meisten Fälle, aus der Perspektive der politischen Aktivität, keine großen Auswirkungen haben. Sicherlich sollte ein mikrodemokratisches System theoretisch in der Lage sein, den ganzen Tag über, ununterbrochene Dienste anzubieten. Doch im Vergleich zu den fünftägigen, achtstündigen Arbeitsroutinen, die in den heutigen politischen und staatlichen Institutionen üblich sind, hat sie die Grundvoraussetzung für den Regierungsbetrieb bei weitem übertroffen. Selbst wenn das Serviceniveau des Systems deutlich sinkt, zum Beispiel indem nur 12 Stunden pro Tag gearbeitet wird, die restliche Zeit der Systemwartung gewidmet wird oder häufige, wenn auch weniger angenehme Ausfälle zugelassen werden, reicht dies immer noch aus, um politische Aktivitäten zu unterstützen.

Wie streng die Sicherheitsmaßnahmen auch sein mögen, ein Sanierungsplan ist immer notwendig. Heute gibt es viele ausgeklügelte und zuverlässige technische Lösungen für den Systemschutz und die Wiederherstellung im Notfall, die sich ständig weiterentwickeln. Die Einführung solcher Lösungen sprengt natürlich den Rahmen dieses Buches, aber dieses Wissen steht interessierten Lesern über verschiedene Kanäle zur Verfügung, um sich weiterzubilden.

Über diese konventionellen, technischen Lösungen hinaus wird ein einziger Ansatz, einen beispiellosen Schutz für die Mikrodemokratie bieten. Das heißt, den gesamten Quellcode des Systems und alle Informationen über das Funktionieren der Demokratie regelmäßig an die persönlichen Geräte aller Bürger zu verteilen. Basierend auf der Abschätzung des möglichen Datenvolumens, wenn nur die numerischen und Textdaten mit entsprechender Datenkomprimierungstechnologie gesichert werden, wird das Datenpaket viel kleiner sein als die Videodateien eines Films. Jedes High-End-Smartphone ist ausreichend, um diese Daten problemlos zu speichern. In einer Hochgeschwindigkeits-Netzwerkumgebung kann die Übertragung aller Daten innerhalb weniger Minuten oder früher abgeschlossen werden. Auf diese Weise werden das gesamte Wissen und die historischen Daten der Mikrodemokratie in jedem elektronischen Gerät vorhanden sein, sowie es in jeder Zelle jedes Lebewesens, eine Kopie der Gene gibt. Mit dieser Art von Schutz, ganz gleich, welche Art von Schaden dem mikrodemokratischen System zugefügt wird, solange eines dieser elektronischen Geräte weltweit überlebt, kann die Funktion des mikrodemokratischen Systems und seine gesamte Geschichte, vollständig wiederhergestellt werden.

Mit obiger Analyse sehen wir, dass die Technologie kein Hindernis für die Verwirklichung der Mikrodemokratie sein wird; vielmehr sind diese mächtigen, menschlichen Feinde, die eigentliche Bedrohung. Lassen Sie uns vor diesem Hintergrund die drei wahrscheinlichsten Umsetzungspfade für die Entstehung von mikrodemokratischen Ländern veranschaulichen:

*Weg 1: **Abheben***

Erprobung der Mikrodemokratie in einer Sonderverwaltungsregion, allmähliche Verbesserung und Erweiterung zur Verstaatlichung oder direkte Umwandlung einiger, unabhängiger Mini-Länder in mikrodemokratische Nationen, durch direkte Umstrukturierung der Regierung und Durchsetzung mikrodemokratischer Gesetze.

Dieser Weg erfordert die Mitarbeit der Anwohner, die Unterstützung visionärer Politiker und beträchtliche, finanzielle Unterstützung beim Aufbau und der Verbesserung mikrodemokratischer Infrastruktur. Im Idealfall ist es der einfachste und vernünftigste Weg, Mikrodemokratie zu verwirklichen. Der gesamte Prozess verläuft vorbereitet und geordnet, mit sorgfältiger Planung und ausreichender Bedarfsversorgung, so dass der Übergang des Lebens der lokalen Bevölkerung stabil und reibungslos verläuft. Einige notwendige Voraussetzungen für diesen Weg sind jedoch schwer zu erfüllen. Da die Mikrodemokratie die Transzendenz und Negation moderner Nationen verkörpert und traditionelle Politiker ihre natürlichen Feinde sind, kann die Abgrenzung von Sonderzonen in einer bestehenden, modernen Nation mit der Unterstützung traditioneller Politiker, nur in einigen Extremfällen möglich sein. Zum Beispiel können politische und wirtschaftliche Krisen, Politiker zwingen, sich mit der öffentlichen Meinung auseinanderzusetzen. In solch kritischen Situationen erschweren jedoch auch mangelnde Ressourcen und soziale Instabilität die Umsetzung. Finanzielle Unterstützung ist entscheidend, aber eine solche Unterstützung muss bedingungslos und uneigennützig bleiben, ohne mit irgendjemandem über besondere Privilegien zu verhandeln, um zu verhindern, dass die Mikrodemokratie vom Kapital entführt und manipuliert wird. Ein weiteres Risiko besteht darin, dass Feinde ihre Unterstützung vortäuschen und heimlich Störungen und Einmischung hervorbringen. Was sie wirklich wollen, ist, der Welt ein katastrophales Versagen zu zeigen und das Vertrauen und die Hoffnung der Menschen auf die mikrodemokratische Revolution zu zerstreuen. Die Pioniere der Mikrodemokratie müssen klug sein, die Arten und wahren Absichten der verschiedenen Befürworter zu unterscheiden, diejenigen, die falsch und bösartig sind, abzulehnen und ihnen Widerstand zu leisten, sich an die Grundsätze der Mikrodemokratie zu halten und keine scheinbar harmlosen, aber praktisch gefährlichen Kompromisse einzugehen.

Weg 2: **Wiederaufbau**

Schaffen Sie ein neues mikrodemokratisches Land von Grund auf in einem neuen, unbewohnten Kontinent und bauen Sie die Zivilisation direkt wieder auf.

Da die modernen Nationen seit langem das gesamte, fruchtbare Land auf diesem Planeten besetzt haben, sind nur noch unfruchtbare Wüsten, Wildnis, Eisfelder und Ozeane übriggeblieben. Es braucht gleichgesinnte Pioniere mit unerschütterlicher Überzeugung und Opferbereitschaft, um die menschliche Zivilisation mit außerordentlichem Mut und Ausdauer, in primitive Länder zu bringen. Zweifellos steht dieser Weg vor enormen Herausforderungen in Bezug auf Raum, Zeit, Material und Technologie. Dieser Ansatz hat jedoch die Schwierigkeiten bei der Umgestaltung der bestehenden Ideen und Lebensstile der Bewohner gemildert. Da alle Teilnehmer, Verfechter der Mikrodemokratie sind, werden das Erreichen und die Umsetzung von Resolutionen, effizienter und effektiver sein, während gleichzeitig die Erkennung und Bewältigung von Störungen durch äußere Feinde, erleichtert wird. Für diese enthusiastischen und optimistischen Pioniere wird es nicht schwer sein, die zu erwartenden Schwierigkeiten zu akzeptieren und sie gemeinsam zu überwinden, um die epischen Errungenschaften der neuen Zivilisation zu schaffen, sondern die Quelle heroischer Motivation und des Glücks.

Weg 3: **Transformation**

Ermutigen Sie die Menschen, Mikrodemokratie in verschiedenen Umgebungen und unter verschiedenen Bedingungen zu praktizieren. Beginnen Sie mit den Entscheidungen des täglichen Lebens, anstatt sie direkt für das Funktionieren der Regierung und die Politikgestaltung auf einmal zu verwenden. Nachdem sich die Menschen damit vertraut gemacht haben und die Techniken zur Gestaltung der Mikrodemokratie verfeinert und ausgereift sind, wird sich diese Methode der Entscheidungsfindung natürlich auch auf komplexere, öffentliche Angelegenheiten ausdehnen, bis sie in der Lage ist, die Regierung in der virtuellen Netzwerkwelt zu simulieren.

Natürlich wird die Vereinfachung der Mikrodemokratie anfänglich, viele Schlüsselmerkmale und Vorteile untergraben; das Fehlen institutioneller Menschenrechte wird insbesondere die allgemeine Gleichberechtigung zur Entscheidungsfindung beeinträchtigen. Wenn die Menschen sich dieses Problems bewusstwerden, werden sie zunehmend bestrebt sein, diese institutionellen Menschenrechte in der realen Welt umzusetzen. Ohne eine vereinfachte Mikrodemokratie funktioniert eine virtuelle Welt über Grenzen hinaus. Wenn es also um die reale Welt geht, wird sie wahrscheinlich grenzüberschreitend oder sogar global sein. Beispielsweise könnten mehrere bestehende Länder nach und nach, einige Entscheidungsbefugnisse an das mikrodemokratische System in der virtuellen Welt abtreten, nachdem die Bevölkerung starke Forderungen gestellt hat. Nachdem ein Teil der Macht übertragen wurde und stabil geworden ist, können andere Teile folgen. Wenn dieser Weg funktioniert, werden die Auswirkungen auf die Menschen minimal sein, ebenso wie, das Risiko der Verwirklichung der Mikrodemokratie.

Dieser Weg hat jedoch seine besonderen Risiken: der gesamte Prozess kann von traditionellen Politikern übernommen werden. Die Globalisierungseliten der alten Welt können die Abwesenheit institutioneller Menschenrechte in der vereinfachten Mikrodemokratie ausnutzen und die zusätzlichen Wahlen aus ihrem vorhandenen Wissen und ihrer Erfahrung missbrauchen, um ihre Privilegien während des Übergangs zu festigen und zu stärken, um dann noch lange Zeit in den Genuss dieser Vorteile der alten Welt zu kommen. Oder schlimmer noch, sie könnten das mikrodemokratische System geschickt in ein anderes System zur Erlangung von Privilegien verwandeln. Als Antwort auf dieses Problem sind besondere Vorkehrungen für die Übergangszeit erforderlich. Das heißt, es muss eine Verkürzung der aktiven Zeit der Resolutionen, die vor dem Vorhandensein institutioneller Menschenrechte gefasst werden, und eine Neubewertung aller Politiken geben, sobald die institutionellen

Menschenrechte umgesetzt sind. Mit anderen Worten, alle Entscheidungen, die in der vereinfachten Mikrodemokratie getroffen werden, gelten als vorübergehend, nur Neubewertungen unter dem Vorbehalt der institutionellen Menschenrechte, werden als offizielle Resolutionen eingestuft.

Keiner der obig genannten Wege basiert auf Gewalt oder Zerstörung. Sicherlich haben die Menschen jedes Recht, sich der Unterdrückung und Verfolgung durch das alte System zu widersetzen, auch gewaltsam, denn dies ist sicherlich moralisch vertretbar. Die Gewalt der Rebellen und die unterdrückerische Gewalt, sind jedoch gleichermaßen gefährlich und giftig für die Mikrodemokratie und können die revolutionäre Sache leicht von ihrer ursprünglichen Absicht ablenken und die Gewalt den Thron zur Macht übernehmen lassen. Folglich ist der gewaltfreie Weg die bevorzugte Option für Mikrodemokratie, gegenüber anderen Optionen. Auch wenn auf dem Weg zur Mikrodemokratie ein gewisses Maß an Gewalt gegen die alten Mächte, ein notwendiges Übel ist, müssen nach dem Erfolg zusätzliche, gewaltfreie Schritte zur Reinigung und Normalisierung des Systems eingeleitet werden.

Kapitel 9

Die Wissenschaft

Die Funktionsweise der Mikrodemokratie wird anhand von Regeln und Parametern bestimmt. Im Rahmen des mikrodemokratischen Systems besteht eine bestimmte Kombination von Regeln und Parametern, aus einer Reihe technischer Einstellungen. Einzelne Regionen auf allen Ebenen können mit ihren unabhängigen, technischen Einstellungen funktionieren. Jede Konfigurationseinstellung hat ihre einzigartigen Merkmale, welche einen bedeutenden Einfluss auf Entscheidungsstil, Lebensstil und die Richtung sozialer Entwicklung in dieser Region haben. Interregionale Interaktion und soziale Selbstentfaltung spiegeln im Wesentlichen die Wechselwirkung zugrunde liegender, technischer Parameter wider. Dies bildet ein Ökosystem, wenn alle Regionen innerhalb eines mikrodemokratischen Landes, ständig miteinander interagieren. Die Untersuchung dieser Regeln, Parameter, Kombinationen und ihrer sozialen Auswirkungen, ist eine Wissenschaft an sich. Diese Wissenschaft bietet den Menschen ein neues Werkzeug, um die Auswirkungen obig genannter Elemente in einer mikrodemokratischen Gesellschaft zu verstehen und vorherzusagen sowie bewusst auf sie zu reagieren, um sich auf das Ziel zur Maximierung des sozialen Nutzens auszurichten.

Die Mikrodemokratie fördert die Vielfalt und die freie Entwicklung der Gesellschaft, so dass sie offen und integrativ, für verschiedene technische Einstellungen ist. Sie fördert die volle Entwicklung und Entfaltung der Gesellschaft, in verschiedenen Regionen und bietet breitere Auswahl zur Ausrichtung der Zivilisation. Es ist jedoch auch zu bedenken, dass bestimmte Extremwerte oder bestimmte Kombinationen Gleichberechtigung, Freiheit und sozialen Nutzen beeinträchtigen und daher zusätzliche Sorgfalt erfordert.

Um beispielsweise den Umfang der Abstimmungen zu bestimmen, wenn das Wahlrecht der Interessenrelevanz unverhältnismäßig höher ist als andere Rechte und persönliches Vermögen das Hauptelement der Formel ist, dann gewinnen Kapital und Reichtum und nicht die Menschen an bedeutende, politische Macht. Dies wird den wenigen Reichen enorme Vorteile bringen. Und wenn der Anteil zeitlicher Relevanz am Abstimmungsrecht exponentiell zunimmt, kommen die älteren und einheimischen Bewohner in enormen Genuss der Bürgerrechte, wodurch die jungen Menschen und die Einwanderer schwere Unterdrückung erleiden. Ein weiteres Beispiel könnte sein, dass in demokratischen Verfahren die Häufigkeit der Neubewertung von Resolutionen sehr gering ist, wie beispielsweise alle fünfzig Jahre oder mehr, oder die Bedingungen der Aktivierung zu hart sind, wird der Mechanismus der Neubewertung außer Kraft gesetzt. So können etablierte Interessen die Lösung zu ihren Gunsten für lange Zeit, sogar für immer, sperren. Die Bedeutung mikrodemokratischer Prinzipien liegt auf der Hand, aber nur mit der Zusammenarbeit vernünftiger, technischer Rahmenbedingungen, können die erwarteten Ziele erreicht werden.

Glücklicherweise bieten die mikrodemokratischen, institutionellen Menschenrechte die beste Sicherheit, selbst wenn extreme Umstände und ungewöhnliche Kombinationen dieser Parameter auftreten; die Menschen bleiben geschützt und haben den wirksamen Kanal, um diese Abweichungen zu korrigieren. Institutionelle Menschenrechte sind praktisch zwingende Beschränkungen politischer Parameter, die sie daran hindern, bestimmte Extrembereiche zu erlangen. In diesem Sinne ist die Mikrodemokratie nichts anderes als ein politisches System, was auf einzigartige Weise seine Parameter, institutioneller Menschenrechte festlegt. Über diese Parameterbeschränkungen hinaus, können auch andere politische Systeme durch Parameter definiert, dargestellt und kategorisiert werden.

Um die Natur politischer Systeme unter der Oberfläche zu untersuchen, wird im verbleibenden Teil dieses Kapitels ein neues, analytisches Modell der Sozialdemokratie, zusammen mit einigen quantitativen Indikatoren vorgestellt. Mit diesen Instrumenten kann man objektive, qualitative Analysen und horizontale Vergleiche verschiedener politischer Systeme durchführen und auf vernünftige Weise mit der Überlegenheit der Mikrodemokratie auf eine angemessene Art und Weise feststellen. Für Leser, die mit wissenschaftlichen Analysemethoden nicht vertraut sind, mag der folgende Inhalt jedoch unklar erscheinen. In diesem Fall beeinträchtigt das Weglassen dieses Teils nicht das volle Verständnis des Lesers für die Konzepte der mikrodemokratischen Theorie.

Die *granulare Analyse* politischer *Entscheidungsfindung* (engl. *Political Decision-making Granularity Analysis*, oder kurz *PDGA*) untersucht die Verteilung und granulare Kombination von Subjekten und Objekten bei der politischen Entscheidungsfindung. Der Zweck besteht darin, die Merkmale oder Muster über Entscheidungen zu finden und dann, ihre Auswirkungen auf die Entscheidungsergebnisse vorherzusagen (engl. *Granularity Analysis* oder *GA*). Dabei geht es hauptsächlich um die folgenden Indikatoren und Konzepte:

- Politische *Entscheidungsfindung* Subjekt-Granularität (engl. *Political Decision-making Subject Granularity* oder kurz *PDSG*) bezieht sich auf den Anteil der Entscheidungsträger (diejenigen, die an der politischen Entscheidungsfindung beteiligt sind und einen wesentlichen Einfluss auf deren Ergebnis haben) im Vergleich zur Bevölkerung (abgekürzt als *Subject Granularity* oder *SG*). Die Werte reichen von 0 bis 1 (oder von 0% bis 100%). Der Wert 0 zeigt an, dass es sich bei obig genanntem Subjekt, um die kleinste Entscheidungseinheit der Gesellschaft handelt, das heißt: einzelner Bürger was bedeutet, das Verhältnis jedes Einzelnen zur Gesamtzahl der Bürger ungefähr 0% beträgt. Ein allmählicher Anstieg dieses Wertes deutet darauf hin, dass der Anteil der Bevölkerungsvertretung des Entscheidungsträgers, das heißt: der Vertreter oder Delegierte des Subjekts zur Entscheidungsfindung allmählich zunahm. Der Wert 1 repräsentiert den höchsten und einzigen Vertreter oder

Delegierten zur Entscheidungsfindung, das heißt: ein Diktator der die größte Macht im Land hat und Entscheidungen für alle Bürger trifft (100%).

- Politische *Entscheidungsfindung* Objekt-Granularität (engl. *Political Decision-making Object Granularity* oder kurz *PDOG*) bezieht sich auf den Bürgeranteil, welches von Entscheidungsobjekten (d. h. in Angelegenheiten zur politischen Entscheidungsfindung) bei der Fällung von Entscheidungen (abgekürzt als *Object Granularity* oder *OG*) erfasst und betroffen ist. Der Wert reicht von 0 bis 1 (oder von 0% bis 100%). Ein Wert von 0 bedeutet eine extrem detaillierte und genaue Entscheidungsfindung und die Reichweite ist auf eine bestimmte Einzelperson oder eine kleine Gruppe beschränkt, deren Anzahl etwa 0% der Bevölkerung ausmacht. Ein allmählicher Anstieg dieses Wertes deutet darauf hin, dass der Gegenstand der Entscheidung, das Objekt, nach und nach einen immer größeren Teil der Bevölkerung betrifft. Der Wert 1 steht für universell wichtige Angelegenheiten, wie beispielsweise nationale Politik und so weiter, die alle Bürger (100% der Bevölkerung) betrifft.

- Die granulare Darstellung politischer *Entscheidungsfindung* (engl. *Political Decision-making Granularity Map* oder kurz *PDGM*) ist ein zweidimensionales Diagramm mit Subjekt und Objekt-Granularität als vertikale bzw. horizontale Achse, um den Entscheidungsmodus der Regierung darzustellen (abgekürzt als *Granularity Map* oder *GM*). Abbildung 9.1 ist ein Beispiel für eine granulare Darstellung, die das Entscheidungsmodell für ein fiktives, politisches System zeigt. Der grau schattierte Bereich in diesem Beispiel ist das *Streuungsmuster* politischer *Entscheidungsfindung* (engl. *Political Decision-making Granularity Pattern* oder kurz *PDGP*) dieses politischen Systems, das hilft, das Muster und die Merkmale seiner Entscheidungsfindung zu analysieren (abgekürzt als *Granularity Pattern* oder *GP*). Generell gilt: je niedriger der Wert der vertikalen Achse, desto stärker werden einzelne Bürger oder kleine Gruppen in politischer Entscheidungsfindung eingebunden. Es deutet darauf hin, dass die politischen Aktivitäten dem Populismus näher sind und für den entsprechenden, granulare Ebenen popularisiert werden. Ein höherer Wert zeigt, dass sich die politische Entscheidung über den entsprechenden Umfang der Objekt-Granularität des Objekts stärker auf weniger Entscheidungsträger konzentriert. Bis zu einem gewissen Grad, spiegelt eine Erhöhung dieses Wertes auch eine Verbesserung der Effizienz politischer Entscheidungsfindung wider. Die Effizienz der Entscheidungsfindung ist jedoch nicht unbedingt proportional zur Qualität der Entscheidungen. Denn es gibt für die Messung der Qualität von Entscheidungen verschiedene Perspektiven und Kriterien sowie unterschiedliche Interpretationen. Am häufigsten kommt es vor, dass Entscheidungsträger die günstigsten Entscheidungen für ihre eigene Klasse und Gruppe treffen, und andere Personen und Gruppen die entsprechenden Kosten und negativen Konsequenzen tragen. Daher bestimmen die Ansichten der Richter die Schlussfolgerungen. Wenn wir uns entscheiden, aus der Perspektive sozialen Utilitarismus zu urteilen, können wir grob gesagt daraus schließen, dass je kleiner der Wert der vertikalen Achse ist, das heißt, je mehr die Entscheidung direkt von der Allgemeinheit getroffen wird, desto höher wahrscheinlich ist der soziale Nutzen und die Gesellschaft entspricht eher dem von der Mikrodemokratie verfolgten Ziel.

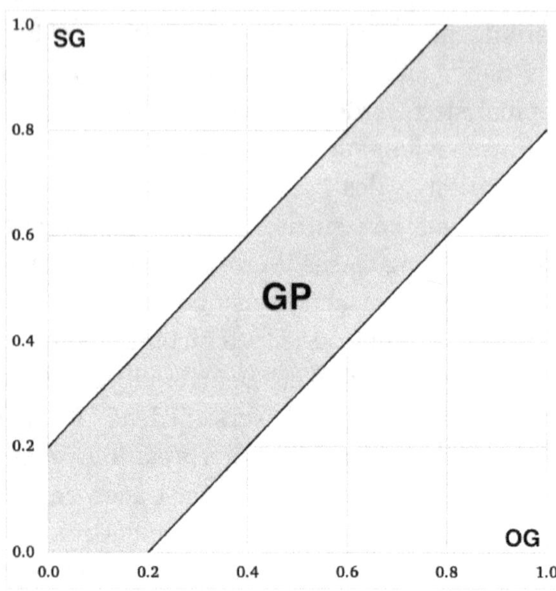

Abbildung 9.1 granulare Darstellung: ein fiktives, politisches System

Die charakteristische Streuungsbereiche politischer Entscheidungsfindung (engl. *Political Decision-making Granularity Characteristic Zone* oder kurz *PDGCZ*) bezieht sich auf die fünf Bereiche der granularen Darstellung, die verschiedenen Stile und Merkmale der Entscheidungsfindung repräsentieren (abgekürzt als *Granularity Characteristic Zone* oder kurz *GCZ*). Wie in Abbildung 9.2 dargestellt, sind die fünf Bereiche mit gepunkteten Linienkonturen und durch Zahlen gekennzeichnet: Zone 1 (*Diktatorische Zone*), Zone 2 (*Konzentrierte Zone*), Zone 3 (*Neutrale Zone*), Zone 4 (*Kollaborateur Zone*) und Zone 5 (*Demokratische Zone*). Wie der Name bereits andeutet, zeigen die Zonen, worin das Streuungsmuster fällt, den Entscheidungsstil, den die Gesellschaft bei Fragen entsprechender Objekt-Granularität anwendet. Wie in dem Diagramm dargestellt, verfolgt das fiktive, politische System beispielsweise bei allgemeinen Entscheidungsfragen (Zone 1) einen autokratischen Entscheidungsansatz und einen Mikroansatz bei demokratischen Entscheidungen (Zone 5). Der Übergang der Entscheidungsstile für Angelegenheiten dazwischen, ist in etwa ausgeglichen Aus Sicht der

Mikrodemokratie, sollte das Streuungsmuster eines rein demokratischen Systems vollständig in der Demokratiezone liegen. Doch wenn man mit dem Effizienzfaktor bei der Entscheidungsfindung in Einklang steht, sollte ein ideales Streuungsmuster besser in der neutralen und kooperativen Zone liegen. Eine demokratische Gesellschaft sollte wachsam sein, wenn sich das Streuungsmuster auf die Konzentrations- und Diktatorenzonen erstreckt. Ein Szenario, in dem einige Teile des Streuungsmuster vollständig in die diktatorische Zone fallen, sollte absolut vermieden werden.

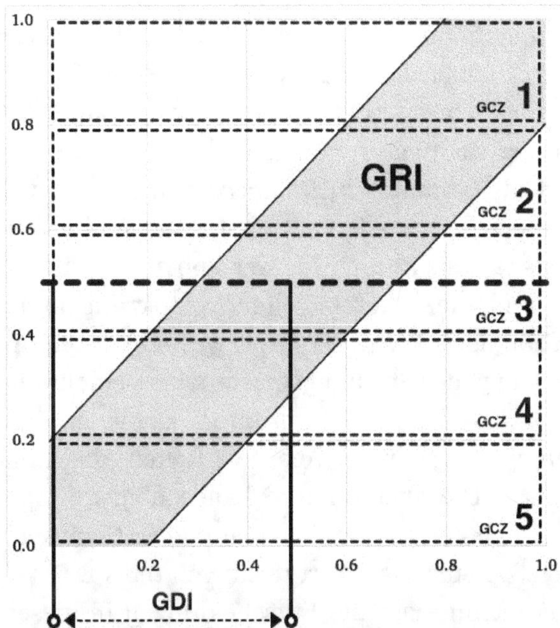

Abbildung 9.2 granulare Darstellung: ein fiktives, politisches System mit charakteristischen granularen Zonen

- Der Index granularer Belastbarkeit politischer Entscheidungsfindung (engl. *Political Decision-making Granularity Resiliency Index* oder kurz *PDGRI*) zeigt, wie flexibel ein politisches System seinen Entscheidungsstil anpassen kann (abgekürzt *Granularity Resiliency Index* oder *GRI*). In der granularen Darstellung ist es der Bereich des Streuungsmusters, das heißt der schattierte Bereich, der von 0 bis 1 reicht. Dieser Wert misst, wieviel Entscheidungsspielraum die Gesellschaft bei der Wahl der Entscheidungsmethoden hat. Auf der Grundlage einfacher geometrischer Berechnungen beträgt der Index granularer Belastbarkeit des fiktiven politischen Systems in Abbildung 9.1 beispielsweise ungefähr 0,36. Vermutlich ist das politische System mit einem kleineren Index granularer Belastbarkeit konsistenter oder stabiler, während die Systeme mit einem höheren Wert einen größeren Entscheidungsspielraum für Veränderungen haben.

- Der *granulare Demokratieindex politischer Entscheidungsfindung* (engl. *Political Decision-making Granularity Democracy Index* oder kurz *PDGDI*) gibt das Ausmaß der Neigung eines politischen Systems an, Methoden der Entscheidungsfindung zugunsten der Demokratie zu wählen (abgekürzt als *Granularity Democracy Index oder GDI*). Wie in Abbildung 9.2 dargestellt, teilt eine horizontal gestrichelte Linie das Intensitätsdiagramm in der oberen Hälfte (*Autoritäre Domäne*) und die untere Hälfte (*Demokratiedomäne*) mit der Subjekt-Granularität 0,5 als Grenzwert. In jedem Längsschnitt, wobei die Länge des Streuungsmusters im Demokratiebereich fällt und länger als das der autoritären Domäne, dann wird die Projektion auf horizontaler Achse verteilten Abschnitts in diesem Index erfasst. Die akkumulierte Länge obiger Projektion in der granularen Darstellung ist der *granulare Demokratieindex* des politischen Systems. Der Wert reicht von 0 bis 1. Ein höherer Wert deutet darauf hin, dass die Entscheidungen in diesem System in der Regel demokratisch getroffen werden. Zum Beispiel liegt der granulare Demokratieindex in Abbildung 9.1 beim Wert 0,50.

Die obigen Mittel helfen den Menschen, ein bestimmtes politisches System quantitativ zu analysieren und es mit anderen Formen zu vergleichen:

In der Gesellschaft der **Sklaverei** wurden alle Entscheidungen von der Klasse der Sklavenhalter getroffen, die aus einer kleinen

Minderheit der Bevölkerung bestand. Die Mehrheit des Volkes, die aus den Sklaven bestand, hatte bei den Entscheidungen überhaupt kein Mitspracherecht, auch nicht bei sehr persönlichen Angelegenheiten. Daher befindet sich das G Streuungsmuster der Sklavengesellschaft wie in Abbildung 9.3 dargestellt vollständig in der diktatorischen Zone. Sein Index granularer Belastbarkeit ist minimal (nicht höher als 0,05); daher ist das System sehr stabil. Sein granularer Demokratieindex liegt bei 0, was darauf hinweist, dass es für die Hauptbevölkerung (die Sklaven und Leibeigenen) keine Möglichkeit gibt, sich der Demokratie zu erfreuen.

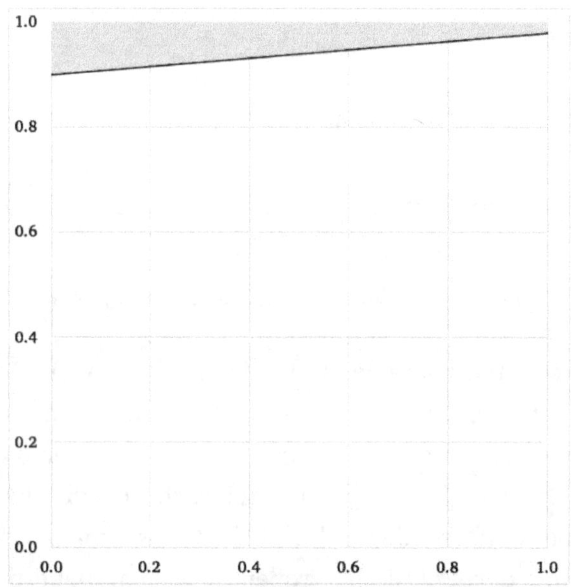

Abbildung 9.3 granulare Darstellung: Sklaverei

Die in dieser granularen Darstellung veranschaulichten Gesellschaften umfassen die antiken Sklavengesellschaften, wie in Ägypten sowie viele moderne Nationen, die von Herren, Adligen und Leibeigenen regiert werden. Vielleicht haben ihre politischen Strukturen verglichen mit typischer Sklaverei viele, signifikante Unterschiede in Form und Etikette vorzuweisen, so werden sie u.a. oft als feudal oder Leibeigenschaft kategorisiert. Aus Sicht der granularen

Analyse gibt es jedoch keinen wesentlichen Unterschied was ihre Entscheidungsfindung betrifft.

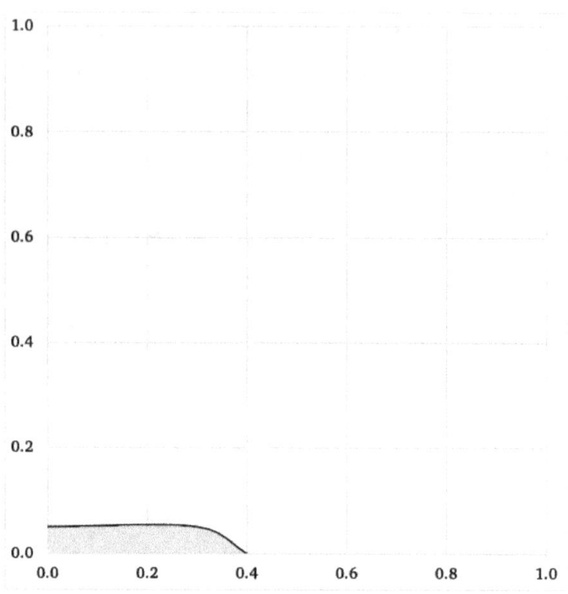

Abbildung 9.4 granulare Darstellung: Anarchie

Der **Anarchismus** widerstrebt der herrschenden Regierung an sich. Es befürwortet die Mikroautonomie und gegenseitige Unterstützung der Menschen bei der Lösung persönlicher und öffentlicher Fragen. Im Gegenzug schwächt er die Fähigkeit der Menschen, bei umfassenderen Tätigkeiten zusammenzuarbeiten, was die Gestaltung der Politik in großen Regionen nahezu unmöglich macht. Wie in Abbildung 9.4 dargestellt, kann der Anarchismus für die Größenordnung moderner Länder den unteren Bereich der Granularität des Objekts nur teilweise abdecken. Sein Index granularer Belastbarkeit ist nahezu nicht vorhanden (etwa 0,02) und daher ist es, was seinen Anwendungsbereich angeht, extrem stabil. Der granulare Demokratieindex (ca. 0,40) deckt den begrenzten Umfang seiner Objekt-Granularität vollständig ab. Diese Art der Demokratie bezieht sich jedoch lediglich auf die Entscheidungsgewalt in persönlichen Angelegenheiten der Bürger und nicht auf die öffentliche Politik.

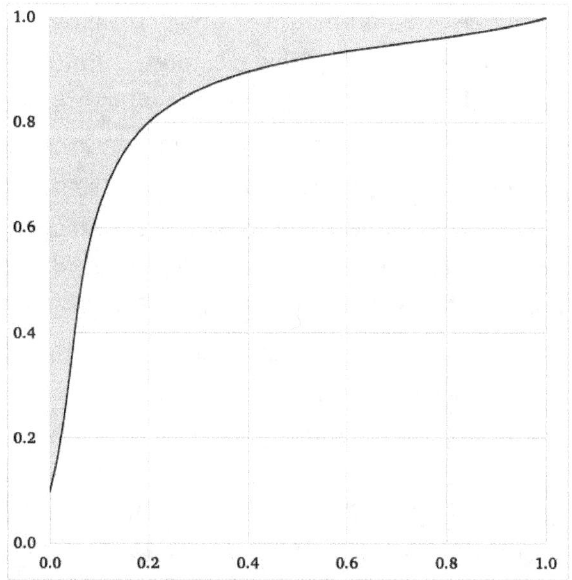

Abbildung 9.5 granulare Darstellung: Autokratie

Die ***Autokratie*** umfasst aus der Sicht der politischen Entscheidungsfindung eine Vielzahl politischer Systeme, darunter den größten Teil der feudalen Systeme, die traditionelle Monarchie, das faschistische Staatssystem, und die zentralisierten Systeme, die durch verschiedene andere Namen gekennzeichnet sind. Hauptmerkmal ist die hierarchische Gestaltung der Staatsgewalt, wobei die Entscheidungsfindung und das Handeln nicht auf funktionale Rollen, sondern auf bedingungslosem Gehorsam und der Ausführung des Willens überlegener Macht basieren. Daher haben die oberen Entscheidungsträger absolute Autorität, die Entscheidungen unterer Ebenen zu überschreiben. Folglich hat die oberste Instanz (in der Regel der alleinige Diktator oder möglicherweise eine minimale Anzahl von Hofadeligen, Herren oder Ausschussmitglieder) die letzte und endgültige Entscheidungsgewalt über alle, öffentlichen Angelegenheiten. Verglichen mit der Sklaverei erstreckt sich das Streuungsmuster der Autokratie bis im unteren Bereich der Subjekt-

194

Granularität. Das liegt daran, dass in autokratischer Gesellschaft, mehr Mitglieder der Gesellschaft Zugang zu höheren Klassen erhalten und auf einer niedrigeren Ebene an der Entscheidungsfindung teilnehmen können. Komplizierte und riesige, bürokratische Entscheidungssysteme wurden eingerichtet, damit die oberen Führungspersönlichkeiten, die politische Entscheidungsgewalt an die Beamten niedriger Ränke übertragen können, um ihre Last zu teilen. Wie in Abbildung 9.5 dargestellt, deckt das Streuungsmuster der Autokratie am oberen Rand, den gesamten Bereich der Objekt-Granularität ab, wobei der Wert der Subjekt-Granularität 1 beträgt und den einzigen Diktator darstellt. Mit fallender Objekt-Granularität zeigt die Kurve, dass Entscheidungsträger auf niedrigeren Ebenen über einige spezifische Themen entscheiden dürfen, da die bürokratische Struktur allmählich abnimmt. Der Index granularer Belastbarkeit der Autokratie liegt bei etwa 0,20, und der konzentrierte Bereich der Belastbarkeit befindet sich in Richtung der Grenze; das heißt, dass der Diktator mehr Makroentscheidungen persönlich trifft. Sein granularer Demokratieindex ist 0.

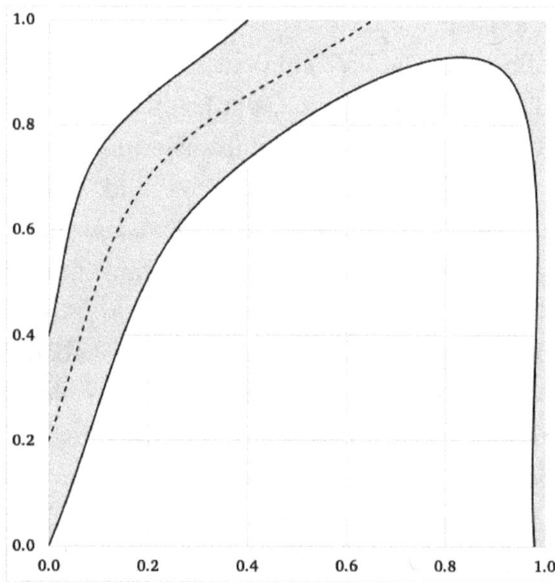

Abbildung 9.6 granulare Darstellung: repräsentative Demokratie

Die granulare Darstellung der **_repräsentativen Demokratie_** ist aufgrund ihrer zwei einzigartigen Merkmale recht kompliziert. Erstens hat die repräsentative Demokratie für gewöhnlich eine Machthierarchie und verfügt über Mechanismen der Gewaltenteilung, sodass die höchsten Führer des Landes nicht die Macht haben, Entscheidungen über alle öffentlichen Angelegenheiten zu treffen, wie es die Diktatoren der Autokratie tun. Wie auf der granularen Darstellung gezeigt, dass Streuungsmuster am oberen Rand nur den rechten Teil, anstatt den gesamten oberen Rand abdeckt, was darauf hinweist, dass die Spitzenpolitiker des Landes eher geneigt sind, Entscheidungen der Makroebene zu treffen. In der Regel sind es die unteren Entscheidungsgremien und Verwaltungsstellen, welche auf Mikroebene über öffentliche Angelegenheiten entscheiden. Das Referendum ist ein weiteres Merkmal, was allen Bürgern unter außergewöhnlichen Umständen ermöglicht, über nur sehr wenig umfassende, öffentliche Angelegenheiten zu entscheiden. Wie in der granularen Darstellung dargestellt, befindet sich ganz rechts ein dünner, vertikaler Streifen mit dem Wert 1 der Objekt-Granularität. In Abbildung 9.6 ist das Streuungsmuster von zwei durchgezogenen Linien umgeben, welche von links nach rechts als _Grenze der öffentlichen Meinung_ und als _institutionelle Grenze_ bezeichnet werden. Die Grenze der öffentlichen Meinung wird hauptsächlich durch die Macht der öffentlichen Meinung gestützt, die das Regime daran hindert, nach links auszuschlagen und zu einer Autokratie zu werden. Die institutionelle Grenze ist ein Produkt der inhärenten Struktur des repräsentativen Systems, was die Menschen daran hindert, Entscheidungen über öffentliche Angelegenheiten direkt zu treffen. Zusätzlich gibt es eine gestrichelte Linie dazwischen, die den rechten Grenzwert der öffentlichen Meinung angibt. Dies spiegelt tatsächlich die politische Realität der heutigen Welt wider: viele Regime behaupten selbst, demokratische Republiken zu sein, aber die Ausarbeitungen des Systems variieren enorm in Bezug auf die Begrenzung der Macht von Staatsoberhäuptern und repräsentativen Institutionen, sowie dem Grad der Gewaltenteilung. Der Index granularer Belastbarkeit repräsentativer, demokratischer Länder ist grob zwischen den Werten 0,14 bis 0,22 zu finden. Ihr granularer Demokratieindex liegt bei etwa 0,15.

Beim Vergleich der granularen Darstellung der Autokratie und repräsentativer Demokratie fällt ein Unterschied auf: das Streuungsmuster der Autokratie, aber nicht das der repräsentativen Demokratie, deckt die obere linke Ecke des Diagramms ab. Dies deutet darauf hin, dass die Grenze öffentlicher Meinung in der repräsentativen Demokratie verhindert, dass hochrangige Entscheidungsträger sich in die Entscheidungen kleinster Angelegenheiten einmischen. Dies offenbart eine wichtige Tatsache: wenn das Staatsoberhaupt und die Spitzenpolitiker sich nicht direkt in das Leben einzelner Bürger und Gemeinschaftsangelegenheiten einmischen können, müssen die Entscheidungsträger der mittleren Ebene nicht dem Druck der überlegenen Führer erliegen, um einige unabhängige Entscheidungen zu treffen, was dann deutlich das Gefühl der Sicherheit und Würde der Öffentlichkeit erhöht, auch wenn das Entscheidungssystem noch viele andere Mängel aufweist. Das ist der eigentliche Ursprung der Überlegenheit repräsentativer Demokratien gegenüber der Autokratie. Gleichzeitig ist jedoch das Streuungsmuster repräsentativer Demokratie bemerkenswert, was zum größten Teil in der oberen Hälfte (autoritäre Domäne) fällt und sogar, in etwa zur Hälfte, im Bereich der oberen 20% (diktatorische Zone). Aus dieser Perspektive ist die repräsentative Demokratie in der Tat gleichzeitig, sowohl eine Autokratie mit dem höchsten Glück als auch eine gute Tarnung. In der granularen Darstellung gibt es jedoch keine wirklich unaufhaltsame Gewalt, welche verhindert, dass die Grenze öffentlicher Meinung in Richtung der linken, oberen Ecke geschoben wird, bis sie verschwindet; auch wird die institutionelle Grenze wahrscheinlich weiter in Richtung des oberen Endes treiben. Eine Reihe spezifischer subtiler, politischer Veränderungen kombiniert (wie die Ausweitung der Autorität hochrangiger Führungspersönlichkeiten, die Übertragung der Entscheidungsgewalt innerhalb politischer Struktur, von der Basisebene auf die höhere Ebene, die Übertragung von Entscheidungsgewalt der Vertreter an die Verwaltungsbürokratie und das anhaltende Fehlen eines sinnvollen Referendums etc.) kann eine repräsentative, demokratische Nation praktisch stillschweigend in ein autokratisches Regime verwandeln.

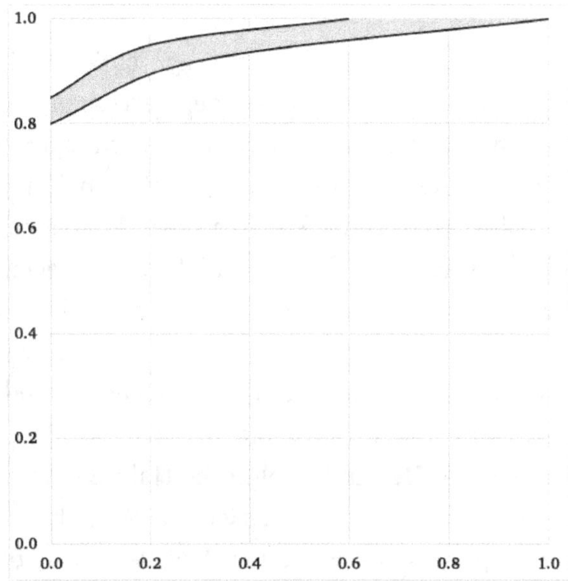

Abbildung 9.7 granulare Darstellung: Sklavendemokratie

Die ***Demokratie der Sklaverei*** (Sklavendemokratie) mag ein etwas widersprüchlicher Name sein, aber zwei scheinbar gegensätzliche, politische Systeme werden oft miteinander kombiniert, um im gleichen Rahmen tätig zu sein. Ihr typisches Merkmal besteht darin, dass die Gesellschaft in zwei große Klassen unterteilt ist: die herrschende Klasse und die regierte Masse. Die herrschende Klasse mag ein gewisses Maß an Demokratie für die Politikgestaltung übernehmen, währenddessen hat die regierte Masse allerdings überhaupt kein Mitspracherecht bei öffentlichen Angelegenheiten. Die antike, griechische Republik war eine klassische Demokratie der Sklaverei[1], aber solche Betriebe konnten sich auch in anderen Formen entwickeln. Zum Beispiel kann die herrschende Klasse der edlen oder hohen Gesellschaftsklassen im Aristokraten- oder Gesellschaftsklassensystem einen demokratischen Weg wählen, um Entscheidungen zu treffen, während die regierte Masse kein

Mitspracherecht erhält. Das frühe Amerika ist an dieser Stelle ein weiteres Beispiel[2]; während die Weißen der herrschenden Klasse eine repräsentative Demokratie praktizierten, waren farbige Menschen entweder Sklaven oder Halbsklaven.

Einige moderne, oligopolistische oder elitäre Länder fallen ebenfalls in diese Kategorie. Innerhalb der herrschenden Klasse, die sich aus sogenannten sozialen Eliten und privilegierten Gruppen zusammenstellt, werden zwar einige Entscheidungen durch demokratische Tätigkeiten getroffen, aber die Öffentlichkeit außerhalb der herrschenden Klasse, hat bei öffentlichen Angelegenheiten kein Mitspracherecht. Im Vergleich zu anderen, früheren Demokratien der Sklaverei nehmen solche Länder nicht immer auf der Grundlage von gegebenen Identitäten ihre Zuordnung zu herrschenden oder regierten Klassen vor, sondern klassifizieren sie stattdessen oft nach anderen Gegebenheiten, wie die Herkunft, politische Haltung, finanzielle Lage, sozialer Status etc. Als solche können einige Menschen der unteren Klasse durch Ehe, politisches Vertrauen, Macht- und Geldhandel oder akademische Errungenschaften, in die herrschende Klasse eintreten. Diese Wege bieten ein gewisses Maß an Mobilität zwischen beide Klassen. Um diese geschmacklose Realität reinzuwaschen, haben diese Regime oft sogenannte, demokratische Tätigkeiten ausgearbeitet, die weder Bestand noch Einfluss auf die wichtige Politik haben. Nichtsdestotrotz zeigt die granulare Darstellung deutlich die Natur der Zweiklassengesellschaft und die Wahrheit, dass Elitegruppen eine sogenannte »paternalistische« Sklaverei gegen die Mehrheit betreiben.

Wie in Abbildung 9.7 dargestellt wird, ähnelt die Form der Sklaverei dem Muster der repräsentativen Demokratie, nur dass ihre Position im Diagramm oben, in der diktatorischen Zone verdichtet wurde. Es veranschaulicht die Einzigartigkeit: eine Kombination aus repräsentativer Demokratie, welche von der Minderheit genossen wird und absoluter Tyrannei über die Mehrheit. Der Index granularer Belastbarkeit dieses Modells, liegt bei etwa 0,05. Der granulare Demokratieindex beträgt 0 (die Eliten in herrschender Klasse mögen diesbezüglich zurückhaltend sein, aber in Hinsicht auf die gesamte Gesellschaft ist dieser Wert völlig zutreffend).

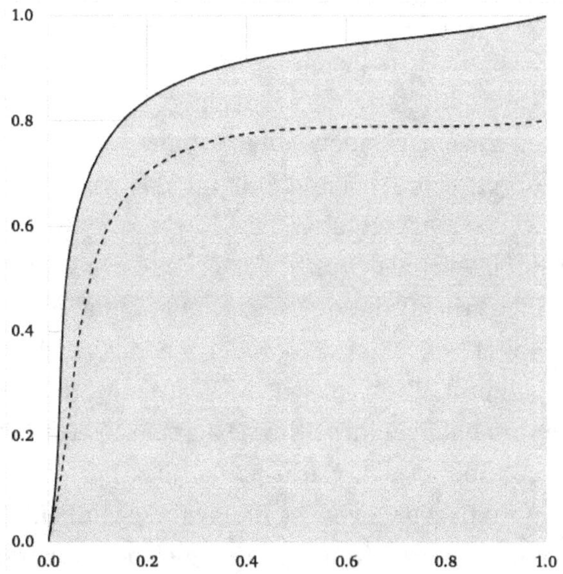

Abbildung 9.8 granulare Darstellung: Mikrodemokratie

Für die **_Mikrodemokratie_** ist die Verteilung der Entscheidungsgewalt absolut, während sich ihre Konzentration relativ verhält. Unabhängig davon, ob die Bürger eine Wahldelegation festlegen oder nicht, können sie jederzeit die Direktwahl abgeben und alle Delegationsregeln umgehen, das bedeutet, das Volk hat die vollständige Kontrolle über alle öffentlichen Entscheidungen. Obwohl es sich hier aus statistischer Sicht um eine Ausnahmesituation handelt, ist der Akt und die Macht zur Direktwahl, aus Sicht einzelner Bürger, keineswegs eine Extremsituation, sondern ein elementares Recht und die Norm. Realistisch gesehen ist es wahrscheinlicher, dass die Bürger bei nicht kritischen, alltäglichen Entscheidungen sich dazu entschließen, ihre Stimme zu übertragen. Daher deckt das Streuungsmuster den gesamten unteren Teil der granularen Darstellung ab und bewegt sich nach oben. Je höher der Anteil der Bürger ist, die sich für die Delegation entscheiden, desto höher ist die Konzentration der Subjekte. Im Bereich links, von den unteren Werten der Objekt-Granularität, hat das Streuungsmuster eine Obergrenze und kann somit die obere Seite nicht erreichen. Denn nach dem mikrodemokratischen Prinzip der Relevanz, können nur Anwohner vor Ort über regionale Angelegenheiten entscheiden, während andere Bürger kein Recht dazu haben, sich an dieser Stelle einzumischen. Selbst wenn alle Bürger, die berechtigt sind, über regionale Angelegenheiten zu entscheiden, ihre Stimme an einen bestimmten Vorsitzenden übertragen, ist sie damit für das gesamte Volk immer noch nur teilweise repräsentativ. Die Kurve am oberen Rand des Streuungsmusters, wird als *Grenze der Mikrodemokratie* bezeichnet. Selbstverständlich rückt diese Grenze mit Zunahme der Objekt-Granularität weiter vor, bis sie an der oberen, rechten Ecke des Diagramms ankommt. Dies spiegelt die extreme Situation wider, in der alle Bürger unabhängig ihre Stimme an einen Vertreter, nationaler Angelegenheiten, übertragen. Natürlich ist dies nur ein theoretisches Szenario. Aus praktischer Sicht ist die Wahrscheinlichkeit, dass alle Bürger eines Landes ihre Stimme an den gleichen Vertreter abgeben, kaum vorhanden.

Wie in der granularen Darstellung in Abbildung 9.8 gezeigt wird, kann der Index granularer E Belastbarkeit der Mikrodemokratie einen Wert über 0,85 erreichen, während sein granularer Demokratieindex 1,0 erreichen kann.

Aus obiger Analyse geht hervor, dass die oberen und unteren Ränder des mikrodemokratischen Streuungsmusters extreme Bedingungen darstellen. In den meisten, alltäglichen Situationen wird eine mikrodemokratische Gesellschaft im mittleren Bereich tätig sein und selten die diktatorische Zone am oberen Rand erreichen. Darüber hinaus können einige verbindliche, institutionelle Regeln dazu beitragen, eine ausreichende Streuung unter den Entscheidungsträgern zu gewährleisten, um zu verhindern, dass das Streuungsmuster in die diktatorische Zone rutscht. Beispielsweise kann die Mikrodemokratie den Mindestanteil und die Anzahl der Bürger vorschreiben, die als Vertreter öffentlicher Meinung agieren müssen; in solchen Fällen ist es statistisch unmöglich, dass alle

Delegationen auf dieselbe Person verweisen, unabhängig davon, ob dieser ein unabhängiger Bürger oder ein Vertreter politischer Organisationen ist. Wie sich in der granularen Darstellung widerspiegelt, treiben die obig genannten, institutionellen Maßnahmen die Grenze der Mikrodemokratie weiter nach unten, bis diese außerhalb der diktatorischen Zone liegt, wie es die gestrichelte Linie in Abbildung 9.8 zeigt.

In den granularen Darstellungen sind die Streuungsmuster von Autokratie und Mikrodemokratie fast vollständig gegensätzlich. Mikrodemokratische Entscheidungsprinzipien machen es unmöglich, durch Überarbeitung und Manipulation in ein autokratisches System integriert oder jemals in dieses umgewandelt zu werden. Darüber hinaus überschneiden sich die Streuungsmuster granularer Darstellung von repräsentativer Demokratie und der Mikrodemokratie, nur im grundlegenden Bereich der Entscheidungsfindung. Das bedeutet, dass die Mikrodemokratie der Öffentlichkeit viel mehr Bürgerrechte und soziale Entscheidungen gebracht hat.

Die obige granulare Analyse zeigt die Entscheidungsmuster, die Widerstandsfähigkeit des Systems und den Grad der Demokratie verschiedener, politischer Systeme. Dies hilft, die Arten und Merkmale politischer Entscheidungen in bestimmten Ländern und bestimmter Regime, genauer zu identifizieren und schließt mit einer objektiven, qualitativen Einordnung ab. Schließlich ist nichts irreführender und trügerischer, als die wahre Natur eines politischen Systems in der Bezeichnung eines Landes und im Namen von Institutionen zu verbergen.

Das Entscheidungsmuster ist jedoch nicht der einzige Faktor, woran das Niveau von Demokratie gemessen werden kann. Egal wie demokratisch die Entscheidungsmethode auch sein mag, wenn die Entscheidung auf Grundlage von Fehlinformationen und Desinformation getroffen wird, dann wird ihr Ergebnis nur dem Informationsmanipulator zugutekommen, anstatt sozialen Nutzen beizutragen. Ein solches Land ist nur ein demokratischer Zombie.

George Washington hat einmal gesagt: *„Eine uninformierte Bevölkerung ist eine Bevölkerung in Sklaverei."* Diese Behauptung hat eine besonders warnende Bedeutung für die Bürger dieser selbsternannten, demokratischen Regime. Wenn Bürger „demokratischer Länder" durch sogenannte »Staatsgeheimnisse« von der Wahrheit ferngehalten werden, wenn sie die „Mainstream-Medien" als maßgebliche Informationsquelle ansehen, wenn sie gezwungen sind, den „Wohlwollen-Schutz" von Inhaltsprüfern und die „personalisierte Fütterung" künstlicher Intelligenz in den sozialen Medien hinzunehmen, dann sind diese Menschen in der Tat eine „uninformierte Bevölkerung." Diese geschickt verpackten, irreführenden Botschaften sind eigentlich die „unsichtbaren Hände", welche die Bürger in stimmberechtigte Marionetten verwandeln, um „aufrichtige" Entscheidungen gegen ihre eigenen Interessen zu treffen. In gewissem Sinne sind diese Menschen noch erbärmlicher als einfache Sklaven, die zumindest Gleichgültigkeit und wütende Augen auf die Sklavenbesitzer werfen können, während demokratische Sklaven der Gesellschaft oft Verteidiger ihres eigenen Käfigs mit einem Gefühl des Nutzens sind.

Daher wird hier der *Informationsindex öffentlicher Entscheidungsfindung* (engl. *Public Decision-making Information Index* oder kurz *PDII*) als ein weiterer, notwendiger Faktor zur Beurteilung des Umfanges von Sozialdemokratie eingeführt. Es misst, wie genau und vollständig die Informationen sind, worauf sich die öffentliche Entscheidung stützt.

Informationsindex öffentlicher Entscheidungsfindung =
Zugriffsindex von Informationen zur Entscheidungsfindung
öffentlicher Angelegenheiten ×
Glaubwürdigkeitsindex von Informationen

PDII = PADIAI•ICI
Oder, **PDII** = p4i•ICI

Der Zugriffsindex von Informationen zur Entscheidungsfindung öffentlicher Angelegenheiten (engl. *Public Affair Decision-making Information Accessibility Index, PADIAI* oder abgekürzt *p4i*) bezeichnet die Vollständigkeit der Informationen, worauf die Öffentlichkeit bei Entscheidungen über öffentliche Angelegenheiten zugreifen kann. Darunter beziehen sich Informationen der Entscheidungsfindung öffentlicher Angelegenheiten (engl. *Public Affair Decision-making Information* oder kurz *PADI*) auf Informationen, die potenziell einflussreich und wertvoll für öffentliche Entscheidungen sind. In einem Land sollten alle Informationen, als Informationen der Entscheidungsfindung öffentlicher Angelegenheiten behandelt werden, mit Ausnahme privater Informationen der Bürger und Geschäftsgeheimnisse privater Unternehmen. Der Glaubwürdigkeitsindex der Informationen (engl. *Information Credibility Index* oder kurz *ICI*) in der Formel bezieht sich darauf, wie authentisch die Informationen sind, die von der Öffentlichkeit bei der Entscheidungsfindung einbezogen werden.

Die obige Formel scheint einfach und intuitiv zu sein, ist aber schwer zu quantifizieren. Die Art und Weise, womit alle Informationen der Entscheidungsfindung öffentlicher Angelegenheiten in einem Land berechnet werden, die Berechnung der direkt oder indirekt zugänglichen Teile und die Messung der Glaubwürdigkeit all dieser Informationen, wird kontrovers diskutiert werden. Um es einfach und praktisch zu machen, ist es notwendig, diese annähernd zu vereinfachen, indem man den numerisch, qualitativen Bereich so genau wie möglich einschließt.

Unter ihnen kann der Zugriffsindex von Informationen zur Entscheidungsfindung Öffentlicher Angelegenheiten (engl. *Public Affair Decision-making Information Accessibility Index*) in etwa mit der folgenden Formel dargestellt werden:

Zugriffsindex von Informationen zur Entscheidungsfindung öffentlicher Angelegenheiten =
Der Anteil an Informationen der Entscheidungsfindung öffentlicher Angelegenheiten, den die Bürger anonym erhalten können × Der Umfang, in dem die oben genannten Informationen in einer zeitnahen Weise verwendet werden können

Es ist von Nutzen die *Informationen bei der Entscheidungsfindung öffentlicher Angelegenheiten* in zwei primäre Quellen zu unterteilen; staatliche und gesellschaftliche und dann, den ersten Parameter weiter in zwei Kanäle zu zerlegen; aktive Freigabe und passive Offenbarung. Darüber hinaus wird die rechtzeitige Nutzung von Informationen hauptsächlich auf ihre Effizienz bei der Verbreitung zurückgeführt. Die Formel kann weiter vereinfacht werden:

Zugriffsindex von Informationen zur Entscheidungsfindung öffentlicher Angelegenheiten =
(Effizienzratio der Veröffentlichung bearbeiteter Regierungsinformationen × W_1 + Effizienzratio des Zugriffs auf unbearbeitete Regierungsinformationen × W_2 + Effizienzratio der Veröffentlichung gesellschaftlicher Informationen × W_3) × Effizienzindex der Verbreitung öffentlicher Informationen

PADIAI = (GPIEPR•W_1 + GRIEAR•W_2 + SIEPR•W_3) •PIDEI
Oder, **p4i** = (gp•W_1 + gr•W_2 + si•W_3) •de

In obiger Formel bezieht sich der Effizienzratio der Veröffentlichung bearbeiteter Regierungsinformationen (engl. *Government Processed Information Effective Publish Ratio, GPIEPR* oder abgekürzt *gp*) auf das Ausmaß, wozu die Regierung aktiv Informationen veröffentlicht. Der Effizienzratio des Zugriffs auf unbearbeitete Regierungsinformationen (engl. *Government Raw Information Effective Access Ratio, GRIEAR* oder abgekürzt *gr*) bezieht sich auf das Ausmaß, in dem die Öffentlichkeit die ursprünglichen Daten interner, staatlicher Tätigkeiten erhalten kann. Der Effizienzratio der Veröffentlichung gesellschaftlicher Informationen (engl. *Social Information Effective Publish Ratio,*

SIEPR oder kurz *si*) bezieht sich auf den Umfang öffentlicher Zugänglichkeit zu Informationen, die von gewöhnlichen Bürgern veröffentlicht werden. Die obig genannten drei Indizes haben die „Wirksamkeit" betont. Zum einen bedeutet dies, dass die Informationen anonym der Öffentlichkeit direkt oder indirekt zugänglich gemacht werden sollten; andererseits beziehen diese sich auf die Aktualität, das heißt die Öffentlichkeit sollte die Informationen rechtzeitig erhalten, um kundige Entscheidungen zu treffen. Obig genannte drei Indizes werden auch mit ihren jeweiligen Abstimmungsfaktoren W_1, W_2 und W_3 zur Optimierung der Genauigkeit der Formel multipliziert. Der Effizienzindex der Verbreitung öffentlicher Informationen (engl. *Public Information Dissemination Efficiency Index, PIDEI* oder abgekürzt *de*) bezeichnet die Effizienz, womit Informationen über die öffentliche Domäne verteilt werden, insbesondere das Ausmaß, in dem die Öffentlichkeit zeitkritisch veröffentlichte Informationen erhält, bevor sie Entscheidungen trifft.

Auch diese Indizes sind nicht quantifiziert, ihre Metriken sind immer noch komplex und umstritten. Darunter ist die Messung von Regierungsinformationen besonders anspruchsvoll. Die interne Daten- und Informationsverarbeitung der Regierung ist in der Regel für die Außenwelt nicht durchschaubar. Aufgrund der Komplexität der Regierungsbürokratie und der Existenz von Schattenregierungen ist nicht nur der Öffentlichkeit, sondern auch Regierungsbeamten unbekannt, wie viel Informationen als vertraulich eingestuft werden. Einige vertrauliche Informationen werden möglicherweise nie offiziell aufgezeichnet und können vernichtet oder verdeckt werden. Daher ist die Gesamtmenge staatlicher Informationen schwer zu ermessen, und der Anteil öffentlich zugänglicher Informationen ist daher nicht kalkulierbar. In diesem Fall kann die Quantifizierung noch immer, nur durch Annäherungen vereinfacht werden. Es sollte beachtet werden, dass dies nicht das einzige oder das ideale, vage Quantifizierungsschema ist; es ist durchaus möglich, durch andere angemessene Optionen ersetzt zu werden.

In diesem vagen Quantifizierungsschema werden alle festangestellten Regierungsmitarbeiter nach Abteilungen gruppiert und mit einem berechneten Anteil, entsprechend der Mitarbeiterzahlen versehen. Wenn eine Regierung zum Beispiel 20 Abteilungen hat und das Handelsministerium 3% der gesamten Regierungsmitarbeiter einstellt, dann ist der Gesamtanteil des Handelsministeriums in der Berechnung des Informationsindex dementsprechend 3%. Natürlich werden sich die Prozentsätze aller 20 Abteilungen auf 100 % summieren.

Bei der Berechnung des *Effizienzratios der Veröffentlichung bearbeiteter Regierungsinformationen* ist der Gesamtanteil der Informationen aller Abteilungen, welche die effektiven Freigabekriterien erfüllen, der *gp* der Regierung als Ganzes. Wenn zum Beispiel die effektiven Freigabekriterien definiert sind, als 1) die Abteilung veröffentlicht entscheidende Daten vollständig, 2) Zwischenfallberichte werden an die Gesellschaft mit einer Häufigkeit von nicht weniger als einmal alle zwei Wochen geschickt und 3) die veröffentlichten Daten können sofort und anonym von der Öffentlichkeit abgerufen werden, dann ist die Summe berechneter Anteile aller Regierungsabteilungen, welche die Kriterien erfüllen, die *gp* dieser Regierung zu diesem Zeitpunkt. Wenn beispielsweise nur das Landwirtschaftsministerium, das Handelsministerium und das Bildungsministerium das Richtmaß erreichen und ihre Angestellten 2,5%, 3,0% beziehungsweise 17,2% aller Regierungsmitarbeiter ausmachen, läge der *gp*-Wert der Regierung zu dieser Zeit bei 22,7%.

Ebenso können die Ermittlungskriterien der *gr* definiert werden als 1) alle internen Daten und Dokumente der Abteilung sind der Öffentlichkeit vollständig zugänglich und 2) die Öffentlichkeit kann sofort sowie digital in vollem Umfang auf sie zugreifen, oder die Papierexemplare einsehen, die zwei Wochen älter sind. Dann ist die Summe der Anteile aller Regierungsabteilungen, welche die Kriterien erfüllen, die *gr* dieser Regierung zu dieser Zeit. Offensichtlich sind die Regierungsinformationen, welche zur Bestimmung der *gr* beteiligt sind, eine Obermenge der *gp*. Der Grund, aus welchem diese Überschneidung in diesem Quantifizierungsschema zulässig ist, ist dass, obwohl *gr* besser der Integrität und Genauigkeit dient, seine Qualifikationskriterien das realistische Niveau übertreffen, was jede gegenwärtige Regierung erreichen kann. In dem Fall, wobei der *gr*-Index fast immer 0 beträgt, hilft die Einführung eines niedrigeren *gp*-Richtwertes, den Grad zur Offenlegung von Informationen für gegenwärtige Regierungen zu unterscheiden. Durch eine zukünftige Anpassung des Verhältnisses von W_1 und W_2, wenn die Mikrodemokratie und andere Regierungsformen einen *gr*-Wert haben, welcher von 0 abweicht, wird sein Gewicht erhöht werden, um sich der ursprünglichen Absicht der Berechnung des *p4i* anzunähern.

In diesem vagen Quantifizierungsschema wird der *Effizienzratio der Veröffentlichung gesellschaftlicher Informationen* so definiert, dass 1) die Öffentlichkeit auf Soziale-Media-Plattformen Informationen frei veröffentlichen kann, 2) Informationen von den Personen der Plattform frei und anonym abgerufen werden können und 3) Informationen für eine lange Zeit aufbewahrt werden, sodass sie vollständig abgerufen und verbreitet werden können. Dieser Definition nach zu urteilen, kann die angemessene Offenlegung von gesellschaftlichen Informationen nur in der Ära der Netzwerke und der Popularisierung erfolgen. Vorher ist es technisch nicht machbar. Seine Berechnungsformel kann als:

Effizienzratio der Veröffentlichung gesellschaftlicher Informationen =
Anteil der unabhängigen Herausgeber von Informationen ×
Anteil der unabhängigen Empfänger von Informationen ×
Überlebensquote zuverlässiger Informationen

SIEPR = IFPCR•IFRCR•IRSR
Oder, **si** = ipr•irr•isr

Unter ihnen bezeichnet der *Anteil der unabhängigen Herausgeber von Informationen* (engl. *Information Free Publisher Citizen Ratio, IFPCR* oder *ipr*) den Anteil der Gesamtbevölkerung, was Informationen auf öffentlichen Informationsplattformen frei veröffentlichen kann. *Der Anteil unabhängiger Empfänger von Informationen* (engl. *Information Free Citizens Citizen Ratio*

Receiver Citizen Ratio, IFRCR oder kurz *irr*) bezeichnet den Anteil der Gesamtbevölkerung welcher anonym, Informationen öffentlicher Informationsplattformen beziehen kann. Ersteres ist nicht auf anonyme oder namentliche Veröffentlichungen beschränkt, denn die namentliche Veröffentlichung hilft, die Glaubwürdigkeit von Informationen zu beurteilen, während letzteres die Anonymität betont, weil es den Zugang zu Informationen erleichtert. Die *Überlebensquote zuverlässiger Informationen* (engl. *Information Reliable Survival Ratio, IRSR* oder kurz *isr*) bezieht sich auf den Anteil der Informationen, die zugänglich sind und lange genug (z. B. 30 Tage) auf der öffentlichen Informationsplattform verbleiben, ohne manipuliert, gedeckt und gelöscht zu werden. Diese statistischen Daten werden möglicherweise nicht aktiv von öffentlichen Informationsplattformen zur Verfügung gestellt, insbesondere wenn die Informationen stark beschränkt oder verändert werden, aber einige Technologien, wie Web-Crawler, können die Informationen von außen beobachten und indirekt davon erfahren. Darüber hinaus ist der Wert des *Effizienzratios* der *Veröffentlichung gesellschaftlicher Informationen* dynamisch. In den meisten Fällen kann die Regierung nicht oder nur geringfügig in die Veröffentlichung von Informationen eingreifen. Aber in Notfällen kann diese sie beschränken oder sogar vollständig sperren. So zeigt der über einen langen Zeitraum gemessene Mindestwert genauer an, inwieweit ein Regime gesellschaftliche Informationen kontrolliert.

Die Methoden zur Verbreitung öffentlicher Informationen lassen sich in etwa in zwei Kategorien einteilen: zentralisiert und dezentralisiert. Die erste besteht in der Übermittlung von Informationen an die Öffentlichkeit über einen zentralen Veröffentlichungskanal, wie zum Beispiel die Medien und offizielle Ankündigungen der Regierung. Letzteres sind Informationen, die von der Öffentlichkeit durch freie Weiterleitung verbreitet werden. Jedes hat seine Vor- und Nachteile: die zentralisierte Methode hat eine extrem hohe Lieferungseffizienz und kann Informationen fast in Echtzeit an die gesamte Gesellschaft übermitteln, aber der Inhalt ist extrem begrenzt und der Publikationskanal unterliegt einer selektiven Filterung, Fehlinterpretationen etc. Die Liefergeschwindigkeit der verteilten Methode ist relativ langsam, aber der Inhalt hat die größte Reichweite. Der Nachteil ist, dass diese bei der Weiterleitung manipuliert und verfälscht werden kann, so dass die Qualität der Informationen geringer ist. Daher muss die Effizienz der Verbreitung öffentlicher Informationen für diese beiden Verbreitungsmethoden unterschiedlich gemessen werden.

In diesem vagen Quantifizierungsschema wird der Effizienzindex der Verbreitung öffentlicher Informationen (engl. *Public Information Dissemination Efficiency Index*) durch folgende Formel definiert:

Effizienzindex der Verbreitung öffentlicher Informationen =
(Öffentliche Abdeckung des zentralisierten Übertragungskanals × Verbreitungsratio des zentralisierten Übertragungskanals × deW_1) + (Öffentlicher Abdeckung des dezentralisierten Übertragungskanals × Rückverfolgbarkeit der Informationen des dezentralisierten Übertragungskanals × deW_2)

$$\textbf{PIDEI} = CTCPC \cdot CTCDR \cdot deW_1 + DTCPC \cdot DTCIT \cdot deW_2$$
$$\text{Oder, } \textbf{de} = c3c \cdot c3r \cdot deW_1 + d3c \cdot d3t \cdot deW_2$$

In obiger Formel ist der *zentralisierte Übertragungskanal* (engl. *Centralized Transfer Channel* oder kurz *CTC*) definiert als jeder Kanal, der Informationen direkt auf mehr als 1% der Bevölkerung übertragen kann. Der Schwerpunkt liegt auf der tatsächlichen Übertragung und nicht auf Übertragungsfähigkeit. Zum Beispiel kann die Signalabdeckung eines Fernsehsenders 10% der Gesamtbevölkerung betragen. Es sei denn, sein tatsächliches Publikum erreicht 1% der Bevölkerung, was nicht gezählt wird. Die *öffentliche Abdeckung des zentralisierten Übertragungskanals* (engl. *Centralized Transfer Channel Public Coverage, CTCPC* oder *c3c*) bezieht sich auf den Anteil der Öffentlichkeit, welcher aller zentralisierter Übertragungskanälen abgedeckt wird, welche obig genannte Kriterien erfüllen. Der Wert reicht von 0 bis 1. Ein höherer

Wert deutet darauf hin, dass mehr Menschen erreicht werden. Die *öffentliche Abdeckung des dezentralisierten Übertragungskanals* (engl. *Distributed Transfer Channel Public Coverage, DTCPC* oder kurz *d3c*) bezieht sich auf den Anteil der Gesamtbevölkerung, welche frei auf die Informationsplattform zugreifen kann. Der Wert reicht von 0 bis 1. Ein höherer Wert zeigt an, dass mehr Menschen auf die Plattform zugreifen können.

Der Verteilungsratio des zentralisierten Übertragungskanals (engl. *Centralized Transfer Channel Dispersion Ratio, CTCDR* oder abgekürzt *c3r*) wird mit folgender Formel berechnet:

Verteilungsratio des zentralisierten Übertragungskanals =
Anzahl unabhängiger Prüfer des zentralisierten Übertragungskanals ÷ Anzahl zentralisierter Übertragungskanäle

$$\textbf{CTCDR} = \frac{NCTCIC}{NCTC} \quad \text{Oder,} \quad \textbf{c3r} = \frac{n4c}{n2c}$$

Die Anzahl unabhängiger Prüfer des zentralisierten Übertragungskanals (engl. *Centralized Transmission Channel Independent Controllers, NCTCIC* oder kurz *n4c*) beziehen sich unter anderem auf Unternehmen, die den täglichen Betrieb und Inhalt zentralisierter Übertragungskanäle über die Finanzabteilung oder den administrativen Zuständigkeitsbereich steuern. Beispielsweise kontrolliert dasselbe Konsortium mehrere Nachrichtenagenturen oder es führt dieselbe Regierung in diesem Fall unterschiedliche, staatliche Nachrichtenagenturen. Die Anzahl zentralisierter Übertragungskanäle (engl. *Number of Centralized Transfer Channels, NCTC* oder abgekürzt *n2c*) bezieht sich auf die Gesamtzahl dieser Kanäle. Nach dieser Formel reicht der Wert des Verteilungsratios des zentralisierten Übertragungskanals von 0 bis 1. Ein höherer Wert deutet auf eine grössere Verbreitung hin.

Die Rückverfolgbarkeit der Informationen des dezentralisierten Übertragungskanals (engl. *Distributed Transmission Channel*

Information Traceability, DTCIT oder kurz *d3t*) bezieht sich auf den Anteil der Informationen, die auf den ursprünglichen Herausgeber in den verteilten Übertragungskanälen zurückgeführt werden können. Diese Rückverfolgbarkeit bezieht sich direkt auf die Fähigkeit der Informationsplattform, Manipulationen und Fälschungen von Informationen zu erkennen und zu berichtigen, dabei gibt es viele technische Mittel, um dies zu erreichen.

Darüber hinaus sind deW_1 und deW_2 in obigen Formeln die Faktoren der Anpassung zentralisierter und dezentralisierter Methoden, die zur Optimierung der Formel verwendet werden.

Der aktive und freie Informationsaustausch und eine aktive Verbreitung sollten die Qualität öffentlicher Entscheidungsfindung erheblich verbessert haben. Wenn diese Informationen jedoch mit einer Menge an Fehlinformationen und Desinformationen vermischt werden, die es der Öffentlichkeit unmöglich machen, die Wahrheit zu unterscheiden, dann werden die Vorteile durch mehr Informationen vollständig kompensiert und diese sind manchmal sogar gefährlicher als keine Informationen. Die moderne Technologie kann die Fälschung von Informationen realer erscheinen lassen und Gerüchte schneller verbreiten. Sobald die Kanäle zur Informationsverbreitung böswillig manipuliert wurden, kann ein höherer *Zugriffsindex von Informationen zur Entscheidungsfindung öffentlicher Angelegenheiten* (engl. *Public Affair Decision-making Information Accessibility Index* oder *PADIAI*) auch eine gravierendere Störung bedeuten. Daher ist es notwendig, den *Glaubwürdigkeitsindex von Informationen* (engl. *Information Credibility Index* oder kurz *ICI*) in die Formel des *Informationsindex öffentlicher Entscheidungsfindung* (engl. *Public Decision-making Information Index* oder abgekürzt *PDII*) aufzunehmen, um diese somit der möglichen Tendenz anzupassen.

Das Verstehen von Dingen ist in der Regel ein Prozess der Entwicklung und Verbesserung, und die Wahrheit offenbart sich oft durch einen Prozess, in dem man etwas zunächst nur teilweise versteht und auf ein vollständiges Verständnis hinarbeitet. Während des gesamten Prozesses werden viele Fakten und Wahrheiten, die Menschen einst aufrichtig glaubten, später oft als unvollständig oder sogar für falsch befunden. Solche »Flüchtigkeitsfehler« sind im Laufe der Geschichte passiert und sie haben natürlich zu verschiedenen Kontroversen geführt. Wenn Menschen die angemessenen Fehler im Lernprozess mit Toleranz und Rationalität verstehen und akzeptieren können, werden sie sich der Wahrheit auf einer viel reibungsloseren Weise nähern. Daher ist die Einführung des *Glaubwürdigkeitsindex von Informationen* nicht zur Beurteilung von richtig oder falsch wichtig, sondern zur Identifizierung böswilliger Manipulationen und Fälschungen gedacht.

Der *Glaubwürdigkeitsindex von Informationen* braucht noch einige annähernde Quantifizierungsschemata. Das hier vorgeschlagene Schema basiert auf folgende, zwei Annahmen: erstens, wenn eine Person oder Organisation die Glaubwürdigkeit der Informationen mit ihrem öffentlichen Ruf und ihrer Anerkennung in Verbindung bringt, sind die Informationen in der Regel vertrauenswürdiger. Andererseits können eindeutig mehr Informationen durch Unterstützung in Verbindung gebracht werden, wenn die Glaubwürdigkeit der Informationen genauer beurteilt werden kann, sodass sie die Informationen mit höherer Qualität für die Entscheidungsfindung auswählen können. Die Formel für dieses annähernde Quantifizierungsschema lautet:

Glaubwürdigkeitsindex von Informationen =
Durchschnittliche Zeit der Aufnahme rückverfolgbarer Informationen ÷
Durchschnittliche Gesamtdauer der Aufnahme aller Informationen

$$\text{ICI} = \frac{ATCTI}{ATTCAI} \quad \text{Oder,} \quad \text{ICI} = \frac{a3i}{a4i}$$

In obiger Formel bezieht sich die durchschnittliche Zeit der Aufnahme rückverfolgbarer Informationen (engl. *Average Time of Consumption of Traceable Information, ATCTI* oder *a3i*) auf die durchschnittliche Zeit, welche die Öffentlichkeit mit der Einsicht von rückverfolgbarer Information verbringt und die durchschnittliche Gesamtdauer der Aufnahme aller Informationen (engl. *Average Total Time of Consumption of All Information, ATTCAI* oder kurz *a4i*) bezieht sich auf die durchschnittliche Zeit, welche die Öffentlichkeit für alle Informationen aufwendet. Die rückverfolgbaren Informationen beziehen sich unter anderem auf alle Informationen, die zuverlässig, direkt oder indirekt zum ursprünglichen Herausgeber zurückverfolgt werden können. In der Regel umfasst es Bücher mit identifizierbaren Autoren, Dateien mit rückverfolgbaren Abnehmer, Audiomaterial und Videos, die mit echten Namen der Produzenten versehen sind, etc. Alle anonym bereitgestellten Informationen erfüllen diese Voraussetzungen nicht. Die Zuverlässigkeit der Rückverfolgbarkeit ist ein entscheidender Faktor, der jedoch leicht ausgelassen werden kann, weshalb diese besondere Aufmerksamkeit verdient. Im Allgemeinen gelten Informationen, welche direkt von ursprünglichen Herausgebern stammen, als verlässlich rückverfolgbar. Weitergeleitete Informationen, auch wenn sie von den ursprünglichen Herausgebern gekennzeichnet sind, gelten in der Regel als nicht verlässlich. Dies liegt daran, dass die Daten- und Informationsinhalte des Herausgebers während der Weiterleitung manipuliert wurden, es sei denn, die Nachricht enthält einen Link, der direkt auf die ursprüngliche Quelle oder die vollständigen Aufzeichnungen der Weiterleitungskette verweist (einschließlich aller Weiterleitungsdaten, ergänzt durch technische Mittel zur Überprüfung der Echtheit von Daten). Nach dieser Formel liegt der Wertbereich des Glaubwürdigkeitsindex von Informationen zwischen 0 und 1. Je größer der Wert, desto glaubwürdiger sind die Informationen. Natürlich erfordert das Abrufen obig genannter Daten, einige Stichproben und Statistiken, welche allerdings relativ einfach zu sammeln sind.

An dieser Stelle ist die Formulierung des Informationsindex öffentlicher Entscheidungsfindung (engl. *Public Decision-making Information Index* oder kurz *PDII*) abgeschlossen. In Kombination mit der granularen Analyse politischer Entscheidungsfindung (engl.

Political Decision Granularity Analysis oder kurz *PDGA*) führt ein mathematischer Weg, um die Art und Weise der Entscheidungsfindung und den Grad der Demokratie bestimmter Regierungen und Gesellschaft zu erforschen. In folgender Formel verdeutlicht der nationale Demokratieindex (engl. *National Democracy Index* oder kurz *NDI*) den Grad der Demokratie eines bestimmten Regimes. Je größer der Wert, desto höher der Grad von Demokratie.

Nationaler Demokratieindex =
Granularer Demokratieindex politischer Entscheidungsfindung ×
Informationsindex öffentlicher Entscheidungsfindung

NDI = PDGDI•PDII

Dieser Index hilft Menschen, den Grad von Demokratie in verschiedenen Ländern direkt und objektiv zu messen, ohne durch Namen der Staaten, Regierungsformen, Strukturen von Machtinstitutionen, Prozesse der Machtausübung und die Rechtssysteme ohne verwirrt und abgelenkt zu werden. Außerdem ist die Verteilung der Ausführung von Staatsmacht nicht immer stabil; diese ist oft Einflüssen von internen Kräften und Veränderungen äußerer Bedingungen angepasst. Daher sind in der Gesamtstudie des politischen Zustands eines Landes, die Entnahme von Proben verschiedener Jahre und Zeiträume sowie Trendanalysen immer wünschenswert.

Aus obiger Analyse können wir deutlich erkennen, dass der *nationale Demokratieindex* einer mikrodemokratischen Gesellschaft höher ist als jedes anderen politischen Systems, das jemals existiert hat und dass der demokratische Fortschritt und die Authentizität wissenschaftlich anerkannt und bewiesen werden kann. Darüber hinaus wird der nationale *Demokratieindex* eines mikrodemokratischen Landes mit Hilfe der Informationstechnologie, wahrscheinlich seine Höchstgrenze erreichen. Wenn dies Wirklichkeit wird, dann wird eine mikrodemokratische Gesellschaft den höchsten Stand der Demokratie, der menschlichen Zivilisation erreichen.

Zusammenfassung

Da wir nach den beiden Weltkriegen geboren sind, haben die meisten von uns nicht die dunkelsten Momente und das tiefste Leid der menschlichen Zivilisation erlebt. Der Wohlstand der Marktwirtschaft und der technologische Fortschritt haben uns bessere Lebensbedingungen und einen nie dagewesenen Optimismus gebracht. Die Zeit, in der wir leben, sollte die beste sein, welche die Menschen je erlebt haben.

Doch die dunkle Kraft in den Herzen der Menschen lauert immer noch und wartet auf den Ruf Saurons Auge. Die Hülle der alten Welt hat diese Kraft geschützt. Wenn die menschliche Zivilisation sich nicht aus eigener Kraft überwinden kann, dann wird diese Dunkelheit zurückkehren. Während der Zeit, zu der dieses Buch geschrieben wurde, erlebte die Welt plötzliche Veränderungen. Die menschliche Zivilisation scheint auf eine sehr tiefe Krise zuzusteuern, graue und dunkle Wolken zeichnen sich am Horizont ab. Das einst positive, optimistische, sich entwickelnde und harmonische Umfeld, ist durch beunruhigende Gefühle der Zersplitterung, des Konflikts und des Misstrauens zerstört worden, und gefährliche Konfrontationen oder sogar Krieg scheinen unmittelbar bevorzustehen. Die menschliche Gesellschaft ist vom Weg abgekommen und irrt ziellos umher, gefangen in Verwirrung und Angst. Dies ist jedoch nicht auf die Verschlechterung des Bewusstseins der Menschen zurückzuführen, sondern an ihrer Besinnung. Nachdem das demokratische Lager und das kapitalistische Lager im Kalten Krieg triumphiert hat, verloren sie nach und nach die Tarnung und den Deckmantel ihrer Schwächen. Umgeben von Kapital ohne Grenzen, beendete die so genannte Neue Weltordnung, das Schlachtfeld des Sieges und demonstrierte damit ihren blutrünstigen, profitorientierten Charakter. Um den Austausch von Macht und Interessen zu erreichen, kümmern sich diese transnationalen Eliten nicht darum, die Kosten mit ihrem Leben oder den Lebensbedingungen der Menschen zu bezahlen. Wenn die Menschen nur vage die Wahrheit sehen, werden sie vom Märchen der Globalisierung desillusioniert; dann werden Isolation, Nationalismus und das Gesetz des Dschungels wiederbelebt. Auch wenn sie primitiv und grausam sind, so werden sie doch zumindest vom gesunden Menschenverstand geleitet und sind real. Leider ist die alte Weltordnung nicht gekommen, um die Massen zu retten. Es waren nur die reichen Herren, die ihre verlorenen Schätze einsammelten.

Der Schlüssel, um das Gegenmittel zu finden, ist Macht. Die Menschen müssen lernen, die nackte Gewalt durch schillernde Flammen und den Rauch zu erkennen. Solange es eine Machtkonzentration in der politischen Struktur gibt, wird es niemals möglich sein, wirklich soziale Gerechtigkeit und Gleichstellung zu erreichen. Die Orte, an denen sich die Macht sammelt, werden immer das Ziel der Erosion und der Dreh- und Angelpunkt von Manipulation, durch besondere Interessengruppen sein und demokratische Regime, bilden da keine Ausnahme. Je ungerechter die soziale Verteilung wird, desto ungleicher wird die Macht des Volkes, desto belastender das Leben der einfachen Menschen und desto leichter ist es für die herrschende Klasse, die Massen zu manipulieren und zu versklaven. Macht erlaubt, motiviert und schafft sogar absichtlich solche Schichtungen und Spaltungen zwischen den Menschen. Die Entwicklung von Wissenschaft und Informationstechnologie kann diesen Trend nicht automatisch ändern. Tatsächlich sind die einfachen Menschen mit der raschen Zunahme des sozialen Reichtums und der materiellen Versorgung ängstlicher geworden, und die Arbeitsbelastung und die Arbeitsstunden haben eher zu- statt abgenommen. Die wertorientierte Warengesellschaft stellt verzweifelt neue Anforderungen an die Menschen, und um diesen neuen Anforderungen gerecht zu werden, müssen die Menschen mehr arbeiten, und zwar unter sehr hohem Druck. Die Grundursache all dessen ist, dass der Konsum und die Verteilung von menschlichen und materiellen Ressourcen in der heutigen Gesellschaft von Geld und Kapital, das von einer sehr kleinen Anzahl von Eliten dominiert wird, und nicht von den Wünschen der Menschen bestimmt wird. Dieser

Antriebsmechanismus ist auf die Verschwörungen und Transaktionen von Geld und Macht durch die Finanzoligarchen und politischen Eliten angewiesen, um funktionsfähig zu sein. Sobald die Macht der politischen Elite, wie sie im mikrodemokratischen System entworfen wurde, gelähmt oder sogar beseitigt ist, müssen die Finanzoligarchen und die Kapitalistenklasse den Ansprüchen aller Bürger direkt entgegentreten und ihr Druckmittel der Manipulation verlieren. Nur dann wird ihre Macht auf natürliche Weise und erheblich geschwächt. In diesem Fall können wir optimistisch schlussfolgern, dass sie sich anpassen und weiterentwickeln werden, bis sie als Verbündete des Volkes gehalten werden und allmählich zum allgemeinen Glück und sozialen Nutzen beitragen.

Wenn die obig genannten sozio-politischen und wirtschaftlichen Entwicklungen eine historische Gewissheit haben und früher oder später natürlich eintreten werden, dann brauchen wir nicht überstürzt zu handeln. Im Gegenteil, wir können geduldig darauf warten, dass sich die Mikrodemokratie oder andere, höhere Gesellschaftsformen entwickeln und reifen. Während ich dieses Buch schrieb, sah ich jedoch ständig, wie die Herrscher und etablierten Interessen der antiken Welt, heftig kämpften und versuchten, die Macht von Technologie und Information zu nutzen, um potenzielle Kontrollinstrumente zu schaffen. Wenn sie die absolute Herrschaft über Technologie und Information haben, werden sie eine enorme Macht erlangen, mit der alle Menschen nicht konkurrieren können und ihre Herrschaft und Versklavung noch grausamer machen. Mit fortschrittlicher Technologie können deklarierte und nicht deklarierte Diktatoren, Menschen auch ohne eine große Armee leicht täuschen, kontrollieren und versklaven. Dies stellen die größte Bedrohung und die entscheidende Waffe in der Geschichte der Menschheit dar. Jede Minute versuchen die alten Streitkräfte, einen neuen Krieg zu beginnen, indem sie ihre Tötungsmaschinerie mit dem Fleisch und Blut von Millionen von Menschen anheizen. Jede Minute beschleunigen sie auch die Erschöpfung der natürlichen Ressourcen der Erde, verschmutzen und zerstören die Ökosysteme und handeln mit der gesamten Zukunft der Menschheit für sofortigen Profit.

Deshalb ist es nicht nur notwendig, den alten Kräften die Macht zu entziehen und sie für immer aufzulösen, sondern auch eine unvergleichliche Dringlichkeit. Es ist ein Wettlauf und Kampf zwischen dem Volk und den Herrschern der Welt.

Wie Ronald Reagan einmal sagte: "Freiheit ist *nicht* mehr, als eine Generation *vom Aussterben* entfernt. *Wir geben es nicht durch Blut an unsere Kinder weiter. Wir müssen es bekämpfen, schützen und es ihnen geben, damit sie das Gleiche* tun können.[1]. Als Männer und Frauen in diesem Zeitalter ist dies unsere Revolution, und dies ist unsere Verantwortung. Mögen wir zusammenarbeiten, damit die Menschen schließlich frei, mit Liebe und glücklich leben können!

Schlusswort

Nachdem ich dieses Buch in einer Winternacht in St. Petersburg vor einigen Jahren begonnen hatte, überkam mich wegen des langsamen Fortschritts des Schreibens, oft die Angst. Was mich tröstet, ist, dass obwohl ich einige offensichtliche soziale Richtungen und die Dringlichkeit von Veränderungen gesehen habe, die Welt immer noch Feiern zeigt, und es scheint, dass der Sturm noch weit weg ist, so dass ich Erleichterung über mein Zögern empfinden kann. Seit ich vor einigen Monaten mit dem Schreiben fertig war und mit der Übersetzung ins Englische begonnen habe, hat sich das globale Umfeld auf beunruhigende Weise verändert und die Situation hat sich in unvorstellbarer Weise rapide verschlechtert. Heute, da ich die ganze Arbeit endlich abgeschlossen habe, befindet sich die Welt in einer tiefen Krise mit einer sich ausbreitenden Pandemie, einem Zusammenbruch der Wirtschaft, einer Eskalation der öffentlichen Ressentiments und einer stark zunehmenden Feindseligkeit zwischen den Ländern. Es scheint, dass diese Menschheit in einen Abgrund von Konflikten und Leid abgleitet. Dies ist die Zeit, in der die Menschen dringend neue Ideen und Lösungen entwickeln müssen, um diese Katastrophe zu überwinden und einer hoffnungsvollen Zukunft entgegenzugehen. Das mag das Schicksal sein, das Gott für dieses Buch geplant hat.

Diese unerwartete Plage ist eine Fallstudie für die Mikrodemokratie, um sich durch einige Annahmen verschiedene Möglichkeiten vorzustellen.

Was den Ursprung des Virus betrifft, so wurden überall mehrere Behauptungen aufgestellt, darunter viele Verschwörungstheorien. Ich werde mich zu diesem Zeitpunkt nicht dazu äußern, und ich habe auch nicht die Absicht, meine Spekulationen an die Leser zu verkaufen. Selbst wenn die Wahrheit verborgen ist, existiert sie immer irgendwo, ruht still in einer Ecke oder versteckt sich in jemandes Herz. Der

Grund für die Vertuschung liegt vor allem darin, dass traditionelle Politiker dazu da sind, sich der Verantwortung für ihre Fehler zu entziehen, oder um Macht und Kontrolle zu behalten, oder um Gelegenheiten zu ergreifen, um Rivalen anzugreifen, oder um das Audiovisuelle absichtlich mit anderen Zwecken zu verwechseln. Schließlich geht es darum, die Menschen in die Irre zu führen und sie zu benutzen, um ihren eigenen, egoistischen Interessen zu dienen. In einer mikro-demokratischen Welt, ohne traditionelle Politiker und Herrscher, mit vollständiger Informationstransparenz, kann dieser Unfall vielleicht gar nicht erst passieren. Selbst wenn es dazu kommt, können die Menschen die Wahrheit erkennen und effektiver reagieren, anstatt Zeit und Energie in die falsche Richtung zu verschwenden oder sich gegenseitig zu verdächtigen und Anschuldigungen zu erheben, die sogar zu einem möglichen Konflikt und Krieg führen könnten.

Wenn die Herkunft des Virus umstritten bleibt, ist der Kontrollverlust zu Beginn des Ausbruchs, zweifellos eine menschliche Katastrophe. In den ersten Wochen bedeutete die Rückhaltung von Informationen aus politischen Gründen, dass die Menschen die beste Gelegenheit verpassten, die Ausbreitung des Virus zu stoppen. Als sich die Infektion auf der ganzen Welt ausbreitete, führte die absichtliche Vernachlässigung und Unterschätzung aus politischen Gründen, in Verbindung mit der Unfähigkeit des politischen Systems dazu, dass die Menschen die beste Zeit zur medizinischen und finanziellen Vorbereitung verpassten. Der Verlust dieser Möglichkeiten hat tausendmal unnötig Leben und wirtschaftliche Verluste gekostet. Auch dies kann in einer mikrodemokratischen Welt, in der es keine traditionellen Politiker und Herrscher gibt, wobei Informationen völlig transparent sind, vermieden werden. Insbesondere können Abstimmungen, die auf dem Wissen über mikrodemokratische Entscheidungsfindung basieren, einen großen Unterschied machen. Indem man sich die Summe des medizinischen und wirtschaftlichen Wissens, der gesamten Gesellschaft zunutze macht, können die Menschen fundierter, ausgewogenere und schnellere Antworten auf der Grundlage eines vollständigen Verständnisses der Situation in Echtzeit geben, anstatt in Rätselraten und Warten zu verfallen.

Während der Reaktion auf die Pandemie, wurden die Schwachstellen einiger entwickelter Marktwirtschaftsländer vollständig aufgedeckt. In einigen der reichsten Länder der Welt, haben die Reichen aufgrund der ewigen Polarisierung alles, aber die Armen kämpfen am Rande des Überlebens. Sobald eine Katastrophe eintritt, bricht die Überlebensschwelle der Armen sofort zusammen. Sie verlieren ihre Lebensgrundlage und geraten in ernsthafte Schwierigkeiten. In der mikrodemokratischen Welt der Mikrodemokratie bilden die persönlichen Lebensgrundlagen zum Lebensunterhalt, das grundlegende System der Menschenrechte dar, was von der Regierung bedingungslos garantiert wird. Grundlegende Unterkünfte und Nahrungsmittel, medizinische Versorgung und Kommunikation sind wesentliche Stützen für die körperliche und geistige Gesundheit der Menschen, die es ihnen ermöglichen, schwierige Zeiten in aller Ruhe zu überstehen.

Die Migrationsfreiheit in den institutionellen Menschenrechten der Mikrodemokratie, kann für die Menschen besorgniserregend sein, welche sich fragen, ob ein solcher Migrantenstrom die Ausbreitung der Pandemie verursachen kann. Tatsächlich hat die Mikro-demokratie einige Notfallverfahren für besondere Zeiten wie Kriege, Schädlinge und Naturkatastrophen entworfen, die es den Menschen ermöglichen, angemessene Maßnahmen zu ergreifen, einschließlich der Einführung vorübergehender Einschränkungen der institutionellen Menschenrechte, um wirksam auf Krisen reagieren zu können. Die Gestaltung dieser Prozesse ist in den Kapiteln über *Menschenrechte* und Die Regierung zu finden. Insbesondere ist darauf hinzuweisen, dass die Machthaber bestimmter Länder, diese Gelegenheit der Epidemie genutzt haben, um ihre Macht aktiv auszuweiten, insbesondere durch eine weitere Einschränkung der Informationskontrolle. Die Menschen sollten Angst haben und diesem Rückschritt in der Demokratie und der Wiederherstellung der Autokratie, besondere Aufmerksamkeit schenken. Bei der Gestaltung von Mikrodemokratie wird besonders betont, dass vorübergehende

Einschränkungen der Menschenrechte, für bestimmte Zeiträume, die Zustimmung aller Menschen erfordern und dass es einen zuverlässigen, automatisierten Wiederherstellungsmechanismus geben muss.

Die Auswirkungen der Pandemie auf der Wirtschaft, verursachten indirekt eine riesige Katastrophe. Es gibt jedoch noch einige positive Enthüllungen, die wir daraus ziehen können. Erstens hat sich die großflächige, wirtschaftliche Stagnation nicht wesentlich auf die Überlebensvorräte der Menschen ausgewirkt, und es gibt immer noch reichlich Nahrungsmittel für den täglichen Bedarf. Dieser Aspekt zeigt, dass das Level sozialer Produktion, bereits sehr hoch ist und dass auch die materiellen Reserven, reichlich vorhanden sind. Andererseits zeigt sich aber auch, dass die Arbeit der meisten Menschen wirklich unnötig ist. Die globale Agrarproduktion verfügt bereits über groß, angelegte mechanische Möglichkeiten, und nur ein kleiner Teil der Menschen, kann genügend Nahrungsmittel für alle Menschen produzieren. Auch die Industrieproduktion hat das notwendige Maß bei weitem überschritten; erst die bewusst geschaffene Konsumgesellschaft hat eine übermäßige Nachfrage geschaffen. Als Menschen in die Gefangenschaft gezwungen wurden, stellte sich heraus, dass die materiellen Bedürfnisse der Menschen viel einfacher sein können, und die Verringerung des materiellen Bedarfs, senkte auch den Bedarf an Arbeitskräften in der verarbeitenden Industrie. Mit anderen Worten, es wird nur ein kleiner Teil der Industrieproduktion und der Arbeitskräfte benötigt, um die vernünftigen Bedürfnisse der Menschen zu befriedigen. Tatsächlich hat der Rückgang der Industrieproduktion, sogar einige positive Auswirkungen gehabt.[1] So sind beispielsweise in weniger als zwei Monaten die gesamten, globalen Treibhausgas Emissionen um 5% Prozent gesunken, und auch der Verbrauch natürlicher Ressourcen ist drastisch gesunken. Die Menschen haben gezeigt, dass ein gesundes Wirtschaftsmodell, den Trend der globalen Erwärmung und der ökologischen Verschlechterung wirksam umkehren kann.

Daher sind die Auswirkungen der Pandemie auf das Leben der Menschen definitiv nicht auf die Materialknappheit zurückzuführen, sondern im Wesentlichen, auf die mangelnde Verteilung des Materials oder auf das Versagen des marktwirtschaftlichen Systems, das den Mechanismus der materiellen Verteilung bestimmt. Der Grund dafür ist ganz einfach: wir haben gelernt, dass die Nahrungsmittel und Rohstoffe in der Welt ausreichend vorhanden sind und nur einen geringen Arbeitsaufwand erfordern. Aber selbst dann, muss der Bedarf der meisten Menschen an Nahrungsmitteln und Materialien für den Lebensunterhalt gedeckt werden (sonst kommt es zu sozialen Unruhen und politischem Zusammenbruch), so dass der Kern des Problems darin besteht, wie die Nahrungsmittel und Rohstoffe an die Menschen verteilt werden können, die sie nicht produzieren. Die Lösung der Marktwirtschaft besteht in der Schaffung und Ausweitung der tertiären Industrie, das heißt des Dienstleistungssektors. Die Lebensmittel, welche die Menschen konsumieren können, sind begrenzt, ebenso wie die Kleidung, die sie benutzen, aber die Dienstleistungen, welche sie genießen können, sind unbegrenzt. Außerdem können die Kapitalisten in diesem Prozess auch Profit machen. Tatsächlich hat diese Strategie das Problem lange Zeit in Schach gehalten. Leider hat sich dieser Mechanismus bis zum Äußersten entwickelt, und die Menschen müssen unnötig lange arbeiten und können die Vorteile, welche die menschliche Zivilisation zu bieten hat, nicht in vollem Umfang nutzen. Die Pandemie hat jedoch den Dienstleistungssektor[2] vollständig zerstört und die Marktwirtschaft in eine verzweifelte Lage gebracht.

Angesichts der wirtschaftlichen Verzweiflung ist die instinktive Reaktion der kapitalistischen Gesellschaft normalerweise Krieg. Einerseits bereitet sie Feinde darauf vor, sich der Verantwortung für die Nachlässigkeit von Politikern zu entziehen und die strukturellen Mängel der Marktwirtschaft zu vertuschen. Auf der anderen Seite schafft er durch den Krieg eine Nachfrage nach Waren und Arbeitskräften. Im Wesentlichen rettet sie das marktwirtschaftliche System auf Kosten eines enormen Verlusts an Leben und Material. Sicherlich besteht immer die Möglichkeit, dass die gesamte Menschheit, Schwierigkeiten begegnet und Herausforderungen gemeinsam bewältigt. Aber das erfordert eine große Kraft des Friedens und die Kraft der Liebe zum Leben. Für diese Vision sind die modernen Länder ihr natürlicher Feind und traditionelle Politiker, die unter der Hülle des modernen Staates leben, handeln wie der Virus. Im Kampf gegen das Virus gibt es ein Phänomen, bei dem die Einheimischen mehrerer Länder, relativ eng zusammenarbeiten, aber zwischen den Ländern bekämpfen und beschuldigen sie sich gegenseitig und behindern sogar den Fluss von medizinischen Hilfsgütern und Nahrungsmitteln an die Orte, mit dringendstem Bedarf. All diese Handlungen haben die humanitäre Krise verschärft. Viren kennen keine Grenzen, aber nationale Grenzen schaffen eine andere Art von Krankheit, die den Blutfluss der menschlichen Gesellschaft behindert und die Symptome verschlimmert.

Offenbar kann die Mikrodemokratie diese Probleme lösen, indem sie die modernen Nationen ganz eliminiert. Tatsächlich reicht jedoch, ohne einen derart, radikal erscheinenden Ansatz wählen zu müssen, allein die Gestaltung des Bildungssystems der Mikrodemokratie, um einen dritten Weg zur Lösung des gegenwärtigen, wirtschaftlichen Dilemmas zu bieten. Das heißt, in der Marktwirtschaft soll der Dienstleistungssektor durch den Bildungssektor ersetzt werden. Der Bildungssektor wird die vierte, aufstrebende Industrie sein, so dass die Verteilung von Materialien in einer Weise erfolgen kann, die mit der Marktwirtschaft vereinbar ist. Da das Angebot an Arbeitsplätzen im Bildungssektor unendlich groß und sein materieller Bedarf gering ist, wird er nicht von Katastrophen betroffen sein, so dass ein regelmäßiger und geordneter sozialer Betrieb aufrechterhalten wird. Dies wird nicht nur die Krise der Marktwirtschaft kurzfristig lösen, sondern kann auch zu einer Chance für ein Land werden, andere Konkurrenten zu überwinden und einen Technologiesprung zu erreichen. Da die soziale Versorgung mit Nahrungsmitteln und Waren unvermeidlich ist, warum sollte man sie nicht in eine Investition und eine treibende Kraft für den sozialen Fortschritt umwandeln, und warum sollte man ihre Wirkung nicht maximieren?

Im Moment befindet sich die Welt immer noch in der tiefsten Krise. Die Menschen befinden sich immer noch in einem Zustand der Panik, Angst, Trauer, Wut und des Hasses. Aber die Katastrophe wird schließlich wie ein Traum vorübergehen, und die Menschen werden wieder anfangen zu leben. Aber das Leben wird nicht mehr so sein, wie es einmal war. Die Menschen haben die verschiedenen Gefahren gesehen, die in diesem System, in dieser Gesellschaft und in dieser Welt lauern, und sie werden zweifellos andere Entscheidungen für die Zukunft treffen. Ich hoffe, dass dieses Buch den Menschen einen neuen Weg zeigen wird, ein Weg ins Licht.

Lassen Sie mich dieses Buch mit dem berühmten Zitat von John Lennon[3] beenden:

Stellen Sie sich vor, es gäbe keine Länder, das ist nicht schwer
Nichts, wofür man töten oder sterben müsste, und keine Religion
Stellen Sie sich alle Menschen vor, die ein Leben in Frieden führen

Stellen Sie sich keine Besitztümer vor, ich frage mich, ob Sie das können.
Es gibt keine Notwendigkeit für Gier oder Hunger, eine Menschheit in Brüderlichkeit.
Stellen Sie sich alle Menschen vor, die alle teilen

Sie können sagen, dass ich ein Träumer sei, aber ich bin nicht der Einzige.
Ich hoffe, eines Tages wirst auch du, einer von uns sein und die ganze Welt wird eins sein.

Aaron Ran
aaron.ran@microdemocracy.com
http://www.microdemocracy.com
Tennessee, USA, 5. April 2020

Anmerkungen

Vorwort

1. Bae, Hanna. »Bill Gates Emails Microsoft Employees to Celebrate Company's 40th Anniversary. « *CNN Business*, CNN Money, Apr. 2015, money.cnn.com/2015/04/05/technology/bill-gates-email-microsoft-40-anniversary/index.html.

2. Hegel, Georg Wilhelm Friedrich, et al. *Elements of the Philosophy of Right.* Cambridge University Press, 1991.

3. Driver, Julia. »The History of Utilitarianism.« *Stanford Encyclopedia of Philosophy*, Stanford University, 22. Sept. 2014, plato.stanford.edu/entries/utilitarianism-history/. Kapitel 1 Abstimmung

Kapitel 1 Die Abstimmung

1. Allgemeine Erklärung der Menschenrechte. Vereinte Nationen, 1948.

2. Die Herausgeber des Encyclopedia Britannica. »Ecclesia.« *Encyclopedia Britannica*, Encyclopedia Britannica, Inc., 2. Apr. 2018, www.britannica.com/topic/Ecclesia-ancient- Greek-assembly.

3. Speck, Bruno Wilhelm und Wagner Pralon Mancuso. »A Study on the Impact of Campaign Finance, Political Capital and Gender on Electoral Performance.« *Brazilian Political Science Review*, vol. 8, nr. 1, 2014, pp. 34–57., doi:10.1590/1981- 38212014000100002.

4. Jhangiani, Dr. Rajiv, et al. »Biases in Attribution.« *Principles of Social Psychology 1st International Edition*, BC Campus, 26. Sept. 2014, opentextbc.ca/socialpsychology/chapter/biases-in-attribution/.

5. Smaldone, David. »The Role of Time in Place Attachment.« *General Technical Report - Proceedings*, 2007, doi: https://www.fs.usda.gov/treesearch/pubs/12653.

6. Dennet, Daniel. »Theory of Mind.« *The Oxford Handbook of Comparative Evolutionary Psychology*, von Jennifer Vonk und Todd K. Shackelford, Oxford University Press, 2012, pp. 53–54.

Kapitel 3 Das Verfahren

1. Rousseau, Jean-Jacques, et al. *The Social Contract.* Penguin, 2004.

Kapitel 4 Die Menschenrechte

1. Triandis, Harry C. *Individualism and Collectivism*. Routledge, 2019.
2. Berrill, Kenneth und T. S. Ashton. »The Industrial Revolution 1760-1830.« *The Economic Journal*, vol. 59, nr. 235, 1949, p. 403., doi:10.2307/2226873.
3. Allgemeine Erklärung der Menschenrechte. Vereinte Nationen, 1948.
4. Maslow, Abraham H. »A Theory of Human Motivation.« *Psychological Review*, vol. 50, nr. 4, 1943, pp. 370396., doi:10.1037/h0054346.
5. »FAO Cereal Supply and Demand Brief.« *World Food Situation*, Food and Agriculture Organization of the United Nations, www.fao.org/worldfoodsituation/csdb/en/.
6. Smith, Adam. *The Wealth of Nations*. W. Strahan und T. Cadell, London, 1776.
7. Wood, John Cunningham. Karl Marx's Economics: Critical Assessments. Routledge, 1991.
8. Vereinte Nationen. »YouthStats: Education.« *United Nations Youth Envoy*, Office of the Secretary-General's Envoy on Youth, 2015, www.un.org/youthenvoy/youth-statistics- education/.

Kapitel 5 Das Gesetz

1. Rheinstein, Max und Mary Ann Glendon. »Civil Law.« *Encyclopedia Britannica*, Encyclopedia Britannica, Inc., 16. Okt. 2019, www.britannica.com/topic/civil-law- Romano-Germanic.
2. Healy, Nicholas Joseph. »Maritime Law.« *Encyclopedia Britannica*, Encyclopedia Britannica, Inc., 22. Jan. 2020, www.britannica.com/topic/maritime-law.

Kapitel 6 Die Regierung

1. Die Herausgeber des Encyclopedia Britannica. »Separation of Powers.« *Encyclopedia Britannica*, Britannica, Inc., 10 Apr. 2020, www.britannica.com/topic/separation-of- powers.

Kapitel 7 Die Welt

1. Chen, James. »Return on Investment (ROI).« *Investopedia*, Dotdash - Investopedia, 27. Apr. 2020, www.investopedia.com/terms/r/returnoninvestment.asp.
2. Twin, Alexandra. »Understanding Key Performance Indicators (KPIs). « *Investopedia*, Dotdash - Investopedia, 29. Jan. 2020, www.investopedia.com/terms/k/kpi.asp.

3. Hamann, Ralph und Stephanie Bertels. »The Institutional Work of Exploitation: Employers' Work to Create and Perpetuate Inequality.« *Journal of Management Studies*, vol. 55, nr. 3, 2017, pp. 394–423., doi:10.1111/joms.12325.

Kapitel 8 Der Weg

1. Fukuyama, Francis. *The End of History and the Last Man*. Penguin, 1992.
2. Stalin, Joseph Vissarionovich. *Dialectical and Historical Materialism*. International Publishers, 1972.
3. Ziblatt, Daniel. »How Did Europe Democratize?« *World Politics*, vol. 58, nr. 2, 2006, pp. 311–338., doi:10.1353/wp.2006.0028.
4. Skocpol, Theda. »Old Regime Legacies and Communist Revolutions in Russia and China.« *Social Forces*, vol. 55, nr. 2, 1976, p. 284., doi:10.2307/2576225.
5. Joosung, Rhie. »LABOUR INTENSITY AND SURPLUS VALUE IN KARL MARX - A NOTE.« *History of Economic Ideas*, vol. 7, nr. 3, 1999, pp. 181–191. JSTOR, www.jstor.org/stable/23722438. Abgerufen am 1. Juli 2020.
6. Gören, Erkan. »How Ethnic Diversity Affects Economic Growth. « *World Development*, vol. 59, 2014, pp. 275–297., doi: 10.1016/j.worlddev.2014.01.012.
7. Alesina, Alberto und Eliana La Ferrara. »Ethnic Diversity and Economic Performance « *NBER WORKING PAPER SERIES*, 2004, doi:10.3386/w10313.
8. Spark, Alasdair. »Conjuring Order: The New World Order and Conspiracy Theories of Globalization.« *The Sociological Review*, vol. 48, nr. 2_suppl, 2000, pp. 46–62., doi:10.1111/j.1467-954x.2000.tb03520. x.
9. »5 Things You Should Know About Mainframe Security.« *PSR Incorporated*, 16. Jan. 2019, www.psrinfo.com/5-things-you-should-know-about-mainframe-security/.
10. Drolet, Michelle. »How a Decentralized Cloud Model May Increase Security, Privacy.« *CSO Online*, CSO, 12 July 2019, www.csoonline.com/article/3405439/how-a- decentralized-cloud-model-may-increase-security-privacy.html.
11. Hulme, George V. »DDoS Explained: How Distributed Denial of Service Attacks Are Evolving.« *CSO Online*, CSO, 13. Feb. 2020, www.csoonline.com/article/3222095/ddos- explained-how-denial-of-service-attacks-are-evolving.html.

Kapitel 9 Die Wissenschaft

1. Frank, Jill. »Athenian Democracy and Its Critics.« *Ethnic and Racial Studies*, vol. 42, nr. 8, 2019, pp. 1306–1312., doi:10.1080/01419870.2019.1586971.

2. Riley, Padraig. Slavery and the Democratic Conscience: Political Life in Jeffersonian America. University of Pennsylvania Press., 2016.

Zusammenfassung

1. Reagan, Ronald. »Encroaching Control« Annual Meeting of the Phoenix Chamber of Commerce, 30. März 1961

Schlusswort

1. Quéré, Corinne Le, et al. »Temporary Reduction in Daily Global CO2 Emissions during the COVID-19 Forced Confinement.« *Nature Climate Change*, vol. 10, nr. 7, 2020, pp. 647–653., doi:10.1038/s41558-020-0797-x.
2. Guzman, Nicolas, et al. »Coronavirus' Impact on Service Organizations: Weathering the Storm.« *McKinsey & Company*, 29. Apr. 2020, www.mckinsey.com/business- functions/operations/our-insights/coronavirus-impact-on-service-organizations- weathering-the-storm.
3. Lennon, John, et al. »John Lennon – Imagine.« *Genius*, genius.com/John-lennon-imagine- lyrics.